U0083381

古代歷史文化研究輯刊

三 編

王 明 蓀 主編

第 11 冊

貞觀之治與儒家思想

羅 彤 華 著

唐代的縣與縣令

傅 安 良 著

國家圖書館出版品預行編目資料

貞觀之治與儒家思想　羅彤華 著／唐代的縣與縣令　傅安良
著 — 初版 — 台北縣永和市：花木蘭文化出版社，2010〔民
99〕
序 2+ 目 2+122 面 + 目 2+136 面；19×26 公分
（古代歷史文化研究輯刊 三編：第 11 冊）
ISBN：978-986-254-096-1（精裝）
1. 唐史　2. 貞觀之治　3. 儒學　4. 郡縣制
624.14　　　　　　　　　　　　　　　　　99001368

ISBN - 978-986-2540-96-1

9 789862 540961

古代歷史文化研究輯刊
三　編　第十一冊　　　　　　ISBN：978-986-254-096-1

貞觀之治與儒家思想
唐代的縣與縣令

作　　者　羅彤華／傅安良
主　　編　王明蓀
總 編 輯　杜潔祥
出　　版　花木蘭文化出版社
發 行 所　花木蘭文化出版社
發 行 人　高小娟
聯絡地址　台北縣永和市中正路五九五號七樓之三
　　　　　電話：02-2923-1455 ／傳眞：02-2923-1452
網　　址　http://www.huamulan.tw 信箱 sut81518@ms59.hinet.net
印　　刷　普羅文化出版廣告事業
初　　版　2010 年 3 月
定　　價　三編 30 冊（精裝）新台幣 46,000 元
版權所有・請勿翻印

貞觀之治與儒家思想

羅彤華　著

作者簡介

師範大學歷史學碩士,台灣大學歷史學博士,現任政治大學歷史系教授。研究時代由漢到唐,研究領域包括社會經濟史、敦煌吐魯番學、法制史。近年之研究課題是民間借貸、官方放貸、國家財政,以及家庭問題,發表論文數十篇,並著有《漢代的流民問題》、《唐代民間借貸之研究》、《唐代官方放貸之研究》等專書。

提　要

　　談到貞觀政治,人們總不免從權力、門第等方向來分析;說起貞觀律令,學者多從制度、司法等角度來討論。然而貞觀時代是國史上少見的治世,如果只從權力爭衡,法制運作之諸種表象來觀察這個時代,而忽略了發掘出指引政治運作的內在精神,則根本無法理解貞觀君臣間若出於一己之私,而又予人親切溫煦之感的特殊施政風格。本書從德治思想、聖王觀念、人倫關係三個方面來檢討貞觀政治,期能了解貞觀君臣如何協調理想與現實間的衝突,使其免於走向赤裸裸的求利尚權之途,也讓唐太宗不以專斷獨制的面貌呈現在世人面前。貞觀文治武功之盛,實多得力於崇功務實精神的高度發揮,而這種精神亦孕化出推動人們追求德治理想的力量。唐太宗的任賢納諫,不只深受儒家聖王觀念的影響,他更積極為自己塑造歷史形像,甚至欲借修改國史來掩飾發動政變的罪行。唐初重視門、地、親故的社會特性,加速擴大人倫關係的分殊化傾向,朋黨問題與繼承事件顯示,欲維繫有節度的人倫關係甚為不易,但君臣們體認到務存治體的重要,本著「不求備」、「識大體」的態度,儘量避免因偏執而引發意氣之爭。雖然朱熹感慨儒家思想「未嘗一日得行於天地之間」,但貞觀時代表現的施政風格,仍值得人再三玩味!

目

次

自 序

　　倫理與政治不分，是儒家思想的特色。先秦儒者以道德提升政治的理想，在漢唐帝國時期受到挫抑，直至宋代儒學興起，以道德爲論政基礎的主張才再度獲得肯定。〔註1〕儒家思想的面向極廣，內涵豐實，論其旨歸，則匯於道德一途。南宋時代，幾乎與朱陸之爭齊名的漢唐功過論，其爭議的歧點，就直接落在是否應以「道德」爲論斷歷史的唯一標準上。黃宗羲評之曰：「所謂功有適成，事有偶濟者，亦只漢祖唐宗一身一家之事功耳，統天下而言之，固未見成且濟也。」〔註2〕漢唐之時，禮樂之風既不能興，兵刑之器亦未能免，故在醇醇儒者的眼中，此不過是「假仁借義以行其私」，〔註3〕「以智力把持天下」〔註4〕者而已，既無盛德可稱，也不合於義理，又豈需多著氣力爲之分疏，使歸潔如三代之治？

　　貞觀時代是國史上少有的治世，其業績具已載在方冊。吾輩治史者，固不當「任人心之自危，而以有時而泯者爲當然」，〔註5〕但也不願僅就道德觀點，一概否定其成就，而視千數百年的政治如漫漫長夜。故欲本諸公正客觀的立場，重新評估貞觀政治，道盡其發展上的曲折，以得一真實化的歷史，並借收架漏牽補之效。

〔註1〕關於儒家「道德政治」的發展與演變，參見：黃俊傑，〈內聖與外王——儒家傳統中道德政治觀念的形成與發展〉，收入：氏編，《中國文化新論》，〈思想篇〉（二）——天道與人道，（台北，聯經出版社，民國71年），頁245～283。
〔註2〕黃宗羲，《宋元學案》，（萬有文庫薈要本），卷五六，〈龍川學案〉，頁97。
〔註3〕朱熹，《朱文公文集》，（四部叢刊初編縮本），卷三六，〈答陳同甫〉，頁579。
〔註4〕同註2，頁90。
〔註5〕同註3，頁580。

　　貞觀時代並不是儒學最昌盛的時代，貞觀之治也不是全然在儒家思想的引導下締造出來的，但二者之間實有著相互依違，並存共榮的微妙關係。貞觀時代因著儒家思想的扶翼與誘助，而開創出「三代以還」，「古昔未有」的盛世；〔註6〕儒家思想則因著貞觀君臣的重視與運用，而彰顯出他在傳統政治中的功能與價值。故欲了解貞觀之治的成因，欲究明其何以未能盡如聖道，從儒家思想著手，實極恰當而切要，此亦本書討論之主旨、方式、及命名之意也。

　　本書是我就讀師大歷史研究所的碩士論文，初稿草於民國七十、七十一年間。我於六年前罹患目疾，始終未癒，撰寫本文期間，也正是目疾最厲害的時候，其艱辛痛苦之狀，或非身罹其疾者所能想像。幸得師友的鼓勵與家庭的關懷，才使我在極度困頓中完成學業。回想起來，至今餘悸猶存。完稿後約一年，承研究所評鑑推選出版，倉卒之間，只好略事修改，以成此書。遺憾的是，我無暇研讀日文資料，鄰邦學者的成就則只能付之闕如，這不但顯示我學識的貧乏固陋，也成了本書無法彌補的缺點。職此之故，本書掛漏之處必然甚多，既只有俟諸來日再行修訂，亦祈請博雅之士不吝指正。

　　　　　　　　　　　　　　　　　　　　羅彤華謹誌
　　　　　　　　　　　　　　　　　　　　民國七十二年八月二十五日

〔註6〕吳兢，《貞觀政要》，（四部備要本），卷一，〈政體篇〉，頁22。

第一章 序 論

　　自漢武帝罷黜百家，獨尊儒術以來，儒家即與政治建立密不可分的關係。唐代更進而統一經學，廓清雜說，並以五經正義爲中央官學的讀本與科舉取士的依據。嗣後，歷代無不循此途徑演進，而儒家的地位乃益見穩固，儒家思想也成爲指導政治發展的主要理念。

　　二千年來，儒家地位並非始終屹立不搖，他在某些時期也會失去優勢。〔註1〕但傳統社會的知識素材有限，儒家典籍終是人們尋求治平之道的寶典；儒家官吏更引其爲指引施政的方針，不時將其理想貫注於政務中。而歷代政府無論崇儒與否，也都有借重之處。所以，儒家並未因佛道等思想的高度發展而消匿於世，或退出政治領域；也未因法家等思想的附託而使其價值大受抑損。然則，儒家思想是持續地，最重要地影響傳統政治的因素。

　　由於儒家思想與傳統政治有極密切的關係，人們自易將政治中的許多弊端歸諸儒家，如：人治思想破壞法令制度，專制政治以儒家思想爲護身符，親故私誼關係滯礙政治的正常運作等。這些現象儒家固難辭其咎，但也不能獨任其咎。事實上，儒家思想對政治的指引作用，幾乎是與政治對他的歪曲利用相並而存的。那麼，從思想角度能否就探出政治問題的根源？而政治現象又能否僅從思想因素中尋得理解？思想與政治間既有著交互牽引的複雜關

〔註1〕 儒家思想並不能在任何時期都居於支配地位，如漢初的黃老思想，魏晉南北朝時代的佛道勢力等，都曾盛極一時。蕭公權曾認爲唐代的道家因皇室翊贊而成爲政治上的主要理念。其實並不盡然，詳見本文第二章第一節的論證。蕭氏論點見：Kung-chuan Hsiao, "Legalism and Autocracy in Traditional China," 《清華學報》，新四卷，第 2 期，（1964 年），頁 118～9。

係，因此，我們不能率然論斷儒家思想的功過，也不能不加考究地輕易將某些現象歸於儒家思想的促成，更不能因歷代的許多類似問題，而將儒家思想視如一成不變的政治理念。故要探究國史變遷的軌跡，了解儒家如何擔負其歷史重任，釐清政治與思想間的微妙關係，實所必要。

傳統政治的新舊朝代交替頻仍，學者們急欲從各種角度尋求國史變遷的特色與原因。〔註2〕但他們幾乎一致認為，至少在受近代西方力量衝擊以前，傳統社會始終保持相當單純的文化形質，受朝代更替的影響不大，〔註3〕甚具持續性與一貫性的特色，所以常用「儒學國家」（Confucian state）、「傳統內的變遷」（change within tradition）〔註4〕等辭語來描述之。雖然，儒家思想能貫穿時代，深刻地影響人們的思想觀念與行為方式，但他是否是恆常不變的？「儒學國家」之類的稱謂究竟具有多大的代表性？要了解這些問題，就必須先從「儒家」這個難以理解的名詞論起。

儒家的本旨是經過一段漫長的演變過程才漸次搏成的，其間不知匯聚了多少人的心力，融通了多少分歧立異的觀點，至先秦時代才大體有較完備的思想體系。其後，儒家雖然被定於一尊，經典也被刻意地整理過，但在歷代學者的演繹、引申，與各種思想的附麗、滲透下，不斷被賦予新的義蘊；而儒家思想也能在不斷地調適、整合與融鑄中，創發出新的意理境界。所以，隨著時間的流轉，儒家學說的變化益多，其內涵也更為複雜。由此可知，「儒

〔註 2〕 解釋國史變遷之原因與特色的學者甚多，如：余英時的「缺乏里程碑式的變化」；費正清的循環論（dynastic cycle）；S. N. Eisenstadt 的「適應性變遷」（accommodable change）和「邊際性變遷」（marginal change）；J. T. Meskill 則認為國史變遷非單一因素可以完滿解釋，故會集各家學說於一書。以上諸人的議論分別見：余英時，〈關於中國歷史特質的一些看法〉，收入：氏著，《歷史與思想》，（臺北，聯經出版社，民國 65 年），頁 277；Edwin O. Reischauer, John K. Fairbank, *East Asia: The Great Tradition*, （Boston: Houghton Mifflin Company, 1960）, pp. 114～123 ; S. N. Eisenstadt, *The Political Systems of Empires：The Rise and Fall of the Historical Bureaucratic Societies*, （New york: The Free Press, 1969）, pp. 323～332; John T. Meskill, ed., *The Pattern of Chinese History：Cycles, Development, or Stagnation?* （Boston, 1965）.

〔註 3〕 概略性的介紹可見：James T. C. Liu, "Integrative Factors Through Chinese History：Their Interaction," in James T. C. Liu, Wei-ming Tu, eds., *Traditional China*, （Englewood：Prentice-Hall, Inc., 1970）, pp. 10～12.

〔註 4〕 此一名詞是由 E. A. Kracke, Jr.提出，參見：E. A. Kracke, Jr., "Sung Society：Change Within Tradition," *Far Eastern Quarterly*, XIV, no. 4, （Aug. 1955）, pp. 479～488.

學國家」之類的名詞，只是一個籠統的、概括的稱謂，在奉行儒家理想的相似外貌中，實含有極多的歧異之處。

儒家思想既因個人的詮釋與情境的變遷而異，他在政治上的表現則自然具有多樣性。歷來學者頗著意於官僚類型的討論，如：傅樂成先生認爲西漢政治有「儒生派」與「現實派」；劉子健先生認爲宋代官僚有理念類、仕進類與瀆職類；C. O. Hucker 則將傳統官僚概分爲「嚴酷主義的儒家」（rigorist Confucianism）與「人道主義的儒家」（humanist Confucianism）。〔註5〕無論他們採用何種觀點來分類，他們都承認這些官僚是以儒家思想爲基本理念，但也強調他們並不以儒家思想爲唯一的施政準則。這些現象雖然使我們體認到「儒學國家」裏確實融攝有各種不同的思想形態與行政方式，可以稱得上是一個複雜多變的政治體；但另一方面也使我們對儒家的政治功能與實用性發生懷疑：究竟儒家在政治上的適用範圍有多大？他爲何不能全然落實於現實政治？爲何在崇奉儒家治道的間隙中，其他思想也得以在政治上大行其道？儒家與這些思想間能否相互調適？既然人們的理政方式不限於儒家，爲何人們常自以爲奉行儒家？這些都是研究儒家思想與傳統政治之關係者所應注意的問題。

儘管「儒學國家」的內涵極爲駁雜，但其研究亦非無迹可尋。從歷史上看，人們鮮有因各論點的缺乏一致性或相互牴牾，而對儒家的德治本旨感到困惑與迷盲。因此，儒家的政治面貌雖然不斷變化，其思想脈絡仍極清晰，這正如孔子所說的：「殷因於夏禮，所損益可知也；周因於殷禮，所損益可知也。其或繼周者，雖百世亦可知。」〔註6〕儒家的萬變而不離其宗，除了顯示人們在固持儒家的本旨之餘，還能因應客觀環境的需要，同時也使我們便於從其因革損益之迹中，探尋他與政治的關係。

「儒家」不是一個用泛泛的定義就能了解的名詞。他的意義既因人因時而異，如果我們對他輕下界說，反而不易確切掌握其義涵。因此，要了解儒家的價值，就必須從他的實際運作中來觀察。

〔註5〕傅樂成，〈西漢的幾個政治集團〉，收入：氏著，《漢唐史論集》，（臺北，聯經出版社，民國66年），頁1～35；劉子健，〈王安石曾布與北宋晚期官僚的類型〉，《清華學報》，新二卷，第1期，（民國49年），頁109～129；Charles O. Hucker, "*Confucianism and the Chinese Censorial System*," in David S.Nivison, Arthur F. Wright, eds., *Confucianism in Action*, （Stanford： Stanford University press, 1959）, pp. 182～208.

〔註6〕《論語》，（四部叢刊初編縮本），卷一，〈爲政篇〉，頁8。

　　歷來學者對儒家的政治功能深表疑惑，紛紛從人物、制度、政體、統治技術等方面來研究。他們確實提出許多獨到的見解，但對上述的問題時或觸及而未曾深論，故極有重新評估儒家政治功能的必要。

　　在傳統政治中，最讓人有施行儒家治道，近乎儒家治世的意像的，應屬貞觀時代了。貞觀君臣無論在商論治道上，在執行政務上，在對經學的重視上，都表現出極濃厚的儒家韻味，甚至孫國棟先生認為，他們是以儒家思想為指引政治運作的內在精神。〔註7〕

　　貞觀時代是國史上少見的治世，喁喁望治的後儒將其事迹編撰成《貞觀政要》一書，使歷代君臣知所策勵，引為鑒戒，並進而興起見賢思齊之意。我們以這樣一個有儒家風範，被儒者稱頌的時代，來觀察儒家思想對貞觀之治的實際影響，以及在儒家大傳統下，貞觀時代所獨具的特色，應是最恰當不過的了。故筆者以《貞觀之治與儒家思想》為題，欲針對以上的各問題做一初步的探討。

　　儒家的意義極其廣闊，政治現象更是錯綜複雜，如何條理井然的釐清他們的關係，使本文既能掌握儒家思想的要旨，又能顧及貞觀時代的政治社會狀況，筆者認為應從以下的三個方向著手：

（一）德治思想

　　儒家是一種以「心性論為中心的哲學」，言道論政皆植本於仁，而最終則歸結於道德主體的全幅呈現，與人文化成的全面展露。易言之，儒家以為凡人皆稟賦道德的質性，只是這種價值意識，只有在人們自覺的努力下才能擴而充之，圓滿完成一己的道德人格與群體的生活需求。〔註8〕無論此種「德化的治道」，在邏輯推論上有多大的缺陷，或在實際運作中蒙受多大的曲抑，「德治思想」終究是歷代儒者貫持的基本信念，〔註9〕也是顯示儒家政治功能最具

〔註 7〕孫國棟，〈唐代三省制之發展研究〉，《新亞學報》，第三卷，第 1 期，（1957 年），頁 42～50。

〔註 8〕儒家思想的精義，皆在孔孟學說中。關於德治思想的整個概念系統及其理論特色，參見：勞思光，《中國哲學史》，（香港，中文大學崇基學院，1980 年），第一卷，頁 39～141；韋政通，《中國思想史》，（臺北，大林出版社，民國 70 年），頁 73～89，258～291；蕭公權，《中國政治思想史》，（臺北，華岡出版社，民國 66 年），頁 58～67，87～107；牟宗三，《政道與治道》，（臺北，廣文書局，民國 63 年），頁 27～32。

〔註 9〕歷代行德治或法治的討論，實多落於機宜問題上，亦即多相信法治有較快速的政治成效，而很少深論律令制度這一層面；相對地，人們在原則上依然承

代表性的理念。德治思想並不只是抽象的概念，他應具現在個人言行及典章文物上，爲了了解德治思想在政治上所發揮的作用，筆者不擬對之做過於專精的概念性解析，而將討論的重點，轉移於透視德治思想對貞觀政治的指引作用，及這股內在精神在政治運作中所發生的種種變化上，以明瞭德治思想的適用範圍，與貞觀之治的由來。

（二）聖王觀念

　　道德問題是中國政治哲學的主流，〔註10〕尤其爲儒家所重視。儒家揭櫫的政治理想是「內聖外王」，因此「聖王」不僅是人倫的表率，在政治上更具有無限的道德責任，他成爲孕發德治力量的泉源，也成爲儒家施行治道之所託。聖王觀念既如是重要，爲君之道則成了人們詳予論析的課題。君道之極致在「無爲而治」，「恭己正南面」，〔註11〕這個目標至少包含委任責成與格君心之非兩個面向，前者是要君主能尊賢任能，後者在使君主能屈己從諫。是以，任賢與納諫，不但成了儒家聖王的表徵，也是評價歷代君主賢否的重要標準。唐太宗是貞觀時代極爲耀眼，甚具特色的人物，而任賢與納諫恰是最能表現他的施政風格，並使他深受贊譽的原因。然而，唐太宗究竟承擔了多少導向儒家治世之途的重任，實在是一個令人懷疑的問題。透過本文的解析，當可對唐太宗的觀念、能力，及其在政治上的作用，有更深入的認識。

（三）人倫關係

　　儒家和諧政治的理想，託寄於有節度的人倫關係。在實踐上，其基本方

認德治的重要，尤其不願輕忽爲政者的德行。關於德治思想在理論與實踐上的缺點，參見：牟宗三，前引書，頁 134～142；陳弱水，〈「內聖外王」觀念的原始糾結與儒家政治思想的根本疑難〉，《史學評論》，第 3 期，（臺北，華世出版社，民國 70 年），頁 79～116；陳弱水，〈追求完美的夢——儒家政治思想的烏托邦性格〉，收入：黃俊傑編，《中國文化新論》，〈思想篇（一）〉——理想與現實，（臺北，聯經出版社，民國 71 年），頁 211～242。

〔註10〕法國漢學家 Etienne Balazs 曾說：「中國哲學基本上是政治哲學」，而此一政治哲學的中心議題實是道德問題。關於這個主題，徐復觀先生有極詳盡的論析，參閱：徐復觀，《中國人性論史——先秦篇》，（臺北，臺灣商務印書館，民國 71 年）；Balazs 之說見：Etienne Balazs, "Political Philosophy and Social Crisis at the end of the Han Dynasty," in H. M. Wright tr., *Chinese Civilization and Bureaucracy：Variations on a Theme*,（New Haven：Yale University Press, 1964），p. 195.

〔註11〕《論語・衛靈公篇》，子曰：「無爲而治者，其舜也與！夫何爲哉，恭己正南面而已矣。」又，〈爲政篇〉，子曰：「爲政以德，譬如北辰，居其所而眾星拱之。」儒家的無爲而治乃繫於德化思想，與道家的無爲而治不同。

式就是由「家庭關係推廣發揮，以倫理組織社會」。〔註12〕儒家的人倫關係，是要從人與人的差別中來尋求相處之道，此種情勢的適切發展，自有助於社會的和諧安定，但如何使這條抽象原則能恰如其分地運作，則是其尤難之處。在儒家社會裏，家族主義、鄉土觀念等的盛行，已為人們的社會生活帶來相當大的影響。然而，一旦儒家所重視的親故之情、友朋之義，被帶入政治領域後，其人倫關係是否仍然不會變質，而政治的和諧又是否不致遭到破壞呢？貞觀時代亦會發生朋黨問題，不但其性質與儒家的人倫關係有著某種程度的關連，而政治的和諧亦面臨重大的考驗。貞觀君臣如何能在危機重重中穩定的向前邁進，乃一極值得注意的問題。經過本文的分析，或可對其時的政治隱憂雖多，但不足以損其和諧安定之因，有個透徹的了解。

雖然，上述的三個觀念之間，環環相扣，錯綜交雜，頗多重覆之處，但他們對於貞觀政治，分別發生了不同程度的影響，而貞觀政治也分別以不同程度，反映出這三個觀念，因此以上的三個方向，仍不失為一條可尋以探究貞觀政治與儒家思想之關係的便捷途徑。

在研究方法上，本文可有兩種傾向，一是就哲學的觀點，逐步澄清貞觀時人對儒家思想的理解；一是就歷史的觀點，探究儒家思想在貞觀政治上的實際運作情形。〔註13〕二者具有其重要性，但為使本文不致過於細瑣，除某些必要的概念分析外，筆者不擬以系統性的哲學思想為研究目標，而欲將重點放在了解思想與環境的互動關係，及觀念變動中所反應的歷史狀況這個層次上。

〔註12〕梁漱溟，《中國文化要義》，（臺北，正中書局，民國68年），頁81。

〔註13〕關於思想史的研究方法，參見：韋政通編，《中國思想史方法論文選集》，（臺北，大林出版社，民國70年）；黃俊傑編譯，《史學方法論叢》，（臺北，臺灣學生書局，民國66年），頁115～201。

第二章　貞觀之治與德治思想

第一節　唐初的文化背景與儒學的發展

　　自漢朝崩潰以後，中國的政治社會陷於極度混亂。直至北魏復歸統一，開始合理規畫政治，並大規模實行漢化，重視治術後，北方政治方漸入軌道。其後，北周因環境特殊，亟思建立精神文化憑藉，故緣飾儒家治道以求發展，〔註1〕無異繼承北魏以來的建設之途。

　　南方則自東晉南渡後始終不振。初則新亭對泣，惴惴不安，稍稍安定，則又樂不思蜀，並掣肘北伐計畫，打擊才能之士。最足代表此一消極頹廢心理的是清談之風。清談的盛行固有其背景，但影響所及而國事益不堪問，手握重權者不是苟且偷安，不務實際，就是優遊物外，不願以吏事攖心，遑論有何治國理想與謀國之誠了。

　　大體而言，北方政權頗力於革新，而南朝猶在醉生夢死中，故無論在政治意識上，在社會生活上，在學術文化的發展上，在軍隊的組織訓練上，南方都遠遜於北方，〔註2〕宜乎最後南併於北，中國之統一必待於北方了。

　　政治統一的本身並不具有特殊意義，統一之後的種種安定措施，才更值得吾人注意。自漢武帝罷黜百家，獨尊儒術以來，傳統社會益趨於一元形質，儒家成為支配人心的主流文化。但在漢末政治社會的交相衝擊下，儒家思想

〔註1〕　陳寅恪，《隋唐制度淵源略論稿》，（中央研究院歷史語言研究所專刊二二，民國33年），頁65～66。

〔註2〕　林天蔚，《隋唐史新編》，（香港，現代教育研究社，1968年），頁133～141。

定於一尊的局面破壞，又因此後長期的紛亂擾攘、南北隔離與胡漢雜處，給予各種宗教信仰、哲學思想、讖緯迷信、胡俗胡風以良好的發展機會，故隋雖建立統一帝國，而思想文化的分歧依然存在，單一形質的儒家社會，已為多元價值並存的形態所取代。各文化因子中並不盡是體系嚴整的學術思想，也沒有足以完全支配人們行為的意識形態，但或多或少它們是顯示個人好惡，並進而影響其行為的一些價值觀念。就文化的發展而言，這未嘗不是交互激盪，醞釀涵容，開創新猷的良機，而文化融合的結果，也常是國史演進，展現富強新貌的主要動力；但就統治者的立場而言，文化形質若過於複雜，難免彼此矛盾牴牾，則政令難以貫徹，不啻減低政府威信，故歷代君主無不注重思想文化的摶成，亟於尋繹出一套合理順當的統治思想，以利政策的有效推展。

隋承喪亂之餘，統一後的首要工作在整理各項成規敗政，文帝欲以佛家思想為主，並擷取儒道二家思想精華，各因特殊的目的與作用，分別解決其所面對的問題。顯然地，以佛教為主的隋代思想意識並未形成，一則他是站在統治者的立場，有選擇性的復興佛教，故其措施難符合各方要求，亦難令信徒滿意；〔註3〕二則當時的文化內涵極其複雜，彼此之間又缺乏共同基礎，非待長期的激盪揉塑與刻意發展，無以凝成一體。更重要的是隋代二主，文帝性喜猜疑，不達大體，煬帝好用私人，狂妄自大，立國不足四十年即土崩瓦解。綜而言之，魏晉以下乃至隋唐之際，各種文化形態皆得充分發展，它們形成唐代的文化背景，也為唐代留下一些問題。

歷經數百年的民族融合與思想解放，中國文化一時蔚然大觀，表現多彩多姿的風貌，這是長期涵化的自然結果，但直到唐代才展現「通貫性」（electicism）與「世界性」（cosmopolitanism）的文化特色，〔註4〕兼容並蓄其所承襲的各種文化因子，如：盛行已久的佛道二家思想；式微中又漸興復的儒學；在南北對立後日益漫衍於南方，進而影響到人們政治行為的文學思潮；由魏晉清談演化而來的談辯風氣；甚而至於陰陽迷信，胡人習俗等，都灌注於唐代文化，而且也曾明顯地影響唐初人物的行為。

〔註3〕 Arthur F. Wright 著，段昌國譯，〈隋代思想意識的形成〉，收入：段昌國等譯，《中國思想與制度論集》，（臺北，聯經出版社，民國65年），頁77～122。

〔註4〕 Arthur F. Wright, Denis Twitchett, eds., *Perspectives on the T'ang*,（臺北，虹橋書店影印本，1973年），p. 1.

　　唐初的文化背景雖極紛雜，但多乏完備的理論體系。就胡俗而言，李唐皇室本有胡人血統，朝臣中也盡多胡人之後，〔註5〕習染胡風自所難免，但究難視爲一種思想形態。就陰陽迷信而言，雖其源自本土，由來已久，但它主要是好事者、投機者牽強附會，僞造利用，因緣以求利的政治手段。〔註6〕而文學、談辯等因子，則只是流行其時，並曾對唐初政治文化有重大影響的一種社會風氣。〔註7〕故眞能說得上是體大思精，而又倍受唐政府重視的，應屬儒釋道三家了。

　　釋道二家已於南北朝時代，因政府與民間的崇奉而大爲盛行，且未受挫於北魏太武帝與北周武帝兩次毀教的打擊。〔註8〕相對地，儒家則因失去有利其發展的政治社會環境，與君主的提倡乏力，而甚見屈抑。皮錫瑞論南北朝倡導儒學的成效曰：

　　　　案北朝諸君，惟魏孝文、周武帝能一變舊風，尊崇儒術，考其實效，
　　　　亦未必優於蕭梁。〔註9〕

論南學則曰：

　　　　案南朝以文學自矜，而不重經術；宋齊及陳皆無足觀。惟梁武起自
　　　　諸生，知崇經術；崔、嚴、何、伏之徒前後並見升寵，四方學者靡
　　　　然向風，斯蓋崇儒之效。而晚惑釋氏，尋遘亂亡，故南學仍未大昌。
　　　　〔註10〕

　　隋代儒學的發展，則承南北朝薄弱的基礎而演進，如：文帝曾提出許多興儒措施，灌輸人民儒家道德價值；煬帝則興復官學，廣招明經之士共相駁

〔註5〕陳寅恪謂山東豪傑可能爲北魏鎭兵的後裔，可見朝臣中頗多有胡人血統者。
　　　　陳氏論點見：陳寅恪，〈論隋末唐初所謂『山東豪傑』〉，收入：氏著，《陳寅
　　　　恪先生論文集》，（臺北，三人行出版社，民國63年），頁619～638。
〔註6〕這可由高祖名應符籙而勸進者爲數之多，以及太宗屢詔不得妄陳符瑞，並命
　　　　呂才等質正陰陽書等事，而知人們利用讖緯符瑞的目的。
〔註7〕南方文學風氣很盛，並直接影響到時人的任官標準與政治行爲。可參閱：毛
　　　　漢光，〈中國中古賢能觀念之研究——任官標準之觀察〉，收入：王壽南等編，
　　　　《中國史學論文選輯（三）》，（臺北，幼獅出版社，民國68年），頁34～55：
　　　　牟潤孫，〈唐初南北學人論學之異趣及其影響〉，《香港中文大學中國文化研究
　　　　所學報》，第一卷，（1968年），頁65。
〔註8〕孫廣德，《晉南北朝隋唐俗佛道爭論中之政治課題》，（臺北，臺灣中華書局，
　　　　民國61年），頁185～187。
〔註9〕皮錫瑞，《經學歷史》，〈臺北，河洛出版社，民國63年），頁182。
〔註10〕同上註，頁179。

論。其間雖曾受到文帝崇佛廢學與大業晚年戰亂的打擊，但似不足以抑折儒學方興的氣運。吾人由《唐書‧儒學傳》中的大儒多爲前朝舊臣一事，已可推其究竟。〔註11〕此種學風反映於政治，則爲北朝君臣的注意吏治與隋唐統一大業的完成。大體言之，南北朝以迄隋唐之際的儒學，只靠著少數君主的稍變舊風，與諸儒的抱殘守缺，方得以存續。這點點滴滴的崇儒之舉，雖不足以構成儒學的獨尊之局，已然爲唐初儒家思想的興復，奠定了堅實的基礎。

　　唐初雖然戰亂頻仍，逆事不絕，君主對儒學的提倡卻是不遺餘力。高祖武德中屢下詔崇儒，顯示其修周孔之教的強烈意願。如《唐大詔令集》卷一〇五〈興學敕〉曰：

> 自古爲政，莫不以學爲先，學則仁義禮智信五者俱備，故能爲利深博。朕今欲敦本息末，崇尚儒宗，開後生之耳目，行先王之典訓。

　　唐太宗對儒學的喜好與體悟之深，遠甚於高祖。他早年即留意儒學，銳意經籍，並常與諸學士討論墳籍，商略前載。即位之後更亟於求治，戒絕苦空老氏之談，貞觀二年謂侍臣曰：

> 梁武帝君臣惟談苦空，侯景之亂，百官不能乘馬，元帝爲周師所圍，猶講老子，百官戎服以聽，此深足爲戒。朕所好者唯堯舜周孔之道，以爲如鳥有翼，如魚有水，失之則死，不可暫無耳。〔註12〕

自漢朝以來，歷代君主論治道則多推尊儒術，以其爲指導國家發展的主要理念。由於儒學與政治的關係最密切，各朝無論崇儒與否，總有借重之處，所以儒學即使漸趨式微，仍有它自己的生存領域。這強烈的政治特質與義理特性，使儒家有足夠的吸引力，且極易順應時勢的需求，而在沉寂了數百年之後，還能振起於絕續之際，再度受到當政者的重視。

　　於時政歸一統，正是行治道的大好時機。高祖曾說：「平亂責武臣，守成責儒臣。」〔註13〕太宗則力言其「所好者唯堯舜周孔之道」，且歷觀古來帝王成敗之迹，「欲專以仁義誠信爲治」。〔註14〕然則他們之以儒家爲治國的基本原則，不僅是個人主觀的認識與偏好，還是依憑先王典訓與歷史事實所做的客觀選擇。

〔註11〕如徐文遠、陸德明、孔穎達、蓋文達等皆是。參閱：《新唐書》，（臺北，樂天書局，標點校勘本），卷一九八，〈儒學傳〉上。

〔註12〕司馬光，《資治通鑑》（以下簡稱《通鑑》），（臺北，世界書局，民國63年），卷一九二，貞觀二年，頁6054。

〔註13〕《新唐書》，卷一〇三，〈孫伏伽傳〉，頁3996。

〔註14〕《貞觀政要》，卷五，〈仁義篇〉，頁1。

當時不獨高祖、太宗崇儒尙治，多數朝臣也受到北朝儒學影響，政治意識頗高，持論好託於先王之教，紹述北朝一貫的文化政策。〔註15〕於此正顯示出儒學的興復之勢，與他們對儒家思想的政治、文化功能尙具信心。唐初君臣就承繼著儒學發展的歷史背景，益以他們急於求治的心理，提出許多興儒學，崇禮教的措施。試撮述高祖、太宗時代重要的具體方案如下：

（一）褒崇先聖與親臨釋奠

儒學奠基自周孔，故崇儒必先崇周孔，以示後學遵循、懷念之意。武德二年，高祖詔有司於國子監立周公、孔子廟各一所，並求其後；七年二月又親幸國學釋奠。太宗則於貞觀二年確立孔子的先聖地位，立孔廟於國學；十四年親臨釋奠；二十年又詔皇太子代行，皆寓獎勸崇敬之意。〔註16〕

（二）搜求遺書，刊定五經正義

學術發展若經政治力量的推動，則易收事半功倍之效。周師入郢與隋末喪亂皆爲國史上圖籍的浩劫，武德五年令狐德棻奏請購募遺書而大備於時，〔註17〕但因經籍去聖久遠，儒學多門，文字訛謬，經魏徵等的校定群書，顏師古的考證五經文字，乃有孔穎達等義疏的五經正義。

（三）提倡儒學教育

育材養士是傳播儒家思想，培固儒學根基的最佳方法。唐初受命即興辦中央、地方官學，據《新唐書・選舉志》云：「自天下初定，增築學舍至千二百區，雖七營飛騎亦置生，遣博士爲授經，四夷若高麗、百濟、新羅、高昌、吐蕃，相繼遣子弟入學，遂至八千餘人。」儒學發展的快速，實極驚人。

（四）選舉儒家官吏

漢代儒學的定於一尊與文人政府的迅速成立，主要是因爲學術與政治之間已取得密切的連繫。〔註18〕唐初的儒學教育所以能立見成效，深入人心，

〔註15〕牟潤孫，前引文，頁57～62。

〔註16〕參閱：《唐會要》，（臺北，世界書局，民國63年），卷三五，〈褒崇先聖〉，頁635～636；《舊唐書》，（臺北，樂天書局，標點校勘本），卷一八九上，〈儒學傳上〉，頁4940～4942；《新唐書》，卷一九八，〈儒學傳上〉，頁5635～5636。

〔註17〕隋牛弘謂自仲尼後古籍有五厄，周師入郢即其一，故上表請開獻書之路。隋末喪亂，圖籍復遭焚略，故令狐德棻奏請購募遺書。詳見：《隋書》，（臺北，鼎文書局，新校標點本），卷四九，〈牛弘傳〉，頁1299；《舊唐書》，卷七三，〈令狐德棻傳〉，頁2579。

〔註18〕《漢書・儒林傳》：「武帝立五經博士，開弟子員，設科射策，勸以官祿，自

也與取士之法有關。歲舉常科如明經、進士、三傳、史科等都要試經，或試與儒家經典有關的科目。此種措施的重要性，在借取士之法，建立儒學與仕途的通道，同時，也爰此而確立官吏的基本行政方針與處事態度。

在高祖與太宗兩朝的積極努力下，儒家經典已爲各學校的主要修習科目，孔穎達等義疏的五經正義，也成爲日後科學取士的藍本。於此不難想見唐初儒學成長的迅急、普遍，及其影響的深遠了。

儒學的發展除了上述措施的直接刺激，唐初的談辯之風與儒釋道三教的講論駁難，也有振興儒學，使其躍居政治優勢地位的作用。

清談之風起自魏晉，盛行於江左。唐太宗既好招天下賢才，其中又不乏東南文儒，自易受到江南談辯風氣的影響。《舊唐書·李百藥傳》：

> （太宗）罷朝之後，引進名臣，討論是非，備盡肝膈，唯及政事，
>
> 更無異辭。纔及日昃，命才學之士賜以清閒，高談典籍，雜以文詠，
>
> 間以玄言，乙夜忘疲，中宵不寐。

自南朝政權腐化，玄學誤國成爲定論後，清談之風方漸衰歇。〔註 19〕唐初君臣的相與議論政事，在精神上，雖與清談的消極思想大相背馳；在辨析義理的作用上，卻與南人的清談並無二致。

談辯風氣的盛行，表現在商論治道的政治興趣上，則爲貞觀論政；表現在議論教義的宗教與學術上，則爲三教講論。

在唐政府倡議儒學的同時，非但沒有遏制釋道的發展，甚至還吸收部份釋道的價值觀念，以融入儒學之中。〔註 20〕但在三者鼎足而立後，必然因意識形態的歧異與生存競爭的壓力，而發生相互排斥的現象，三教講論就是在這種情勢下產生的。

是而傳業者寖盛。」可見學術與政治間有相引爲長的關係。關於漢代儒家的發展與文人政府的成立，參見：錢穆，《秦漢史》，（著者自印本，民國 55 年），頁 187～193。

〔註 19〕清談之風起自魏晉，盛行於江左，以蕭梁爲最。自南併於北，南朝士大夫淪爲降虜，失去政權的憑藉與優美的物質環境後，無復優游談玄的餘暇；而且自永嘉以後，人皆歸罪玄學亡國，復因蕭梁先後遭到侯景之禍與北周的侵略，玄學誤國遂爲定論。詳見：牟潤孫，前引文，頁 80～81；傅樂成，〈唐型文化與宋型文化〉，收入：《漢唐史論集》，頁 351。

〔註 20〕如武德二年〈禁正月、五月、九月屠宰詔〉：「釋典微妙，淨業始於慈悲；道德沖虛，至德去其殘殺。……自今以後，每年五月、九月，凡關屠宰殺戮，網捕畋獵，並宜禁止。」見：宋敏求，《唐大詔令集》，（臺北，鼎文書局，民國 61 年），卷一一三，頁 586。

聚會三教名德，講論教義，辯釋位次，實肇端於北周武帝。其時偏重講經，而且爲時較短，意義不若唐代三教講論之深且鉅，〔註21〕但於三教位次的安排上已顯示儒家在政治上的潛力。《北史・周武帝紀》建德二年條云：

> 十二月癸巳，集群官及沙門道士等，帝升高座，辯釋三教先後，以
> 儒教爲先，道教次之，佛教爲後。

唐代的三教講論，則於觀摩溝通，商榷意旨之外，相互駁難的意味甚濃，這不但說明三教接觸的頻繁與競爭的激烈，也反映出唐人談辯風氣的盛行。

三教義理及其對政治的影響，始終是唐人注意的問題，彼此的駁難論辯，自有助於經說道理優缺點的呈現與澄清。三教之中，道教的經典儀節不如佛教的淵微合理，政治理論更遠非儒家可比，論難之際又每爲沙門、儒者所屈，只因其源自本土，且爲李唐皇室宗系所出，故尚能占一席之地。〔註22〕而眞正的駁論焦點，實集中在佛儒兩家身上。

在儒學的發展過程中，佛教仍普遍的受人重視。唐太宗曾請僧侶超渡陣亡戰士英靈，並冀其爲個人及帝國祈福消災；朝臣中如蕭瑀、杜正倫等都是虔誠的佛徒；民間則更是靈宇相望，造像頻仍。〔註23〕但佛教畢竟不是世俗性的，它強烈的出世思想，與傳統社會的許多價值觀念、政治實利相互衝突，如：家庭倫理問題、君臣敬禮問題、華夷之辨、賦役問題等，都是歷代論辯、毀教的主要因素；〔註24〕而它本身薄弱的組織力，儒家思想中的某些宗教成分，及中國宗教社會多神論與折衷論的特質，〔註25〕都大大削弱了佛教的地位與功能。故唐初君臣雖然持著「三教雖異，善歸一揆」〔註26〕

〔註21〕羅香林，〈唐代三教講論考〉，收入：氏著，《唐代文化史》，（臺北，臺灣商務印書館，民國63年），頁159〜160。

〔註22〕佛道爭論時華夷之辨即爲重要課題之一。道家源自本土，李唐皇室又自謂系出老氏，故特爲尊崇道家。此二點可於太宗〈道士女冠在僧尼之上詔〉知之。參閱：《唐大詔令集》，卷一一三，頁586〜7。

〔註23〕武德七年，傅奕連上疏毀佛，高祖付群官詳議，眾皆反對，足見朝臣雖非虔誠的佛徒，也能接受佛教義理，佛教在唐初傳播的普遍性，由此可知。民間佛教發展的情形可見：陸心源，《唐文續拾遺》，（臺北，文海書局，民國51年），卷十一，頁122、144、154。

〔註24〕孫廣德，前引書，頁40〜168；陶希聖，《中國政治思想史（三）》，（臺北，食貨出版社，民國61年），頁146〜155，223〜234。

〔註25〕楊慶堃著，段昌國譯，〈儒家思想與中國宗教之間的功能關係〉，收入：《中國思想與制度論集》，頁319〜347。

〔註26〕《唐大詔令集》，卷一〇五，頁537。

的信念，也相信「佛道玄妙，聖迹可師」，但終不可「以匹夫而抗天子，以繼體而悖所親」，〔註 27〕所以高祖以「棄父母之鬚髮，去君臣之章服」，問佛教有何利益；〔註 28〕太宗也因僧道坐受父母之拜，有害風俗，悖亂禮經，而下詔禁斷。〔註 29〕在忠孝一體，君親相通的觀念裏，這些詔令在維護君主地位與國家利益上是頗具意義的。可以說唐人對敏感的政治問題，是採取謹慎而保守的態度，甚至將宗教裏的勸善意旨，轉化爲儒家的德化思想，認爲它的「止惡尚仁，勝殘去殺，並有益於王化，無乖於俗典」。〔註 30〕由是可知，佛教思想縱能盛行其時，但它本身的許多弱點，使其不易在政治場中與人爭衡，這也是儒家思想能振起於微弱之中，並取得優勢地位的重要因素。

　　此外，很能顯示他們以儒家思想爲評斷政治問題，處理政治事務的最高準則的，是他們在克服南北文化歧見上所表露的自制力。中國因南北朝的長期分裂，南北兀自發展，而致學尚各異其趣：北朝崇重經學，南朝以文學自矜。〔註 31〕唐朝統一後，太宗並重南北學人，自然深受南朝文風的影響，所爲文章纖靡浮麗，詩賦則好效徐庾體，〔註 32〕並常於宴享時命侍臣製作篇什以助娛興，〔註 33〕足見聽政之餘，後廷的文藝氣氛頗爲濃厚。然而，唐初人物受北朝文化傳統的影響，持論好託先王教化，論史則謂淫詞足以害道，〔註 34〕少數東南文儒在此文化環境的壓力下，也不敢昌言贊許太宗作艷詩；〔註 35〕就是太宗本人也在自抑所好，擯斥鄧世隆編次文集的提議，〔註 36〕又持文以載道的觀點，批評前史載錄無益勸誡的浮華文體。〔註 37〕事實上，貞觀時代並無法消除南北文化的歧見，但因南學在理論上與北朝文以明道之說相違，在精神上也有亡

〔註 27〕《舊唐書》，卷七九，〈傅奕傳〉，頁 2716～2717。

〔註 28〕陸心源，《唐文拾遺》，（臺北，文海書局，民國 51 年），卷一，〈問佛教有何利益詔〉，頁 97。

〔註 29〕《貞觀政要》，卷七，〈禮樂篇〉，頁 11。

〔註 30〕《唐文拾遺》，卷十三，虞世南〈論略〉，頁 233。

〔註 31〕皮錫瑞，前引書，頁 176～179；王鳴盛，《蛾術編》，（臺北，信誼書局，民國 65 年），卷二，〈南北學尚不同〉，頁 67～82。

〔註 32〕王應麟，《困學紀聞》，（中國子學名著集成本），卷十四，頁 825。

〔註 33〕如太宗好五言詩，宴享時命楊師道作詩助興。見：王欽若等編，《冊府元龜》，（臺北，臺灣中華書局，民國 61 年），卷五五一，〈詞臣部〉，才敏，頁 6615。

〔註 34〕牟潤孫，前引文，頁 57～62。

〔註 35〕《新唐書》，卷一○二〈虞世南傳〉，頁 3972。

〔註 36〕《貞觀政要》，卷七，〈文史篇〉，頁 7。

〔註 37〕同上註，頁 6～7。

國之音復活於新朝的感覺，〔註 38〕故朝中無論南人北人，也無論持有何種其他的價值觀念，在處理政治問題與議論治道時，大致都自覺地不與文以明道之說相抵觸，並儘量避免不良政風的滋生漫衍。〔註 39〕

種種迹象顯示，唐初君臣的儒家政治意識已相當強烈，《貞觀政要》即因闡發儒家治道而被後世奉爲政治寶典，此不獨說明儒家思想在義理上，具有強烈的政治特質與完備的理論體系，足以面對來自各方的挑戰；同時，也顯示出他頗富韌性，既能潛存於惡劣的環境，也能因應時勢人心的需求而再度振起，成爲政治上的主流思想。然則，儒家思想能於唐初複雜的文化背景中脫穎而出，實不足爲奇。

復次，唐初儒學的內含，也是一項令人注意的課題。任何一種學說的緣起，通常只是爲應付他那個時代的某些問題而發，很少致力於建構嚴密的體系，也很少注意到言辭間必然的一貫性。尤其像儒家這種重視道德實踐，忽略純理思辯的學說，更易使學者因彼此不同的處境與意念，捃摭學說的一端而自做詮釋，各暢其義。〔註 40〕唐初既接收了一個如此複雜的文化背景，非但儒學本身歷經千餘年的傳衍，各家的敷繹奧義，穿鑿附會，而莫衷一是；更因其他思想的因緣攀附、滲透融注，而大爲變質。何況唐初參與三教講論的大儒，非通他人教義則無以辯難，故知其時的儒學必甚駁雜。如太宗問孔穎達何謂「以能問於不能，以多問於寡，有若無，實若虛」之意，孔氏引申其義曰：

> 夫帝王內蘊神明，外須玄默，使深不可測，度不可知。易稱「以蒙養正，以明夷蒞眾」，若其位居尊極，炫耀聰明，以才凌人，飾非拒諫，則上下情隔，君臣道乖，自古滅亡，莫不由此也。〔註 41〕

〔註 38〕牟潤孫，前引文，頁 66～67。

〔註 39〕如王師旦擯退張昌齡、王公瑾的原因是：「此輩誠有詞華，然其體輕薄，文章浮艷，必不成令器，臣擢之恐後生仿傚，有變陛下風俗。」見：王讜，《唐語林》，（臺北，新興書局，筆記小說大觀本十三編四冊，民國 65 年），卷三，〈識鑒〉，頁 2461。

〔註 40〕關於思想體系的建構及演變過程，可參考 Benjamin Schwartz, "Some Polarities in Confucian Thought," in Arthur F. Wright, ed., *Confucianism and Chinese Civilization*,（臺北，玄彬書局影印本，1964 年），pp. 3～4.關於儒家思想重視道德實踐，忽略純理思辨的特質。參見：牟宗三，《中國哲學的特質》，（臺北，臺灣學生書局，民國 71 年），頁 9～13；徐復觀，《中國思想史論集》，（臺北，臺灣學生書局，民國 64 年），頁 2；韋政通，《中國思想史》，頁 14～18。

〔註 41〕《舊唐書》，卷七三，〈孔穎達傳〉，頁 2602。

孔穎達雖然乘機微諷太宗，申戒慎之義，但佛道的玄妙，法家的尊君，疑似已深入其心。以孔穎達這一介大儒，猶且如此，況乎他人？

　　事實上，對儒學滲透得最厲害，幾乎與其互為表裏，並行不悖的，當屬法家思想了。法家學說自韓非集大成之後，已沒有更進一步的發展，而主要入於實際政務中。漢代儒學雖然定於一尊，實際卻是「以儒雅緣飾法律」，〔註42〕此後歷朝也莫不如此。蓋法家為求生存發展不得不依附儒家，儒家為適應君主專制政體也不得不兼容法家。貞觀初期，有勸太宗獨運權威的，也有主張實行霸道的，〔註43〕無論究竟採取何種治道與治術，都顯示貞觀群臣在儒家學說的大範疇下，不少人有法家思想的傾向。而唐初儒學的內含已遠遠逸出先秦時代的藩籬，已是不待辯而可知了。

　　儒學自漢代以來已異說熾盛，唐初諸儒又每每各隨己意，妄加穿鑿，乃致相互譏詆排擯，非難駁辯。〔註44〕其時，儒學既處在一個百川分流的時代，如何滌除其間的矛盾牴牾，當務之急，就是要判定經學，使義歸於一，故隨著政治統一的完成，學術統一也在積極進行，此即五經正義編撰的背景。〔註45〕

　　從國史上看，學術思想的發展與現實政治有極密切的關係。儒家思想在本質上，與現實政治有某種程度的對立，但在形勢上，二者多處於合作狀態，因此現實政治對儒家思想的歪曲，常與儒家思想對現實政治的修正同時進行。〔註46〕五經正義的編撰，就學術發展的觀點來看，無疑會僵化儒學的生命，致其成就遠不如佛學的光燦奪目；但就政治觀點而言，這卻是李唐重視儒學，以及儒學確有其政治功能的表示。故是舉縱能暫時平息數百年來諸儒的紛紜騰湧，而唐初儒學內含的駁雜與淆亂，於此已表露無遺了。

〔註42〕《漢書》，（臺北，世界書局，新校集注本），卷八四，〈翟方進傳〉，頁3421。

〔註43〕《通鑑》，卷一九三，貞觀四年，頁6084～6085。

〔註44〕如馬嘉運因《孔氏正義》繁釀而駁正之，至與孔穎達相譏詆；又如顏師古考定經籍文字，與諸儒所習不同，諸儒共相非詰師古。參閱：《新唐書》，卷一九八，〈儒學傳上〉，頁5641，5644～5。

〔註45〕南北儒學統一之氣運，自隋已現。《隋書・儒林傳》稱「自正朔不一，將三百年，師說紛論，無所取正」，至文帝統一天下，「頓天網以掩之，貫旌帛以禮之，設好爵以縻之」，「於是四海九州強學待問之士，靡不畢集焉」。但經學的統一，至唐代才完成。

〔註46〕關於學術與政治間的各種關係與形態，徐復觀先生有極簡要而具範式性的解說。參閱：徐復觀，前引書，頁7～8。

　　總之，唐初的儒學已非先秦時代的原始風貌，而是融合各種學術傳統，歷經政治滄桑的一種思想體系，其結果則使唐初官僚在儒學的大範疇內，表現各異其趣的行動方式，也因此使貞觀政治的運作更為多彩多姿。

第二節　貞觀君臣對德治思想的認識與運用

　　儒家雖然有足夠的潛力，能在複雜的文化背景中凸顯出來，但唐初君臣真能對這樣一個久未在政治上發生作用的思想，深信不疑而驟然取用嗎？這或許可從他們對儒家思想的認識，及其體現該理想的方式上一窺究竟。

　　德治是儒家的政治理想，他不僅要弘揚「成德之教」，還要成就「外王之道」，故孔子對君子的期許，蘊有無限擴充的義涵。〔註47〕《論語・憲問篇》：

> 子路問君子。子曰：「修己以敬。」曰：「如斯而已乎？」曰：「修己
> 以安人。」曰：「如斯而已乎？」曰：「修己以安百姓。修己以安百
> 姓，堯舜其猶病諸。」

由此而言，德治不但是一段永無止息的個人修養歷程，也是一段不斷精進的政治歷程。倫理與政治不相分離，是儒家思想的特色。〔註48〕修己與治人既互為表裏，修身又是實現德治理想的基源，那麼在聖王難求，堯舜猶有所病的狀況下，如何才能漸次接近這個理想呢？貞觀君臣已為歷代樹立了一個範式。

　　貞觀之治是國史上少有的治世，它最引人注目的，不是繁榮富足的經濟成就，也不是安定進步，四夷來服的政治軍事成就，而是君臣間普遍體認到

〔註47〕成德過程的無限性，牟宗三先生說得最透闢：「『成德』之最高目標是聖、是仁者、是大人，而其真實意義則在于個人有限之生命中取得一無限而圓滿之意義。……在儒家，道德不是停在有限的範圍內，……道德即通無限。道德行為有限，而道德行為所依據之實體以成其為道德行為者則無限。……體現實體以成德。此成德之過程是無窮無盡的。」曾昭旭先生謂正統儒家的道德心，具有理想性、創造性、實踐性，亦可與牟先生之言，相互發明。參見：牟宗三，《心體與性體》，（臺北，正中書局，民國70年），頁6；曾昭旭，〈呈顯光明，蘊藏奧秘──中國思想中的人性論〉，收入：《中國文化新論》，〈思想篇（一）──理論與現實〉，頁16～17。

〔註48〕徐復觀先生說：「修己治人，在儒家是看作一件事情的兩面，即是一件事情的『終始』『本末』，因之儒家治人必本之修己，而修己亦必歸結於治人，內聖與外王，是一事的表裏。所以儒家思想，從某角度看，主要的是倫理思想，而從另一角度看，則亦是政治思想。倫理與政治不分，正是儒家思想的特色。」說見：徐復觀，〈儒家政治思想的構造及其轉進〉，收入：氏著，《學術與政治之間》，（臺北，臺灣學生書局，民國69年），頁42。

要求自我與督責對方的重要。太宗曾謂侍臣曰：「正主任邪臣，不能致理；正臣事邪主，亦不能致理，非君臣相遇，有同魚水，則海內可安。」〔註49〕又曰：「若人主所行不當，臣下又無匡諫，苟在阿順，事皆稱美，則君為暗主，臣為諛臣；君暗臣諛，危之不遠。」〔註50〕太宗實已道出貞觀致治的要因，就是它並不憑藉至高無上的君主權威來使人順服，也不專恃嚴苛的法令刑典而使人就範。這些法家式的手段，在貞觀時代不但不能大行其道，在許多方面，它還遠不如儒家德治思想之能深入人心。《通鑑》卷一九二貞觀元年條：

> 右驍衛大將軍長孫順德受人餽絹，事覺，上曰：「順德果能有益國家，朕與之共有府庫耳，何至貪冒如是乎！」猶惜其有功，不之罪，但於殿庭賜絹數十匹。大理少卿胡演曰：「順德枉法受財，罪不可赦，奈何復賜之絹？」上曰：「彼有人性，得絹之辱，甚於受刑；如不知愧，一禽獸耳，殺之何益！」

語曰：「禮不下庶人，刑不上大夫。」〔註51〕非謂不施刑於大夫，而是以再教育的方式感愧其心。唐太宗的作法，殆即爰此以發。而君臣間的相互督責勸勉，除已為貞觀致理之因，描繪出一個輪廓，也為德治思想的實踐，提供了一條確切可行的途徑。

德治思想強調個人的自反自省，但促使其內視自己不當行為的動源，卻常繫於外在的反應。《通鑑》卷一九二貞觀元年條：

> 上令封德彝舉賢，久無所舉。上詰之，對曰：「非不盡心，但於今未有奇才耳！」上曰：「君子用人如器，各取所長，古之致治者豈借才於異代乎？正患己不能知，安可誣一世之人！」德彝慚而退。

德治思想究其極，在激發個人的道德心與責任感，使其自制自律而慎於所守。唐太宗在這幾件事上，都扮演著警策其臣的角色，他並沒有因臣下的不稱職而予以懲處，反而動以情理，讓其自恥所為，明於任職。唐太宗的督責與為臣者的感愧，不正是德治思想的自然流露！

「道之以政，齊之以刑」，並不是儒家期望的作法，使其自慚自愧，也只是德治思想的消極意義，真能發揮道德教化作用，實現政治終極目的的，應寄於積極的慰勉與鼓勵。馬周嘗論考課等第曰：「朝廷獨知貶一惡人可以懲

〔註49〕《貞觀政要》，卷二，〈求諫篇〉，頁19。

〔註50〕同上註，頁20～21。

〔註51〕《禮記》，（四部叢刊初編縮本），卷一，〈曲禮上〉，頁12。

惡，不知褒一善人足以勸善。」〔註52〕就是寓德化於體制運作，以具體措施孕發道德意識的想法。這種借褒賞而達到勸善目的的意念，雖非儒家所獨有，均極爲儒家重視，且常被人們利用。如：孫伏伽諫元師律罪不足死，帝厚賜直百石，曰：「朕即位，未有諫者，是以賞之。」〔註53〕唐太宗的優予賞賜，除了在使當事人獲得心靈慰藉，更爲奮勉精進外，還欲刺激他人起而效尤，蔚成風氣。貞觀諫風之盛，或許就與由德治思想轉化而來的激勵作法有極密切的關係。

　　近代學者討論德治的本質時常持著一種看法，認爲它不過是統治者控制臣民的手段，亦權術之流亞。〔註54〕這個觀點在某種程度上說，確有其理，唐太宗即曾言：「君失其國，臣亦不能獨全其家。」戈直論曰：「然則君臣宵旰相與，嘉惠蒼生，非以利天下國家也，各愛其身而已。」〔註55〕即點出唐太宗的謀國動機若出於一己之私，且有上下交相利的意味。但若施之者能以至誠感動他人，則太宗恩禮其臣，亦未可全然視爲籠絡人心的方式。如就升賞封贈之事而言，主張有功則賞，無功雖宗室不及爵秩的法家，多少有些冰冷嚴肅的氣息，終不若以德治爲本的儒家，能予人親切溫煦之感。《新唐書‧薛萬均傳》：

　　　　（太宗）嘗賜群臣膜皮，及萬徹而誤呼萬均。愴然曰：「萬均，朕勳
　　　　舊，忽口其名，豈死者有知，冀此賜乎？」因命取焚之，舉坐感歎。

事雖微小，已足令死者哀榮，生者感歎，而君臣關係也已在無形中更爲拉近。是以太宗倚之若左右手的房玄齡，病劇時猶不忘諫止太宗伐高麗，他說：

　　　　吾受主上厚恩，今天下無事，唯東征未已，群臣莫敢諫，吾知而不
　　　　言，死有餘責。〔註56〕

匡過弼違，深得太宗寵任的魏徵，有遺表云：

　　　　天下之事，有善有惡，任善人則國安，用惡人則國亂。公卿之內，情
　　　　有愛憎，憎者唯見其惡，愛者唯見其善。愛憎之間，所宜詳慎；若愛

〔註52〕《唐會要》，卷八一，〈考上〉，頁1500。
〔註53〕貞觀時代因諫而受太宗厚賜與慰勉者甚多。略見：趙翼，《二十二史箚記》，（臺北，樂天書局，民國63年），卷十九，〈貞觀中直諫者不止魏徵〉，頁244～245。
〔註54〕Donald J. Munro, *The Concept of Man in Early China*,（Stanford: Stanford University Press, 1969），pp.104～109, 185～197.
〔註55〕《貞觀政要》，卷三，〈君臣鑒戒篇〉，頁1。
〔註56〕《通鑑》，卷一九九，貞觀二十二年，頁6260。

而知其惡，憎而知其善，去邪勿疑，任賢勿貳，可以興矣。〔註57〕
不正表達了他們對太宗信用的感激，而思有以報之！

　　相反地，如果太宗不能施以至誠，則他們惠愛臣下的作法，只能說是一
種權術的運用，因此也難以得到他們的回報。如太宗疾篤，出李勣爲疊州都
督，並謂太子治曰：「李勣才智有餘，屢更大任，恐其不厭服於汝，故有此授。
我死後可親任之。若遲疑觀望，便當殺之。」〔註58〕李勣在立武后事件上的
態度，足可證明他與太宗實是心存芥蒂，貌合神離，而他應答高宗之語：「此
陛下家事，何須更問外人！」〔註59〕正所以報復他對太宗的不滿。

　　無論貞觀君臣間究是以利相合，或是以義相合，我們若將房玄齡與李勣
的反應做一對比，則發現人類善性的發揮，確能產生某些特殊的政治成效；
若處處以機數馭之，則極難使人心悅誠服。因此我們與其把德治視爲一種尋
常的統治方式，不如說君臣間相互的激勵向善，督責勸勉，實有助於政治的
和諧與統治效果的提高。貞觀之治的形成，或許與他們的砥礪勸化，積極體
現德治思想有極大的關係，而他的成就所以迥然不同於南宋時代同流合污、
因循苟且的「包容政治」，〔註60〕也正在於此。

　　不過，貞觀君臣對德治思想的認識，已與儒家原義頗有出入，我們由當
時較敏感的社會問題與財政問題上，即可看出德治思想在他們的運用下，有
了明顯的扭曲與變質的現象。

　　唐代在任用制度上設有種種限制，禁止工商異類、刑家之子進入仕途，
連官人自執工商者亦在其例。〔註61〕對於術藝之輩而趨馳廊廟者，則更予以
公開地嚴厲斥擊。《貞觀政要·擇官篇》：

　　　　（太宗置官品令），謂玄齡曰：「自此儻有樂工雜類，假使術逾儕輩
　　　　者，只可特賜錢帛，以賞其能；必不可超授官爵，與夫朝賢君子比
　　　　肩而立，同坐而食，遺諸衣冠，以爲恥累。」

馬周也曾上疏諫非賢士不可任之爲官，他說：

　　　　致化之道，在於求賢審官；爲政之基，在於揚清激濁。孔子曰：「唯

〔註57〕 《舊唐書》，卷七一，〈魏徵傳〉，頁2561。

〔註58〕 《唐語林》，卷五，補遺，頁2532。

〔註59〕 《新唐書》，卷九三，〈李勣傳〉，頁3820。

〔註60〕 劉子健，〈包容政治的特點——南宋政治簡論之二〉，《中國學人》，第5期，（民
　　　　國62年），頁1～28。

〔註61〕 《新唐書》，卷四五，〈選舉志下〉，頁1171。

名與器，不以假人。」是言愼舉之爲重也。臣伏馬王長通、白明達
本自樂工，輿皁雜類，韋槃提、斛斯正則更無他材，獨解調馬。縱
使術踰儕輩，伎能有取，乍可厚賜錢帛，以富其家；豈得列預士流，
超授高爵。遂使朝會之位，萬國來庭，驤子倡人，鳴玉曳履，與夫
朝賢君子，比肩而立，同坐而食，臣竊恥之。然朝命既往，縱不可
追，謂宜不使在朝班，預於士伍。〔註62〕

儒家之所以重視求賢審官，認爲嗜利之徒與善小技者不足與賢能競爽，因其爲
德不足，志不足以致遠。如子夏曰：「雖小道必有可觀者焉，致遠恐泥，是以君
子不爲也。」〔註63〕而孟子則直斥商人爲「罔市利」的「賤丈夫」。〔註64〕但
是，唐太宗與馬周等的嚴予甄別士庶，在其有桼貴賤節序，大敦禮經彝倫的背
後，實別有特殊的社會背景。

自漢末以來，在諸多因素的醞釀下，門第階資流品之別甚嚴，官僚已自
成一特殊階級，庶民不得平流進取。這種現象到唐代已略有轉變，但崇重門
第的情形依然存在。如唐太宗就爲了革除澆薄之風與工賈皁隸僭侈之行，特
意訂定冠冕服飾制度，以甄別士庶及公卿品位。〔註65〕

由於其時流品觀念甚深，品位卑賤者甚至自感慚恥，不願以此示人。《舊
唐書・張玄素傳》：

（太宗）問張玄素云：「隋任何官？」奏云：「縣尉。」又問：「未爲
縣尉已前？」奏云：「流外。」又問：「在何曹司。」玄素將出閣門，
殆不能移步，精爽頓盡，色類死灰。

儒家雖然認爲統治者與被統治者的分畫是必要的，且應加以維護，〔註66〕但
他從未有流品之別，也從未卑視在下位者，甚至還要求統治者矜育眾庶，積
極倡發「君子之德風，小人之德草，草上之風必偃」的教化理論。然而，儒
家雖不衛護門第現象，門第社會卻已形成；儒家雖然重視求賢審官，貞觀君
臣卻深受士庶分途觀念的影響，極以與工商異類共事爲恥。可知貞觀時代的
德治思想，已非儒家的原始風貌，反隨著客觀形勢的變遷，而被賦予新的義

〔註62〕《舊唐書》，卷七四，〈馬周傳〉，頁2614～2615。

〔註63〕《論語》，卷一○，〈子張篇〉，頁88。

〔註64〕《孟子》，（四部叢刊初編縮本），卷四，〈公孫丑下〉，頁36。

〔註65〕《唐大詔令集》，卷一○○，〈定三品至九品服色詔〉，頁505。

〔註66〕參閱：黃俊傑，《春秋戰國時代尚賢政治的理論與實際》，（臺北，問學出版社，
　　　　民國66年），頁99～100。

蘊，展現新的面貌。

除了為應合現實環境的需要而扭曲德治思想，他們也為了滿足一己之利欲，必須有選擇性的接受德治思想。《通鑑》卷一九四貞觀八年，高季輔上言曰：

> 外官卑品，猶未得祿，飢寒切身，難保清白。今倉廩浸實，宜量加優給，然後可責以不貪，嚴設科禁。

官俸不足，是深深困擾唐初君臣的問題，自武德時已置司令史，給公廨本。而今倉廩既實，褚遂良請廢此制，原因是：

> 陛下近許諸司令史，捉公廨本錢。諸司取此色人，號為捉錢令史，不簡性識，寧論書藝，但令身能估販，家足貲財，錄牒吏部，使即依補。大率人捉五十貫已下，四十貫已上，任居市肆，恣其販易，每月納利四千，一年凡輸五萬，送利不違，年滿受職。然有國家者，嘗笑漢代賣宮，今開此路，頗類於彼。〔註67〕

估販輸利受職以給官資，終究是一種蘇解政府自身財政壓力的簡便辦法，是以一度廢止，末年又復行其事。事實上，「有恆產者有恆心，無恆產者無恆心」，只是儒家的為民之道，他對士人的期許是：「謀道不謀食」，「憂道不憂貧」，即使處於逆境，也不可「窮斯濫矣」。〔註68〕然而，高季輔的提議，應非過慮，褚遂良的諫諍，也沒有被確實執行。由此可知，貞觀君臣雖然奉德治思想為施政的目標，但這些統治者在維護他們的利益時，似乎有意避開不合所需的德治內涵，也不願細究他們的作法是否遠離儒家本旨。因此，德治思想在現實問題的纏擾下，再度受到屈抑，而他們對德治思想的運用，也顯然是有選擇性的。

薩孟武先生認為，唐初君臣所接受的儒家思想，實只限於實際環境所需要者。〔註69〕他的觀點證諸前文所論，大體是可以接受的。二千年來，儒家思想雖然普遍的影響著人們的政治行為，卻始終是以不同的面貌呈現出來。

〔註67〕《唐會要》，卷九一，〈內外官料錢上〉，頁 1651～1652。

〔註68〕儒家認為，士人不應為貧窮而怠乎道，並將士人的生活標準壓至最低點，如「士而懷居，不可以為士矣」，「士志於道而恥惡衣惡食者，未足與議也」。反之，儒家對庶民則沒有很高的寄望，因為他們只重視分地之利，不足以言道，若能使之各安其業，做一個善順民，則足以望治，故每論及則莫不與惠、利有關，如「小人懷惠」，「小人懷土」。可見儒家對士人與庶民的要求並不相同。

〔註69〕薩孟武，《中國政治思想史》，（臺北，三民書局，民國 58 年），頁 296～298。

因此，漢人的想法不盡見於唐代；唐人的想法亦不盡行於宋代。這主要是因為各代所處的環境不同，儒家思想在現實政治的衝擊與過濾下，只能有選擇性的被取用，無法一無所隱的展現其本來面目；而他也似乎只有在經過人們的一番扭曲與改造後，才能與現實政治密切地配合運作。

在漢末魏晉以來長期的紛亂政局中，儒家幾乎沒有大展治道的時候，人們也因此對他的政治效果頗感疑慮。這個疑慮，就表現在天下初定，貞觀君臣議論應取擇何種治道時。《通鑑》卷一九三貞觀四年：

> 上之初即位也，嘗與群臣語及教化，上曰：「今承大亂之後，恐斯民未易化也。」魏徵對曰：「不然。久安之民驕佚，驕佚則難教；經亂之民愁苦，愁苦則易化。譬如飢者易爲食，渴者易爲飲也。」上深然之，對德彝非之曰：「三代以還人漸澆薄，故秦任法律，漢雜霸道，蓋欲化而不能，豈能之而不欲邪！魏徵書生，未識時務，若信其虛論，必敗國家。」徵曰：「五帝、三王不易民而化，昔黃帝征蚩尤，顓頊誅九黎，湯放桀，武王伐紂，皆能致身太平，豈非承大亂之後邪！若謂古人淳朴，漸至澆訛，則至於今日，當悉爲鬼魅矣，人主安得而治之！」上卒從徵言。

顯然，德治思想是在公開的辯駁，與人們對他的政治功能做根本性的質疑與檢討後，才取得領導地位的。這一方面雖可說明貞觀時代確是以德治思想爲政治的最高指導原則；另一方面則顯示當時存在著另一股強大勢力——法家思想，人們且對這種治術頗具好感。唐太宗就曾說：「貞觀初，人皆異論，云當今必不可行帝道王道，唯魏徵勸我。」〔註 70〕可見其時參持著法家思想者爲數甚多，他們所主張的施政方式，也頗有法家意味。在大臣中，房玄齡實爲「明達吏治而緣飾以文雅」的人；通明經術的蕭瑀，則有「向法深」的性格；甚至連昌言儒家治道，最善導人主於仁德之途的魏徵，也是不恥小節，博知王霸之術的人。〔註 71〕朝中重臣既非醇醇儒者，欲其行事不偏逸出德治

〔註70〕《貞觀政要》，卷一，〈政體篇〉，頁 17。

〔註71〕H. J. Wechsler 爲了解唐初政治的動向，朝官的思想傾向，曾將任職學術諮詢機構，參預經史編撰，及爲太子師傅者，歸爲儒家型官僚。當他考量這些官吏對政務的實際影響時，他發覺他們並不具有決定性的作用，而儒家思想也並未在政治上有絕對權威。當他分析宰相的思想傾向時又發現，有濃厚法家思想者占百分之四十以上，而所謂的儒家型宰相，其行爲也經常悖離儒家理想。因此他認爲，我們不應對儒家官僚在決策中的地位估價過高。由 Wechsler 的論證，益可知其時參持法家思想者爲數甚多，而他們所主張的施政方式也

思想，殆極難矣。當唐太宗詢以近世爲國者益不及前古之因時，王珪對曰：

> 漢世尚儒術，宰相多用經術士，故風俗淳厚；近世重文（貞觀政要
> 做「武」）輕儒，參以法律，此治化之所以益衰也。〔註72〕

德治思想雖經公開的認可與採行，但因其失勢甚久，一時風習未能盡改，故太宗初即位有封、魏的王霸之辯，貞觀二年又有王珪之對，足證朝中尚乏通經致用之士，德治思想難以全面推展。但是，我們也可以由貞觀君臣對儒家治道的關切，與對法家思想的屢屢施以迎頭痛擊，而看出儒家思想有極強的興復之勢，人們在意識上，已漸相信他是成就治世之道。

儘管貞觀時代並存著兩種義涵相悖，理論基礎也迥然不同的思想形態，但除了封、魏的王霸之辯，曾將二家相提並舉，做理論性的批駁外，我們幾乎未看到他們再那樣大張旗鼓的爲法家治術做辯護。換句話說，法家思想雖然深受重視，但人們並未以他爲政治上的最高指導原則，或予他相當於儒家的同等地位。這從貞觀君臣對律令制度的認識與運用上，即可知悉。

唐太宗初即位，命長孫無忌、房玄齡與學士、法官共釐革律令，務爲寬法。〔註73〕制法者既不限於法司，還由宰相監領，學士參論，即寓有緣情據理，化去繁峻苛刑的用意。顯然，他們雖已接受法律制度爲統治工具，卻急欲軟化這種「必要的罪惡」。他們制法的本旨，在《唐律疏議‧名例律》中已說得很明白：「德禮爲政教之本，刑罰爲政教之用」，又說：「莫不憑黎元而樹司宰，因政教而施刑法」。這個觀念，正是脫胎自儒家的「道之以政，齊之以刑，民免而無恥；道之以德，齊之以禮，有恥且格」。〔註74〕易言之，法制的作用，在輔助德禮之不足；法治的內容，則是從儒家思想中取得價值。法律制度經此「儒家化」後，已成爲明刑弼教之所需，不再是爲有效控制人民而設的法家式統治手段。〔註75〕

很有法家意味。Wechsler 之論見：Howard J. Wechsler, "The Confucian Impact on Early T'ang Decision-making," *T'oung Pao*, LXVI, 1-3,（1980），pp.1～40.

〔註72〕 《通鑑》，卷一九三，貞觀二年，頁6058，《貞觀政要》，卷一，〈政體篇〉，頁11。

〔註73〕 《舊唐書》，卷五〇，〈刑法志〉，頁2135～2136。

〔註74〕 《論語》，卷一，〈爲政篇〉，頁5。

〔註75〕 徐道鄰認爲唐人持著禮教法律觀，戴炎輝則謂唐律是道德人倫主義，亦即他們都認爲唐律有濃厚的儒家色彩。二人學說分別見：徐道鄰，《唐律通論》，（上海，中華書局，民國36年），頁28～32；又，《中國法制史論集》，（臺北，志文出版社，民國64年），頁3～18，58；戴炎輝，《唐律通論》，（臺北，正中

　　法制雖經儒家化，法司若務求苛細，不能以平恕爲本，則法制亦將失明刑弼教的作用，故《禮記·王制篇》曰：「刑者、侀也；侀者，成也。一成而不可變，故君子盡心焉。」出罪入罪間既有極大的彈性，是以善選斷獄之人，亦爲至要。《通考》卷一六九〈刑考八〉「詳讞」條：

> （貞觀）二年，大理少卿胡演進每月囚帳，上覽焉，問曰：「其間罪亦有情可矜容者，皆以律斷。」對曰：「原情宥罪，非臣所敢。」上謂侍臣曰：「……今法司覆理一獄，心求深刻，欲成其考，今作何法，得使平允？」王珪奏曰：「但選良善平恕人，斷獄允當者賞之，即姦僞自息。」上善之。

法司務在稱職，不敢以情虧法，此雖不悖於法家思想，卻不盡合於儒家的德治要求。因此，法司每爲人所詬病，太宗稱其：「危人自達，以釣聲價。」〔註76〕崔仁師則謂其：「自規免罪，知其冤而不爲伸。」〔註77〕事實上，當時斷事決獄並不專於法司，中書門下四品以上、尚書、乃至百寮，都可議刑輕重。〔註78〕決事者也未必性素習法，只要但存大體，處斷合於情理，人們也無不悅服。〔註79〕由此可知，律令制度雖已儒家化，但他們在執行的時候，仍不願受嚴格律文的拘束，凡合於禮教，用意良善的意見，都可被採行，如房強因反逆緣坐兄弟案，按律當死，房玄齡等則據理論情，斷以配流爲宜，〔註80〕就是在行法之時，再一次地將律文道德化的事例。

　　法律儒家化，行法道德化，雖然使律令制度的運作極具彈性，時時隨著社會的需要與人們的要求，做適應性的調整，但也由於它的缺乏固定性與客觀性，易流於自由裁量，而受到破壞或限制。韓非曾曰：「釋法術而任心治，

書局，民國66年），頁18～22。關於中國法律一般性的特質——法律儒家化，可見：瞿同祖，《中國法律與中國社會》，（臺北，僶勉出版社，民國67年），頁214～258；Derk Bodde, Clarence Morris, *Law in Imperial China*,（臺北，新月書局影印本，1971年），pp. 30～38。

〔註76〕《貞觀政要》，卷八，〈刑法篇〉，頁12。

〔註77〕《通鑑》，卷一九二，貞觀元年，頁6042。

〔註78〕唐太宗慎於決獄，事常下百官共議，刑律輕重亦準群僚意見而定。大辟罪則因事關刑人生死，更爲謹慎，令中書門下四品以上及尚書議之。是皆可見斷獄決事不專於法司。

〔註79〕如《舊唐書·魏徵傳》：「尚書省滯訟有不決者，詔徵評理之。徵性非習法，但存大體，以情處斷，無不悅服。」

〔註80〕參見：馬端臨，《文獻通考》，（咸豐九年崇仁謝氏刊本），卷一六九，〈刑考八〉，「詳讞」條，頁26。

堯不能正一國；去規矩而妄意度，奚仲不能成一輪。」〔註81〕誠如其言，自由裁量的弊病已極見於君主專制時代。君主制法僅用以御臣民，自身則不受拘束，故律外有刑，令外有罰，只須出自詔敕，法令皆為所破。〔註82〕貞觀君臣在人治觀念的影響下，亦不自覺地蹈入自由裁量的殼中。《舊唐書·盧承慶傳》：

> 盧承慶……累遷民部侍郎，尋令兼檢校兵部侍郎，仍知五品選事。
> 承慶辭曰：「選事職在尚書，臣今掌之，便是越局。」太宗不許，曰：
> 「朕今信卿，卿何不自信也？」

唐太宗自信得人，卻忽略了盧承慶的提醒，也忘記了「不在其位，不謀其政」的說法；〔註83〕盧承慶欣從君意，實則他也失去「守道不如守官」的原則。〔註84〕無論這是否肇啓尚書職權變化之端，〔註85〕但顯示貞觀君臣的守法觀念，依然深受德治思想的影響，「有治人，無治法」，仍是支配他們運用律令制度的主要理念。

君主既是破壞律法的主要來源，如何使其發揮守法精神，成為維護律令制度的一項重要課題。《通鑑》卷一九二貞觀元年：

> 上以選人多詐冒資蔭，敕令自首，不首則死。未幾，有詐冒事覺者，
> 上欲殺之。（戴）胄奏：「據法應流。」上怒曰：「卿欲守法而使朕失
> 信乎？」對曰：「敕者出於一時之喜怒，法者國家所以布大信於天下
> 也。陛下忿選人之多詐，故欲殺之，而既知其不可，復斷之以法，
> 此為忍小忿而存大信也。」上曰：「卿能執法，朕復何憂！」

循公奉法，同為儒法兩家所重，法家倚於外在強制力的威迫，儒家則賴君臣的自勵自省，二者外貌相似而實質迥異。戴胄守道履正，直言進諫，期能感

〔註81〕 王先慎，《韓非子集解》，（臺北，世界書局，民國69年），卷八，〈用人篇〉，頁152。

〔註82〕 由歷代律文的變遷，即可看出專制政治的演進。參見：陳顧遠，《中國法制史》，（臺北，臺灣商務印書館，民國62年），頁92～138。

〔註83〕 《論語》，卷四，〈泰伯篇〉，頁34。

〔註84〕 《左傳注疏及補正》，（臺北，世界書局，民國62年），昭公二十年，頁21。

〔註85〕 據嚴耕望先生的考證，太宗時尚書知五品選，而六品以下皆侍郎掌之。至尚書掌六品、七品，侍郎掌八品、九品，乃後制耳。此項改制蓋始於高宗時。又據考證，盧承慶事發生在貞觀二十二年二月，故余謂其肇啓尚書職權變化之端，似非過當。嚴氏考證詳：嚴耕望，〈論唐代尚書省之職權與地位〉，《中央研究院歷史語言研究所集刊》第二十四本，（民國42年），頁14～16；又，《唐僕尚丞郎表》，（中央研究院歷史語言研究所專刊三十六，民國45年），頁674。

悟君心，使敕令服首於法令之下；太宗則明於事理，知不可而止，二人具不
必恃強制力而法紀可立，守法精神也就在彼此的督責勉勵中醞釀出來。

　　歷來史家議論律令制度，多稱美唐代。戈直謂曰：「後世制度之美，莫能
加也。」〔註86〕王鳴盛則曰：「唐人之書如石藥，因無甚關繫，即開元禮亦非
至要，獨唐律之僅存者，乃爲希世之寶。」〔註87〕貞觀時代在這方面所下的
功夫，所奠定的基礎，及其所得到的成就，尤足光耀千古。吾人從貞觀時代
律令制度的運作，以及人們將守法精神的發揮，寄望於個人的自反自制等方
面，即可知道貞觀之治的形成，雖然是靠著儒法兩家的相輔爲用，但實際上
支配人們運用律令制度的主要觀念，仍是德治思想。

　　有些學者以爲，中國官僚制度之能持續達二千年之久而仍未發生嚴重弊
害，實因其尚具有一獨特性能，即德治主義的調劑。〔註88〕德治與法治的兩
兩相互對立且又並存共容，〔註89〕本是傳統政治裏的普遍現象。所不同的，
只是各代對二者在認識上或運作上的程度之別而已。既然這主要是量的問
題，不是質的問題，那麼我們除了要了解傳統政治的共同性，更應注意這兩
種思想體系在各代運作中所呈現的特殊面貌。

　　如前所述，德治思想確然在貞觀時代有很顯著的表現，君臣間的相與督
責勸勉，最是令史家怡然神往，稱頌不已的特色，故我們說貞觀時代是這個
大傳統中，具有較多德治外觀，表現較多道德義涵，顯露較多儒家質素的一
個時間段落，應不爲過。可惜的是，貞觀君臣爲了維護既得利益，爲了因應
情境變遷，並不能全然實現儒家的德治理想，他們或是別作新詮，賦予他一

〔註86〕《貞觀政要》，卷一，〈政體篇〉，頁23。
〔註87〕王鳴盛，《十七史商榷》，（臺北，廣文書局，民國60年），卷八二，〈唐律〉，
　　　　頁569。
〔註88〕張金鑑，《中國文官制度史》，（中華文化委員會，民國44年），頁14～15，又，
　　　　《中國吏治制度史概要》，（臺北，三民書局，民國70年），頁12。
〔註89〕在傳統政治中，德治與法治這兩種思想體系之能同時發生作用，看似極爲矛
　　　　盾，實在是人們在審度情勢需求，與二家思想在歷經不斷的試用、考驗後，
　　　　所自然衍生出的最有效的維繫政治運作之道，但學者們亦盡皆認爲，儒家的
　　　　正統地位雖經建立，維繫傳統政治運作的，主要是法家的統治技術，儒家的
　　　　功能，則在於緩和與軟化其毒害。參見：徐復觀，〈儒家對中國歷史運命掙扎
　　　　之一例〉，收入：氏著，《學術與政治之間》，頁332，384；Kung-chuan Hsiao,
　　　　"Legalism and Autocracy in Traditional China," pp. 108～121；E. A. Kracke, Jr.,
　　　　"The Chinese and the Art of Government," in Raymond Dawson, ed., *The Legacy
　　　　of China*,（Oxford University Press, 1964）, pp. 309～339.

些特殊的意義；或是權其輕重，有選擇性的取用其中的某些論點；或是審情度勢，巧妙地擷取法家之優長而補其不足。德治思想經此扭曲後，自是大變其質，失去原有的純淨風格。

　　儘管德治思想不能一無所隱的展現其本來面目，但由於他漸能適應實際政治的需要，使得貞觀君臣對他日益重視，更具信心。唐太宗甚至把突厥破滅，種落皆襲衣冠，歸功於魏徵的勸行儒家治道，〔註90〕足見他們對德治的功能與效果極表滿意。是以高宗初即位，詔群臣問當今爲政之道，令狐德棻就很明白的指出：

> 王道任德，霸道任刑。……如欲用之，王道爲最，而行之爲難。……
> 古者爲政，清其心，簡其事，以此爲本。當今天下無虞，年穀豐稔，
> 薄賦斂，少征役，此乃合於古道。爲政之要，莫過於此。〔註91〕

令狐德棻之對話，不僅是爲永徽之治張本，也是歸結太宗施政之道而教之於高宗，更無異是爲貞觀之所以成治，德治思想之所以能再度奠定他在政治上的地位，做了一個有力的見證。

第三節　德治思想對貞觀之治的助益

　　無論貞觀時代如何以選擇性的方式來運用德治思想，也無論他們如何吸收、消融其他思想於其中，貞觀君臣確實很重視德治思想，德治思想的地位，也確是在這個時代再度被奠定的。然而，當時既乏通經致用之士，德治思想能對貞觀政治有多大的助益，又如何發揮其作用，則是一個值得深究的問題。

　　在君主專制時代，諫諍終是一項極具危險性的行爲。魏徵就因著他不斷地對太宗施予道德規誡，使他被儒者塑造成一個諫者的歷史典範（historical exemplar）。〔註92〕事實上，魏徵極善處世應變，絕不是他們所想的那種義無反顧，知其不可而爲的道德家。《通鑑》卷一九四貞觀六年：

> 上謂魏徵曰：「爲官擇人，不可造次。用一君子則君子皆至，用一小
> 人則競進矣。」對曰：「然天下未定，則專取其才，不考其行；喪亂
> 既平，則非才行兼備不可用也。」

〔註90〕　《貞觀政要》，卷一，〈政體篇〉，頁 17。

〔註91〕　《舊唐書》，卷七三，〈令狐德棻傳〉，頁 2598～2599。

〔註92〕　Howard J. Wechsler, *Mirror To the Son of Heaven：Wei Cheng at the Court of T'ang T'ai-tsung*,（New Haven：Yale University Press, 1974），pp. 193～198.

儒家從不因時局治亂而放鬆對個人操持的要求，〔註93〕也就是寧可「固窮」，也不可「窮斯濫矣」。被許爲道德象徵的魏徵，竟也公然宣稱亂世惟求其才，不考其行，這使我們相信他在相當程度上是肯定法家的功利思想的。但更值得注意的是，他將德行與才能畫分爲二，並動搖了德行的絕對價值，與德治思想的政治功能。

孔子自認其道統整有體，而非支離破碎，故屢言「吾道一以貫之」：

> 子曰：「參乎！吾道一以貫之。」曾子曰：「唯。」子出，門人問曰：
> 「何謂也？」曾子曰：「夫子之道，忠恕而已矣！」（《論語・里仁篇》）

> 子曰：「賜也，女以予爲多學而識之者與？」對曰：「然，非與？」
> 曰：「非也！予一以貫之。」（《論語・衛靈公篇》）

弟子也常以求此一貫之理而問諸孔子，〔註94〕如：

> 子貢問曰：「有一言而可以終身行之者乎？」子曰：「其恕乎！己所
> 不欲，勿施於人。」（《論語・衛靈公篇》）

儒家「一貫」之旨，乃就當然之道而言，欲普遍地開出理想、價值之源，開出德性生命之所立，而政治的最高原則亦涵攝於其中，故「一貫」之旨不在徒習名物，更非膠著於數事。〔註95〕是以儒家雖然有德、才之別，〔註96〕卻從未刻意分畫二者，也從不爲此而困擾。如：《左傳》文公十八年載高陽氏有才子八人，曰：「齊、聖、廣、淵、明、允、篤、誠。」就將才、德合爲一體。范祖禹也曾說：「周公制禮作樂，孔子以爲才，此古人所謂才者，兼德行而言也。」〔註97〕然則經制事功，博聞雜識，原只是道體之一偏，殊非「一以貫之」的本旨。〔註98〕只是儒家的這個想法，在現實政治中極難實現。

〔註93〕如子曰：「君子無終食之間違仁，造次必於是，顛沛必於是。」（《論語・里仁篇》）

〔註94〕環繞儒家「一以貫之」之旨，而爲同一思路，同一語脈的問答，《論語》中實
極多。蓋孔學之「仁」，即此一貫之道。參見：牟宗三，《心體與性體》，頁267
～268。

〔註95〕前引書，頁265～270。

〔註96〕如子曰：「如有周公之才之美，使驕且吝，其餘不足觀也矣。」（《論語・泰伯
篇》）

〔註97〕范祖禹，《唐鑑》，（臺北，臺灣商務印書館，國學基本叢書，民國57年），卷
四，〈太宗二〉，頁29。

〔註98〕孔學中的仁，是一切學問行爲的總動力，也是一切學問行爲的總歸宿，所謂
「一以貫之」，即是以仁的精神貫通於求知立行之中。以一個道理觀念，以一
種精神狀態來貫穿一切，正是儒家的大統。此說見徐復觀，〈論語『一以貫之』
語義的商討〉，收入：《中國思想史論集》，頁226～234。

　　從歷史上看，才、德問題所掀起的重重波濤，幾乎未曾止息過，像儒官與法吏之別，以及歷代的黨爭，多少都與才德分化有關，或根本就以維護道德為宗旨。不過，敢大張旗鼓地明言毀棄道德的，歷史上則唯曹操一人。著名的魏武三詔令，就是對德治思想最激烈，最嚴厲的抨擊，他說：「夫有行之士，未必能進取，進取之士，未必能有行也。」所以，殺妻盜嫂不仁不孝者流，只要有治世之才，皆可舉以共治。〔註99〕這種唯才棄德主義，與當時政風的窳敗，多少有些關連。〔註100〕

　　各種迹象顯示，人們對德治思想的了解並不盡相同，他們持以處事的方式，也因此而有差異。司馬光曾說：「夫才與德異，而世俗莫之能辨，通謂之賢，此其所以失人也。」〔註101〕即明白指出，在政治上有德行之賢人與才能之賢人兩大類別，他們各有不同的行事風格。

　　賢人政治自古有之，自春秋戰國時代而演進愈速，發展愈成熟，時君既取用才能之賢人，亦優禮德行之賢人。〔註102〕自漢以下，儒學的定於一尊，雖然有助於德行之賢人提高其地位，但仍無法使德治思想籠罩政治，讓才能之賢人一以道德為立身行事的圭臬。因此，德治思想能對政治有多大的助益，實為國史上極饒興味的問題。

　　自漢末以來的數百年間，人們雖然擺脫了儒學的束縛，卻在自由的空氣中迷失了自我，政治的黑暗，風俗的敗壞，行為的荒誕，造成中國歷史上的一個悲劇時代。〔註103〕由於傳統社會的知識素材有限，歷史經驗亦有助於證

〔註99〕魏武三詔令分別下於建安十五年春，十九年十二月乙未，二十二年秋八月。詳見：《三國志》，（臺北，鼎文書局，新校標點本），卷一，〈武帝紀〉，頁32，44，49。

〔註100〕如《日知錄》〈兩漢風俗〉條：「孟德既有冀州，崇獎跅弛之士，觀其下令再三，至於求不仁不孝而有治國用兵之術者，於是權詐迭進，姦逆萌生。故董昭太和之疏，已謂當今年少不復以學問為本，專以交游為業；國士不以孝悌清修為首，乃以趨勢求利為先。……夫以經術之治，節義之防，光武、明、章數世之而未足；毀方敗常，孟德一人變之而有餘。」見：顧炎武，《日知錄集釋》，（臺北，世界書局，民國57年），卷十三，〈兩漢風俗〉條，頁306。

〔註101〕《通鑑》，卷一，周威烈王二十三年，頁14。

〔註102〕〈春秋戰國時代賢人政治的演進〉，參見：黃俊傑，《春秋戰國時代尚賢政治的理論與實際》。

〔註103〕何啟民，〈漢晉變局中的中原士風〉，收入：氏著，《中古門第論集》，（臺北，臺灣學生書局，民國67年），頁29～38；又，〈魏晉思想與士族心態〉，《國立政治大學歷史學報》第一期，（民國72年），頁14～22。

驗儒家思想有治平之效。是以人們在喪亂之後，很自然而又快速地回到其所熟悉的德治舊途，德行的重要，也再度受到重視。《唐會要・選部上論選事》：

> 貞觀元年正月，侍中攝吏部尚書杜如晦上言曰：「比者，吏部擇人唯取言辭刀筆，不悉才行，數年之後，惡跡始彰，雖加刑戮，而百姓已受其弊。」上曰：「如何可以得人？」如晦對曰：「兩漢取人，皆行著州閭，然後入用。今每年選集尚數千人，厚貌飾詞，不可悉知，選司但配其階品而已，所以不能得才。」

如晦慨歎「不能得才」，實亦就德行而論。在瞬息萬變，成敗決於機宜的時刻，個人德行與德化論調顯得緩急不可恃，也不易取信於人，而一旦天下初定，貞觀君臣就已為舉善辨行未見其術而困擾著，足證他們認為德治思想確有存在的價值，故於才能之外，已視德行為求取國家長利的要素，並以之為擇人、理政時的一項重要考慮。

德治思想能生存成長於貞觀時代，固然有客觀環境的配合。但他能在迅急之間就成為政治上的主流思想，則是更久遠的文化與歷史傳統所蘊蓄涵化出來的，其間雖曾若斷似續的傳衍著，終究因他無法抹殺的價值，與以家學門風自重的大家世族的保育，而深潛在人們心裏，隨時待機而發。以唐太宗的不顧親情，一朝得天下竟以信人自視，且曰：「朕常以魏武帝多詭詐，深鄙其人如此，最可堪為教令？」〔註104〕可見他們對德行的重視，對德化的深信不疑，絕非事出偶然的。

至於何以天不安定，則需究為官者的德行，魏徵頗能道明其因。《貞觀政要・擇官篇》，徵曰：

> 今欲求人，必須審訪其行，若知其善，然後用之。設令此人不能濟事，只是才力不及，不為大害；誤用惡人，假令強幹，為害極多。

為官者失德已然損及政治的發展，若為君者失德則危害更大。《通鑑》卷一九二貞觀二年：

> 上謂侍臣曰：「朕觀《隋煬帝集》，文辭奧博，亦知是堯舜而非桀紂，然行事何其反也！」魏徵對曰：「人君雖聖哲，猶當虛己以受人，故智者獻其謀，勇者竭其力。煬帝恃其俊才，驕矜自用，故口誦堯舜之言而身為桀紂之行，曾不自知以至覆亡也。」

孔子曾戒後世之人曰：「如有周公之才之美，使驕且吝，其餘不足觀也矣。」

〔註104〕《貞觀政要》，卷五，〈誠信篇〉，頁 26。

〔註105〕煬帝致敗之由，正在其有才而無行。

孟子曰：「唯仁者宜在高位，不仁而在高位，是播其惡於眾也。」〔註106〕
德行的重要，正在於此，故爲政者必具德行，而政治中亦需含有道德質素。

貞觀時代對道德的體現是不遺餘力的，他們除了重視爲官者的德行，愼
選內外官之外，在某些方面，還開創了傳統政治的新境界。

以文官任用制度而言，於時入仕之門雖多，出身各有不同，但任官、遷
轉必經客觀標準的評鑑，使職事者恒具某些基本的道德。如《唐律疏議》訂
定應貢舉者之人品曰：「諸貢舉非其人，及應貢舉而不貢舉者，一人徒一年，
二人加一等，罪止徒三年。」所謂「貢舉非其人」，律註云：

> 非其人謂德行乖僻，不如舉狀者。若使名實乖違，即是不如舉狀，
>
> 縱使試得及第，亦退而獲罪。〔註107〕

可見德行是最基本，最重要的考覈標準，任何其他的標準與之牴觸，都將失
去效用。

更值得稱頌的是，唐人已將德行列爲入仕之後的考課重點。雖然，前代
也急於求取德行之士，像漢代的「孝廉」、「孝悌敦厚」，司馬晉的六條舉淹滯
〔註108〕等皆是。但就考功課吏之法而言，他們或詳究功實，不考德行；或標
準不立，體制紊亂；或空有其法，行之不實。〔註109〕能有明確制度，優論善
狀，使其行必軌於法者，當自唐代始焉。〔註110〕我們由官吏的考績主要決於

〔註105〕《論語》，卷四，〈泰伯篇〉，頁33。
〔註106〕《孟子》，卷七，〈離婁上〉，頁55。
〔註107〕《唐律疏議》，（臺北，臺灣商務印書館，國學基本叢書，民國57年），卷九，
〈職制上〉，頁73。
〔註108〕《晉書》，（臺北，鼎文書局，新校標點本），卷三，〈武帝紀〉，頁50。
〔註109〕漢代雖曰「尊賢任能」，但所重多在才幹而不在道德，故官吏考遷選亦以功
績爲憑。漢末考課制度漸壞。魏晉以下則始終未見鑿然成體的考課制度；有
之，亦因士族的把持仕途，平流進取，而成爲具文。至於北朝，隨著政治革
新，考課制度亦在逐步進展中，只是體制尚不明確，實行上也有許多問題。
關於漢代至唐代考課制度的變遷，參見：曾資生，《中國政治制度史》，（臺北，
啓業書局，民國62年），〈秦漢篇〉，頁282～289；〈魏晉南北朝篇〉，頁386
～397；〈隋唐五代篇〉，頁477～486。
〔註110〕唐代考課之法，自編訂《唐六典》以後才成爲確制，在此以前是經常變動的。
但可以肯定的是，貞觀時代已然實行四善二十七最的考課之法。如馬周〈上疏
論考課等第〉曰：「臣竊見流內九品以上，各有等第，而自比年，入多者不過
中上，未有得上下以上考者。臣謂令設九等，正考當今之官，必不施之於異代
也。」（《唐會要》，卷八一，〈考上〉）可知其時考法已立，而且能付諸實行。

善行的多寡，以及他們安排德行與才用的方式是：德先於才，〔註111〕即可知道唐初君臣是秉承儒家的德治思想來制訂考課制度的。〔註112〕

　　政治本不應寄望於爲政者自發的道德，儒家德治思想的無法全然實現，即證明了光憑著人們自發性的道德，是絕難建構理想政治的。〔註113〕自漢末以來，政風普遍敗壞，至貞觀時代，雖然仍不足以扭轉數百年的積習，亦未能戢正殘殺、淫亂、近利之風，〔註114〕但他們已承繼北朝儒學興復之勢，注意到政治風氣的問題，還時刻以任官必求才行兼備者自戒。如唐太宗曾曰：「爲政之道，唯在得人，須以德行學識爲本。」〔註115〕他們在意識上已如此的重視德行，又能載諸明文，付諸行動，其爲政治注入的道德與理性成分，較諸前代，已確然令人有耳目一新之感，而這或許是他成爲治世的一個要素！

　　道德是一種缺乏客觀標準的價值觀念，其義涵與境界，常因各人的詮釋與環境的變遷而異。如《新唐書‧姜行本傳》：

　　　　行本性恪敏。所居官，雖祁寒烈暑無懈容，加有巧思，凡朝之營繕，
　　　　所司必諮而後行。魏徵見其倚昵，恐寖啓侈端，勸帝斥之，帝賴其

〔註111〕《舊唐書‧職官二》：「一最以上，有四善，爲上上。一最以上，有三善，或無最而有四善，爲上中。一最以上，有二善，或無最而有三善，爲上下。一最以上，而有一善，或無最而有二善，爲中上。一最以上，或無罪而有一善，爲中中。……」又同書同卷：「校功以三實。……（原註）三實，謂德行、才用、勞效。德均以才，才均以勞，勞必考其實而進退之。」可知官吏的考績，主要是以善行的多少定等，而他們考課時最先考慮的也是德行。劉子健先生曾據此而以爲四善不如二十七最重要，儒家道德價值不如官吏的行政效率的評價高，實是極大的誤解。劉文見：James T. C. Liu, "Some Classifications of Bureaucrats in Chinese Historiography," in *Confucianism in Action*, p. 179.

〔註112〕德治思想本寄望於個人的自反自覺，無待外在的制約或迫促。但由這套完密的文官任用制度看來，德治思想因著它而有了依託之處，不再是僅能訴諸個人內在判斷的價值觀念，它還能以客觀的法制來引導人的作爲。因此，德治思想的傳衍、推展，固有賴於文官任用制度的協助，而他爲官僚制度注入道德與理性成分，使其運作更具儒家特色，也是不爭的事實。

〔註113〕德治思想的理論缺陷，在於修身與治國平天下間，並未含有如孔孟所想像的那樣簡單的邏輯關係，而個人道德修養，也不能成爲理想政治秩序的真正基礎。由於德治思想具有相當濃厚的「烏托邦」性格，他之不易實現於現實社會中，是不難想像的。參見：陳弱水，〈『內聖外王』觀念的原始糾結與儒家政治思想的根本疑難〉，頁 79～116，又，〈追求完美的夢──儒家政治思想的烏托邦性格〉，頁 211～242。

〔註114〕關於魏晉南北朝以來的政風，及其對唐代的影響，參見傅樂成，〈唐型文化與宋型文化〉，頁 339～351。

〔註115〕《唐會要》，卷五五，諫議大夫，頁 948。

彊濟，不斤也。

魏徵本著防微杜漸之意勸太宗斤退姜行本，太宗則因其才行兼備而不從其言。顯然，魏徵不僅視道德爲立身行事的基本規範，還將它引伸推衍爲一更高的政治準則；唐太宗並無意於滿足個人的窮侈之欲，只是他沒有和魏徵一樣地將道德做過於廣義的推論。唐初君臣對道德的看法雖然不盡相同，但大體而言，他們在制訂任官者的道德規範時，態度是相當謹愼的。《舊唐書‧職官二》：

> 凡考課之法有四善：一曰德義有聞，二曰清愼明著，三曰公平可稱，
> 四曰恪勤匪懈。

除第一條意義較廣，彈性較大外，餘三者皆爲居官者執事理政時應有的政治道德，而儒家念茲在茲的孝悌仁愛等修身德目，並未著錄其中。可見他們只採取了較狹義的道德標準，並未對任官者的德行做過高的要求，或限定人們在執行政務時必本於道德之旨。易言之，修己的道德標準儘可不斷提升，但不必以此要求於人，所謂「君子議道自己，而置法以民」，〔註116〕即是此意。不唯治民當如此，考課官吏亦當如此，只要行爲不踰越基本規範，官吏們是可以任其表現自我的。〔註117〕

政治與道德實是兩個相關而不相同的領域，德治思想則欲使二者合而爲一，以道德來指導政治的運作。但如前文所述，貞觀時人似未對德治思想做過多的幻想或憧憬，他們很實在的制訂實施道德的標準，也很實在的衡量有關道德的意見及其可行性。這種務實的態度，已與儒家的理想有些出入。因此，德治思想能否全然實現於貞觀時代，是極令人懷疑的；而他能發揮到什麼程度，能對貞觀之治有多大助益，也是極耐人尋思的。

柳芳對其時文治武功之盛，曾做過極爲簡要而深具意義的論評，他說：

> 帝定禍亂，而房杜不言功；王魏善諫，而房杜讓其直；英衛善兵，
> 而房杜濟以文。〔註118〕

他雖然在稱美房杜能持其大體，卻已將貞觀之爲治世，是因善諫者的道德規誠，善兵者的英武將略，居端揆者的量材而任，敬愼有容，描繪出一個輪廓。我們固然不能說王魏都是道德家，二李皆不重視德行。像王珪就曾被譏爲「儉

〔註116〕《禮記》，卷一七，〈表記〉，頁164。
〔註117〕儒家的道德標準在修己與治人上並不相同。參見：徐復觀，〈儒家在修己與治人上的區別及其意義〉，收入：《學術與政治之間》，頁229～238。
〔註118〕《新唐書》，卷九六，〈房杜傳贊〉，頁3866。

不中禮」，魏徵則有時頗似一個機會主義者；而李勣實能友愛親族，禮敬交遊，李靖亦尚能潔身自好。但是，他們的處事態度顯然大不相同，在政治上也扮演著迥然相異的兩種角色。如《舊唐書・李靖傳》：

> 頡利（可汗）雖外請朝謁，而潛懷猶豫。……太宗遣鴻臚卿唐儉，將軍安修仁慰諭，靖揣知其意，……（張）公謹曰：「詔許其降，行人在彼，未宜討擊。」靖曰：「此兵機也，時不可失，韓信所以破齊也。如唐儉等輩何足可惜。」

兵機所在，信義仁德皆可拋棄，這與儒家「修文德以來遠民」的想法大相背馳，反而有法家尚權重利的意味。魏徵則不然，按《新唐書・本傳》云：

> 先是，遣使詣西域立葉護可汗，未還，又遣使多齎金銀帛歷諸國市馬。徵曰：「今以立可汗爲名，可汗未定，即詣諸國市馬，彼必以爲意在市馬，不爲專意立可汗。可汗得立，則不甚懷恩。諸蕃聞之，以爲中國薄義重利，未必得馬而失義矣。……」太宗納其言而止。

雖其意在羈縻，如能常懷恩義，故表現出與李靖之作爲絕然不同的形貌。

在儒家「一以貫之」的理想境界裏，德行與才能的表現應已融爲一體。但事實上，主觀的道德與客觀的事功並不能直接相涵攝，二者且常呈現矛盾狀態。〔註119〕就國史上看，德行與才能之別，儒官與法吏之爭，就是一項極具特色的問題。〔註120〕漢代雖多通經致用之士，但亦多酷吏與崇法尚功者，而其治術則如宣帝所言，是以「霸王道雜之」。〔註121〕漢末以下至南北朝，政治紊亂，人們亦鮮有求治之心，故令狐德棻評爲：「王霸俱失」。〔註122〕迄於宋明以後，儒學寖盛，而君子小人之爭，德才之別，王霸之辨也日以嚴厲。大體來說，儒生多偏重德行，思想較爲保守，行事趨於退抑、寬緩；而法家傾向較強者，多以才能、吏幹見稱，急於進取，期於有功，其行事則不免深刻、凌厲。故儒法之分，雖與任事者個人的德行有極密切的關係，但其主要

〔註119〕主觀道德與客觀功業的矛盾相，牟宗三先生在評議朱子與陳同甫的漢唐功過論時，有很好的疏解。參見：牟宗三，《政道與治道》，頁238～269。

〔註120〕除了中古時較重文學，而有「經術派」與「辭章派」之爭外，自宋代以下，皆持文以載道的觀點，而又爲儒官與法吏的對立。關於中古「經術派」與「辭章派」之爭，可見：毛漢光，〈中國中古賢能觀念之研究——任官標準之觀察〉，頁29～70。

〔註121〕《漢書》，卷九，〈元帝紀〉，頁277。

〔註122〕《舊唐書》，卷七三，〈令狐德棻傳〉，頁2598。

的差別，還在於他們有不同的行事風格。〔註123〕

由李靖、魏徵二人對政務的處理方式來看，也是頗有差異的。如李靖，他似不願把政治問題視如道德問題，從道德觀點來執行其對外族的政策。反之，如魏徵，則他有意把政治問題道德化，本道德之旨來展現其政治才能。因此我們可以說，貞觀朝中至少也存在著兩種不同的施政態度：一種是重事功，尚實利，極具崇功務實之精神者；另一種是重理想，尚道德，務本德治思想爲行政原則者。前者略不顧及道德，較傾向於法家思想；後者則時時以道德爲心，較具儒家義涵。

理想與現實的激烈磨擦，常是引發政治問題的主要原因，像漢代的黨錮之禍，明代的東林黨爭，就是較爲顯著的例子。貞觀時代則因文化背景甚爲複雜，科舉制度尚未廣爲施行，儒家不但未建立像宋明以後那樣的絕對權威，〔註124〕還反而被取用、消融於政治之中，故上述的兩種行事風格，在貞觀時代未呈明顯對立，也因此沒有發生嚴重的政治問題。

政治的目的不盡在於權位，他也是人們實現理想之處，但爭權奪利常是政治的動力，他在個人利益與客觀形勢的激烈衝突下，最易顯出猙獰面目。如《新唐書‧崔善爲傳》：

> 時議，戶猥地狹者徙寬鄉，善爲奏：「畿內戶眾，而丁壯悉籍府兵，
> 若聽徙，皆在關東，虛近實遠，非經通計。」詔可。

太宗寧爲固持既得利益而捨棄富庶民生的德政，多集兵於關內道，〔註125〕可見其時的統治階級，對權位問題，似乎比對道德問題還投下更多的注意力。此外，長孫無忌脅迫君親，欲立晉王治爲太子；褚遂良嫉妒劉洎的甚承恩寵，不惜誣殺之等事件，都說明了政治本身是帶有功利意味的，人們既投身於此，而能不爲其前途、名望著想者，蓋極難矣。何況他們受到南北朝功利主義風氣的薰染，

〔註123〕如宋代的王安石，他的德行識見都高於俗世之儒，唯因其治國只求行法，不論人品，故深爲司馬光等反對。可知儒法之分雖與任事者的德行有關，其主要差別還在於他們有不同的行事風格。

〔註124〕以儒家爲基礎的中國本位文化，是在宋代才建立起來的，唐初複雜的文化背景，是不容儒家獨盛於時的。參見：傳樂成，〈唐型文化與宋型文化〉，頁339～382。

〔註125〕唐代兵府數各書說法不一，可參考勞經原〈唐折衝府考〉所輯各書之數（收入《二十五史補編》，開明書局本，頁7605～7606）。各道配置的兵府數說法亦不一致，但集中於關內道則是眾所共認的事實。參見：雷家驥，《唐代中央權力結構及其演進》，（文化大學博士論文，民國68年），頁750～757。

權力欲望尤其深重，〔註126〕故策動玄武門之變的尉遲敬德等人，把不忍驟背君親的秦王世民視為：「存仁愛之小情，忘社稷之大計」。〔註127〕足見功利主義實為體現德治理想的最大障礙，而貞觀君臣在私心利欲的作祟下，對之有時也是毫不顧惜的。

　　南北朝時代普遍瀰漫著功利主義的風氣，唐代雖然亦受該種風氣的薰染，〔註128〕但用功利主義來形容貞觀政治是極不恰當的，而功利主義也未足深為其病。因為貞觀君臣有強烈的求治之心，並時刻以居安思危的心情來反省自我，太宗即曾說：「治國與養病無異也。病人覺愈，彌須將護，若有觸犯，必至殞命；治國亦然，天下稍安，尤須兢慎，若便驕逸，必至喪敗。」〔註129〕由於他們望治殷切，不但未因功利主義而滯礙政治理想的發展，反而因著他的推動，使人們更具實踐理想的勇氣與熱忱。如太宗為了整頓官僚制度，命房玄齡等裁併冗員，定制七百三十員，並曰：「吾以此待天下賢才足矣。」〔註130〕他又為了湔雪渭水之恥，日引數百人於殿前教射，謂曰：「庶使汝鬥戰，亦望汝前無橫敵。」〔註131〕傅樂成先生以為，「唐代文化以接受外來文化為主，其文化精神及動態是複雜而進取的」。〔註132〕貞觀君臣勇於求進，力於興革的豪雄之氣，遠非任何時代所可相比；而他們能揚棄南北朝人縱恣肆欲，濫行作為的惡習，更是開創此往古未有之盛世的要素，故我們與其用功利主義來描繪貞觀政治，不如說其文治武功之盛，實多得力於崇功務實精神的高度發揮。

　　崇功務實的精神雖可使人奮勉勤懇，但如只尚功實而全無政治理想的指引，則其勇猛急進，不僅無益於更革積弊，或且有害於政治。故以秦皇修馳道、築長城的偉大事功，只徒然勞弊百姓，而得萬世惡名。以隋文帝的勵精圖治，亦只被太宗評為「勞神苦形，未能盡合於理」。〔註133〕因此，如何導引崇功務實的精神而用於致治之途，實為極切要的事。以貞觀時代而言，德治

〔註126〕傅樂成，前引文，頁360～361。

〔註127〕《舊唐書》，卷六八，〈尉遲敬德傳〉，頁2498。

〔註128〕傅樂成，前引文，頁339～361。

〔註129〕《貞觀政要》，卷一，〈政體篇〉，頁14。

〔註130〕《新唐書》，卷四六，〈百官一〉，頁1181。但各書所置官員數不盡相同，《通鑑》為六百四十三員（卷一九二，貞觀元年）；《貞觀政要》為六百四十員（卷三，〈擇官篇〉）。

〔註131〕《舊唐書》，卷二，〈太宗紀上〉，頁31。

〔註132〕傅樂成，前引文，頁380。

〔註133〕《貞觀政要》，卷一，〈政體篇〉，頁13。

思想就是一盞指示迷途的明燈。

政治不盡是爲實現道德理想而存，他自有其客觀的目的與功能。政治與道德在本質上既有極大的差異，德治思想之難於成爲指引貞觀政治發展的唯一理念，本是極易理解的事。然而，貞觀時代又如此的重視德治思想，則德治思想如何發揮其功能，成爲了解貞觀之治的成因所不應忽略的問題。

在貞觀群臣中，最長於論德治思想，最具道德形像，而常被史家視爲諫諍典範的，當是魏徵了。據 Wechsler 的研究發現：魏徵並不如我們想像中地那樣有影響力，他只能在關於德行方面的小事情上有些作用，眞正地軍國重事、政治實務，他的道德規諫反而顯得軟弱無力。〔註134〕誠然，在崇尙事功的政治風氣中，在輝煌的政治成就裏，我們有時是很難尋出道德的踪影，但我們卻不能忽視德治思想對貞觀之治的貢獻。《新唐書‧魏徵傳》：

> 帝嘗問群臣：「徵與諸葛亮孰賢？」岑文本曰：「亮才兼將相，非徵
> 可比。」帝曰：「徵蹈履仁義，以弼朕躬，欲致之堯舜，非亮無以抗。」

唐太宗如此器重魏徵，正因爲他能本著德治思想，對政治時時施予原則性的指導，使其免於求利尙權之途；而魏徵也因爲他的諫諍，成爲道德的化身，使他在現實主義中別具一格，予人特殊觀感。例如他在論評貞觀文治武功之盛，與太宗的克己爲政時曰：

> 德仁功利，陛下兼而有之。然則内平禍亂，外除戎狄，是陛下之功；
> 安諸黎元，各有生業，是陛下之利。由此言之，功利居多。惟德與
> 仁，願陛下自彊不息，必可致也。〔註135〕

魏徵在稱許太宗功業之餘，猶不忘激勵向善，其勉人修身進取之意，於此可知；而德治思想亦因著他的督責勸勉，在不知覺中發揮潛移默化的作用。是以突厥破滅，海內康寧，雖成於群臣的和衷共濟，太宗卻獨歸美於魏徵的勸行儒家治道，並謂之曰：

> 玉雖有美質在於石間，不値良工琢磨，與瓦礫不別；若遇良工，即
> 爲萬代之寶。朕雖無美質，勞公約朕以仁義，弘朕以道德，使朕功
> 業至此，公亦足爲良工爾。〔註136〕

德治思想雖然無法全面體現於政治，但因其能抑折崇功務實精神的過度發

〔註134〕Howard J. Wechsler, op. cit., pp. 194～196.
〔註135〕《貞觀政要》，卷三，〈君臣鑒戒篇〉，頁8。
〔註136〕《貞觀政要》，卷一，〈政體篇〉，頁17。

展，使不致流於好大喜功，勞弊百姓，或德行敗壞，唯視名利的狀況，故他在提升貞觀時代的道德境界與政治理想上，確實居功甚大。

其實，不僅魏徵如此，貞觀朝臣普遍都有崇尚德治的概念。在史書中，勸行儒家治道的言論俯拾即是，甚至連讒佞小人裴矩，也因風氣所趨而倡發德治理想：

> 上患吏多受賕，密使左右試賂之。有司門令史受絹一匹，上欲殺之，
> 民部尚書裴矩諫曰：「爲吏受賄，罪誠當死；但陛下使人遺之而受，
> 乃陷人於法也，恐非所謂『道之以德，齊之以禮。』」〔註137〕

道德即使不能涵化政治，但我們已深刻的感受到他無時不在散放著影響力。不僅在肅清政風上是如此，在決策機務上亦是如此。《舊唐書‧褚遂良傳》：

> 兵部尚書李勣曰：「近者延陀犯邊，陛下必欲追擊，此時陛下取魏徵
> 之言，遂失機會。……」帝曰：「誠如卿言，由魏徵誤計耳。……」
> 由是從勣之言，經畫渡遼之師。

魏徵一向持著「偃革興文，布德施惠，中國既安，遠人自服」的主張，〔註138〕在其勸說下，或免去不少大肆征伐的行動。此次興師是因李勣而定議，及後戰事不利，太宗方悔曰：「魏徵若在，吾有此行邪！」〔註139〕德治思想的功能，及其作用於政治的方式，不亦在此可略窺一二！

然則德治思想的重要，不只在於他究竟實現了多少，而在於他借著各種方式，不斷提供給人們反省自我，並調整其政策與行爲的機會，這也正與儒家「內聖外王」之義適相吻合。故貞觀時代雖然瀰漫著崇功務實的精神，卻未曾抑損他們在實踐儒家理想上的努力，反而因其望治之心急切，刻意著力於興革事業與剗除前代的衰風敗政，而強化了他們對德治思想的重視與信心；又因爲當時有虛心求諫，善納忠讜之言的唐太宗，與面折廷爭，屢施箴規之戒的朝臣，而更加提高德治思想的功能，也烘托出他在政治上的地位。這都是歷代少見的現象，即使在儒家被絕對化之後的宋明時代，也幾乎沒有看到如貞觀君臣那樣，認眞地考慮與奉行德治思想的情形。故德治思想雖不足以支配貞觀政治的發展，甚至我們也很難看出他對政策的實際影響，〔註140〕

〔註137〕《通鑑》，卷一九二，武德九年，頁6029。
〔註138〕《舊唐書》，卷七一，〈魏徵傳〉，頁2558。
〔註139〕《新唐書》，卷九七，〈魏徵傳〉，頁3881。
〔註140〕關於儒家政治思想對唐初政治的實際影響及其影響方式，Wechsler有很精闢的分析。參見：H. J. Wechsler, "The Confucian Impact on Early T'ang

但可以肯定的是，他持續不斷地在浸潤著貞觀時代，在引導著他開創文治武功並盛的治世。司馬光頌之曰：

> 太宗文武之才，高出前古。驅策英雄，網羅俊义；好用善謀，樂聞直諫。拯民於水火之中，而措之袵席之上；使盜賊化爲君子，吟呻轉爲謳歌。衣食有餘，刑措不用。突厥之渠，繫頸闕庭；北海之濱，悉爲州縣。蓋三代以還，中國之盛，未之有也。〔註141〕

貞觀之治的成就，及德治思想的潛化之功，已在司馬光的描摹下表露無遺。因此，儘管德治思想不能完全適用於政治，其功能也一再受到挫抑，人們對德行的重視也頗有限度，但貞觀之治顯然不是全憑著重法尚權之士的積極作爲就能產生，而是在德治思想的指引，及其與崇功務實精神的相輔爲用下，才締造出來的。〔註142〕

綜觀貞觀政治，誠如魏徵批評太宗之語，實是功利居多而德仁不足。但吾人並不欲純粹以道德標準來評估貞觀事功，亦不欲以成敗論是非，而認爲其業績完全契合儒家的德治原則。〔註143〕如前文所論，貞觀政治實有足多稱美，可爲後代範式者。由於其時的德治思想，可與崇功務實的精神相互協調，故貞觀君臣能在勇於進取中，依然把持方向，在追求理想時，仍舊步步踏實。這與宋明時代的一些學者，只知高蹈儒家理想，而徒然與現實脫節的情況，實有天淵之別。故傳統政治興衰的一大關鍵，厥爲德治思想能否與崇功務實精神相互配合，理想主義能否與現實主義彼此調劑。

Decision-making," pp. 1～40.
〔註141〕《貞觀政要》，卷一，〈政體篇〉，頁23。
〔註142〕Wechsler 則謂唐初政治是因理想主義與現實主義的適切配合，才使官僚體系的運作更具彈性，也更強固。參見：H. J. Wechsler, op cit., p. 40.
〔註143〕著名的漢唐功過論，事實上就是探討歷史判斷應否以道德判斷爲唯一標準。朱子欲使賢者「百尺竿頭，進取一步，將來不作三代以下人物」，而陳同甫則欲「九轉丹砂，點鐵成金」，點化漢唐功業。本章是從思想史的角度，追尋貞觀政治在數千年的晦暗之中，所以獨異他時，呈顯光明的原因。關於漢唐功過論的討論，參見：牟宗三，《政道與治道》，頁221～269；勞思光，《中國哲學史》，第三卷上，頁360～371；韋政通，《中國思想史》，頁1210～1220。

第三章　貞觀之治與聖王觀念

第一節　唐太宗的政治思想與儒家的聖王觀念

　　吾國史書咸以帝王年月繫事，史家也每以君主為議論國家興衰得失的焦點，可知君主不僅是權力架構中最具影響力的人物，在法理上與事實上也都是傳統政治的核心。

　　自秦漢帝國建立以來，各君主所處的地位大體相似，而他們的表現，他們對所處地位的認識卻大不相同，故欲了解君主的作為，欲知他為什麼對現實環境會有那樣的反應，就必須先研究他的思想觀念。

　　歷來思想家們無不對其理想中的君主寄與厚望，而尤以積極入世的儒法兩家為最。儒家主張「為政以德」，其推論方式是：「君仁莫不仁，君義莫不義，君正莫不正，一正君而國定矣。」〔註1〕法家則謂：「明主之治國也，明賞則民勸功，嚴刑則民親法」，故「明君操權而上重，一政而國治。」〔註2〕二家理想君主的形像雖然不同，其於君主的期望則一。

　　就傳統政治而言，儒家雖然受到歷代政府的尊崇與褒揚，卻不曾一貫地或全盤地決定施政方針。早在漢代，法家思想便已滲入其中，故中國實際上行的是外儒內法的治術，而君主的言行也未必完全合於儒家的理想。〔註3〕唐

〔註1〕《孟子》，卷七，〈離婁上〉，頁61。
〔註2〕《韓非子集解》，卷二〇，〈心度篇〉，頁365。
〔註3〕儒法兩種思想對傳統政治的影響，蕭公權先生有極精闢的議論，參見：
　　　　Kung-chuan Hsiao, "Legalism and Autocracy in Traditional China," pp. 108～121.

太宗就是一個游移於純儒純法兩個思想極端間，自命實行王道，但不自覺地時時表現法家思想的典型事例。

唐太宗精勤圖治，而且很有成爲儒家式理想君主的意念。《貞觀政要·仁義篇》，太宗曰：

> 朕看古來帝王，以仁義爲治者，國祚延長；任法御人者，雖救弊於一時，敗亡亦促。既見前王成事，足是元龜，今欲專以仁義誠信爲治，望革近代之澆薄也。

無論行德治的用意何在，唐太宗終是嚮往古昔聖王。他還時時仰止前烈，以道德仁義自勉〔註4〕並著《帝範》誡太子曰：「汝當求古之哲王以爲師，如吾，不足法也。夫取法於上，僅得其中；取法於中，不免爲下」，「自非上德，不可效焉。」〔註5〕太宗甚至爲自己不能追隆三代而吐其憂衷，如他曾問侍臣曰：「朕讀書，見前王善事，皆力行而不倦。其所任用，公輩數人，誠以爲賢，然致理比於三五之代，猶爲不逮，何也？」〔註6〕凡此皆顯示太宗確極效慕仁義道德之治，欲以儒家思想來錘鍊施政方針，並懸古聖王爲取法的對象。

在傳統社會裏，每個人都會受到儒家文化的陶染，君主也不例外，而他的行爲規範，比其他的角色更明確，也更被人期望實現。比起歷代君主來，唐太宗對儒家思想的嚮往程度與實踐意願是不稍遜色的，這與他的好學不倦，勤讀經典史藉，有很密切的關係。

唐太宗少事戎旅，安定後方有暇讀書，才知「爲人大須學問，……君臣父子政教之道共在書內」。〔註7〕儒家經典所教導的，很少是抽象、玄虛的道德理論，多是由生活體驗中反省、歷練而得的具體事實，它的理想與價值，透過這些立身行事的原則與行爲模式，灌輸到人們的思想意識裏。在其教育過程中，儒家經常用足資警惕或可爲模範的人物來樹立「典範權威」（the authority of examples and exemplars），約束人們的行爲。〔註8〕唐太宗既悔非於既往而勤於讀書，又精選文儒與之討論墳典，商略治道，對儒家聖王觀念

〔註4〕《冊府元龜》，卷三七，〈帝王部·頌德〉，頁412。

〔註5〕唐太宗，《帝範》，（中國子學名著集成本），卷四，頁104；《通鑑》，卷一九八，貞觀二十二年，頁6251。

〔註6〕《貞觀政要》，卷十，〈慎終篇〉，頁12～13。

〔註7〕《貞觀政要》，卷六，〈悔過篇〉，頁19。

〔註8〕Arthur F. Wright, "Values, Roles, and Personalities," in Arthur F. Wright, Denis Twitchett, eds., *Confucian Personalities*,（Stanford University Press, 1962），pp. 8 ～10.

當有深刻的認識。

君主的賢不肖，與其是否好儒近書有極密切的關係。這可由以下的一段話知之。《新唐書・宦者傳》：

> （仇）士良之老，中人舉送還第，謝曰：「諸君善事天子，能聽老夫語乎？」眾唯唯，士良曰：「天子不可令閒暇，暇必觀書，見儒臣，則又納諫，智深慮遠，減玩好，省游幸，吾屬恩且薄而權輕矣。……」

事雖在晚唐，但可證明好儒近書確有潛移默化，使之歸向儒家理想的作用。〔註9〕唐太宗之倍受贊譽，並能成就貞觀之治，好儒近書或許給他很大的影響。

在儒家社會裏，經學與史學是可匯通爲一體的。〔註10〕經爲常道，史則準經義而發揮，但因史學能通貫古今，隨事而增，故其說服力與鑒戒作用較經學更廣。唐太宗的聖王觀念，與其說是直接受益於儒家經典與君臣論治時道德理論的說明，不如說是見前代興亡之迹而深自惕勵來得恰當。換言之，唐太宗的崇重史學，有助於儒家的「典範權威」展布其功能，同時發揮以聖君爲楷模，以亂君爲鑒戒的雙重作用。

唐自令狐德棻首議修史後，屢次詔修前代史及國史，其用意除了在賡續歷史編纂工作，借此表彰李唐勳業，肯定新朝的正統地位，刪益前史之訛濫不實，使其合乎本朝需要外〔註11〕「見前王成事，足是元龜」，實亦爲極重要的修史心態。《冊府元龜・國史部・恩獎類》，太宗曰：

> 朕觀前代史書彰善癉惡，足爲將來之戒。秦始皇奢淫無度，志存隱惡，焚書坑儒，用緘談者之口。隋煬帝雖好文儒，尤疾學者，前世史籍竟無所成，數代之事殆將泯絕。朕意則不然，將欲覽前王之得失，爲在身之龜鑑。

官修歷史固能統一學術，箝制思想，但它補益時政，輔助治道的政治效能，也是不可忽略的，尤其像唐太宗這種身歷憂患，又有高度政治意識的君主，

〔註9〕 王應麟也認爲，君主好學近儒不利姦臣固寵。參見：《困學紀聞》，卷十四，頁850。

〔註10〕 吾國自古即倡春秋書法，史官皆尚褒貶善惡，孔子筆削之而倡導於前，左氏、公、穀繼踵於後，寓經義於史學，於是經史一體，同爲經世之用。參見：呂謙舉，〈宋代史學的義理觀念〉，收入：杜維運、黃進興編，《中國史學史論文選集》，（臺北，華世出版社，民國65年），頁404～411。

〔註11〕 參見：張榮芳，《唐代的史館與史官》，（台大碩士論文，民國70年），頁35～36。

歷史對他的影響，或許比經典更大，他由史書中所得到的理想君主的形像，
或也更具體而切實。他自言：

> 朕聽朝之暇，頗觀前史，每覽名賢佐時，忠君徇國，何嘗不想見其
> 人，廢書欽歎。〔註12〕

史書不僅在敘述興亡成敗的因果關係，還寓有善惡休咎的褒貶之義，使人知所
策勵，引為鑒戒。唐太宗取於前代事迹的範圍很廣，遠則唐虞，近則梁隋，而
隋煬帝的驕縱暴虐，飾非拒諫，尤為其所深戒。《貞觀政要‧災祥篇》，太宗曰：

> 秦始皇平六國，隋煬帝富有四海，既驕且逸，一朝而敗，吾亦何得
> 自驕也，言念於此，不覺惕焉懼。

同書〈君臣鑒戒篇〉，又曰：

> 至如隋煬帝暴虐，臣下鉗口，卒令不聞其過，遂至滅亡，虞世基等
> 尋亦誅死。前事不遠，朕與卿等，不得不慎，無為後所嗤。

殷鑒不遠，亡隋之事，皆太宗身歷親見，故時以「有畏為心」，〔註13〕不敢放
縱恣意，自取滅亡。

唐太宗非惟憂勤百姓，亦欲貽法後昆。《貞觀政要‧慎終篇》，太宗曰：

> 當思善始令終，永固鴻業，子子孫孫，遞相輔翼，使豐功厚利施於
> 來葉，令數百年後，讀我國史，鴻勳茂業，粲然可觀。豈惟稱隆周、
> 炎漢，及建武、永平故事而已哉！

然則太宗的崇重史學，大開史局，在取資誠勵，有益時政之餘，更欲為他自
己及他的時代，塑造完美的歷史形像。

太宗對貞觀治績頗為自滿，自稱是「益多損少」，「功大過微」，〔註14〕而
其任賢納諫，愛夷狄如中華，則更以為足可超邁前古，成不朽之功。〔註15〕
但我們如仔細觀察，不難發現太宗常有惴惴不安之感。他因覬覦太子之位，
終至演出兄弟相殘，子逼父位的亂倫事件。這幕血淋淋的慘劇，必在太宗心
中烙下極深刻的印象，如何洗刷人格上的污點，恐怕是太宗最關切的問題之
一。他雖然沒有明顯地加以掩飾，卻在有意無意間表現出此種企圖。太宗之
必欲觀玄武門之變這一段史實，就是一個最好的證明。

〔註12〕《冊府元龜》，卷六三，〈帝王部‧發號令〉，頁706。
〔註13〕此為呂祖謙評語，見：《貞觀政要》，卷六，〈謙讓篇〉，頁6。
〔註14〕《通鑑》，卷一九八，貞觀二十二年，頁6251。
〔註15〕《通鑑》，卷一九八，貞觀二十一年，頁6247。

　　吾國史官自古即有君舉必書，直書無隱的優良傳統，欲將歷史的道德裁判權獨立於政治勢力之外，以歷史權威拘忌君主言行，爲聖賢政治多添一分保障。故史官所記，君主皆不得自觀之，以維護史書的詳實記錄，也確保史官的生命安全。〔註16〕唐太宗的設館官修國史，命相監修，無異掌握了歷史記錄權。雖然他自謂觀國史的目的在「知前日之惡，爲後來之戒」，〔註17〕然而「人君觀史，宰相監修，欲其直筆，不亦難乎？」〔註18〕朱子奢、褚遂良、房玄齡等都曾本史官傳統，以：「書人君言事，且記善惡」，及「國史善惡必書，恐有忤旨，故不得見也」等語諫止太宗觀史。〔註19〕太宗心儀儒家聖王，卻做了儒家社會裏最不可原諒的事。行爲與理想的極端對立，必然會引起內心的緊張與衝突。畏懼歷史評價的太宗，聞之又寧能安然於史官的直言無隱與褒貶書法？故明知有悖史官傳統，仍假觀過之名，命房玄齡撰錄奏上。房玄齡刪錄國史表上。《唐會要・史館雜錄》上云：

> 太宗見六月四日事（玄武門之變），語多微文，乃謂玄齡曰：「昔周
> 公誅管蔡，而周室安；季友鴆叔牙，而魯國寧。朕之所以安社稷，
> 利萬人耳。史官執筆，何煩過隱，宜即改削，直書其事。」

是知促使太宗屢欲觀史的主因是玄武門之變，而史臣亦希旨窺意，刪削其事。此外，太宗還自誓勵精爲政，要求史官不書其惡。同書〈史館雜錄上〉，太宗謂褚遂良曰：

> 爾知起居，記何事善惡，朕今勤行三事，望爾史官不書吾惡。一則
> 遠鑒前代敗事，以爲元龜；二則進用善人，共成政道；三則斥棄群
> 小，不聽讒言。吾能守之，終不轉也。

太宗又嘗以周秦修短論「逆取順守」之道。同書〈識量上〉：

> 上與侍臣論周秦修短。蕭瑀對曰：「紂爲不道，武王征之；周及六國
> 無罪，始皇滅之。得天下雖同，失人心則異。」上曰：「公知其一，
> 未知其二。周得天下，增修仁義；秦得天下，益尚詐力。此修短之
> 所以殊也，蓋取之或可以逆得，而守之不可以不順也。」

〔註16〕吾國之史官傳統，可見：柳詒徵，《國史要義》，（臺北，臺灣中華書局，民國
　　　　68年），〈史權篇〉，頁19～31。

〔註17〕《通鑑》，卷一九七，貞觀十七年，頁6203。

〔註18〕《唐鑑》語，轉引自：《困學紀聞》，卷十四，頁854。

〔註19〕分別見《舊唐書》，卷八〇，〈褚遂良傳〉，頁2730；《唐會要》，卷六三，〈史
　　　　館雜錄上〉，頁1103。

若此等事，皆有欲以嶄新面貌轉移視聽，改變他人印象的用意。〔註20〕

自古為爭位而相殘者頗不乏人，史書為之迴護者亦不乏例，卻不見怳惕不寧，屢問其事，而又曲意自飾有如唐太宗者。若非其常讀史書，精悉史官傳統，將不致如此畏懼；又若非其取法上聖，欲塑歷史形像的傾向較強，亦不致如此自苦。吾人若將他在政變時的慘酷狠戾，無所顧惜，以及為君後的「恐懷驕矜，恒自抑折」相比較，並參以他借修改國史以維護歷史形像等事觀之，明其為知權變、善權衡、重輿情、畏批評的人。范祖禹論曰：

> 太宗以武撥亂，以仁勝殘，其材略優於漢高，而規模不及也；恭儉不若孝文，而功烈過之矣。迹其性本強悍，勇不顧親，而能畏義而好賢，屈己以從諫，刻勵矯揉，力於為善，此所以致貞觀之治也。

〔註21〕

范氏誠於太宗的個性與作為有極深的認識。要之，唐太宗重輿情、畏批評的人格特質，使其易於接受以退抑戒懼為意的儒家思想；儒家典籍崇善伐惡的觀念，則因其個性而更能深刻的影響他。二者的交互作用，不但使太宗極欲實現儒家式的理想君主，並以貽法後昆，塑造歷史形像自期。他的重視歷史評價，借修改國史來掩人耳目，皆因這一政治理念而發。〔註22〕

我國自古有所謂「道統」與「政統」，儒家士大夫屢欲使政統臣服於道統，借道統馴化君主，限制君權。〔註23〕但君權並無實在的限制，道統的約束力也難以產生效用，甚至被轉化為專制政治的護符。從國史上君權的發展而言，君主多以儒制人，而不願自制於儒，所以道統欲振乏力，終不能成為政治傳統的主流。能夠使道統由精神上、心理上，對君主發生一些制衡作用，使其約束自我的，大概唐太宗是個較顯著的事例，可以勉強接近這個理想。

史家當論貞觀之治，謂其不見得比文景之治、開皇之治或開元之治更好，

〔註20〕 雷家驥謂貞觀君臣的汲汲求治，乃欲掩飾或補償過去的重大過失。其觀點或可與本文相參對。說見：雷家驥，《唐代中央權力結構及其演進》，頁353～354。

〔註21〕 《唐鑑》，卷六，太宗四，頁54。

〔註22〕 唐太宗欲自塑歷史形像，亦可見：Howard J. Wechsler, "T'ai-tsung, the consolidator," in Denis Twitchett, ed., *The Cambridge History of China*, vol.3, Sui and T' ang China, 589～906, Part I,（Cambridge University Press, 1979）, pp. 189～191.

〔註23〕 討論限制君權的文章很多，他們分別從不同的角度欲找出制裁君主的力量，但最後都承認君權並無實在的限制。參見：余英時，〈君尊臣卑下的君權與相權〉，收入：《歷史與思想》，頁50～73；曾資生，《中國政治制度史——秦漢篇》，頁33～37。

而唐太宗也未必在各方面都優於歷代君主，或比他們更趨於儒家化，〔註24〕如：他在制訂國家政策上，就常忽略儒家官僚的道德規誡；在不順心遂意時，也妄加屠戮，任情生殺；在逞一己之所欲時，則濫用民力，勤兵遠略，凡此皆與儒家節用愛民的王道思想大相背馳，故太宗仍不能說是終始如一，言行一致的理想君主。何況，唐太宗的才情勃發，智能過人，在政權穩固，民生富康後，自難再做嚴格的自我約束，反隨著情境的變遷，漸漸遠離儒家的聖王理想。

儒家的聖王觀念是由德治思想中衍生出來的，他將論政的著眼點放在君主的德行上，至於權謀策略的運用，唯我獨尊的想法，最大權力的求取等，不但不是儒家關切的問題，甚至與其德治宗旨背道而馳。近代政治學家喜歡用權力（power）的觀點來解釋歷史發展的動向，〔註25〕認爲政治人物對權力的需求永不饜足，而且只有在權力的基礎上，他才會找尋其他價值。〔註26〕這種論點，不啻說明權力本身有自保性與擴張性，若與傳統中國的政治思想相比較，儒家德治思想實與之有天淵之別，而法家治道則略近於此，尤其在君權問題上，更是與之若合符節。

歷代君主無不注意維護君權的，唐太宗也不例外，他的德行已不盡符合儒家的聖王理想，而其維護權位的看法與行徑，或是轉化儒家學說，或根本具有法家心態。

自古以來，君臣關係隨時在變動，《論語・八佾篇》：「子曰：『君使臣以禮，臣事君以忠。』」〈先進篇〉，又曰：「大臣以道事君，不可則止。」顯然儒家的君臣關係是相對的，判斷的標準在能否合於「道」。但自大一統的專制政治建立以後，儒家學說若不做某種程度的適應，必將趨於消滅，它最明顯

〔註24〕文景、開皇、貞觀、開元時代，都是國史上少見的治世；漢文、隋文，與唐代的太宗、玄宗也都是罕有的賢君。史家則就不同的角度來相互比較，而認爲他們優劣互見，各有所長。參見：呂思勉，《隋唐五代史》，（臺北，九思出版社，民國 66 年），頁 1；錢穆，《國史大綱》，（臺北，臺灣商務印書館，民國 55 年），頁 274、277；林天蔚，《隋唐史新編》，頁 143～149；又，《隋唐史新論》，（臺北，東華書局，民國 67 年），頁 394；鄺士元，《國史論衡》，（臺北，里仁書局，民國 69 年），頁 464～481。

〔註25〕如羅素即認爲，唯有認清權力欲是社會重要活動的基因，才能予古今歷史以正確的解釋。見：Bertrand Russell 著，涂序瑄譯，《權力論》，（臺北，正中書局，民國 69 年），頁 3。

〔註26〕Harold D. Lasswell, *Power and Personality*,（New york: Murray, 1966），P. 54.

而重要的變遷則爲提升君權，使君臣關係絕對化。協助它完成轉化而貢獻最大的則是法家思想。

專制政體肇建於秦漢，漢宣帝即有「漢家制度本以霸王道雜之，奈何純任德教，用周政乎」之語，〔註27〕就是儒法參用以成治的最佳說明。歷代君臣亦守而不失其法。唐太宗曾與魏徵論周齊亡國之君的優劣，魏徵曰：

> 二主亡國雖同，其行則別。齊主懦弱，政出多門，國無綱紀，遂至滅亡；天元性凶而強，威福在己，亡國之事，皆在其身，以此論之，齊主爲劣。〔註28〕

二主行雖異而亡國則一，本未易以優劣論斷，魏徵竟以君主得權、失權爲評議標準，隨從歷史發展趨勢，承認君主集權的事實與理念。是知貞觀時代的君權問題，在大體上仍採取外儒內法，儒法合流的觀點。

若就太宗本人而言，在其謙謙自抑的儒家風範背後，也別有自視尊崇的一面。《帝範·君體篇》，太宗曰：「人主之體如山嶽焉，高峻而不動；如日月焉，貞明而普照。兆庶之所瞻仰，天下之所歸往。」太宗不但有意把自己塑造爲神聖崇高的君主，他還常表露帝室尊貴，君權至上的意念。如：他見進士綴行於皇榜之下，喜曰：「天下英雄入吾彀中矣。」斬盧祖尚時曰：「我使人不從，何以爲天下！」修氏族志的原因是：「輕我官爵而徇流裕之情也。」對於妖言謀反者，則曰：「帝王必俟符命」，以定君臣之分，絕覬覦之心。〔註29〕這些作爲顯然不是風行草偃，以德化民的儒家景象，反而有「威勢之可以禁暴，而德厚之不足以止亂」的法家意味。〔註30〕

此外，唐太宗還實行許多措施來維護君權。例如：他初即位就取消了混亂正常體制運作，且有高度危險性的行台制度；〔註31〕對於弒逆君親的前代舊臣，皆報以削爵貶黜，或禁錮子孫的懲戒；又置謀逆罪爲十惡之一。凡此種種措施，皆欲借嚴屬制裁來表彰忠君之義，以制度化的方式來保障君權，

〔註27〕 《漢書》，卷九，〈元帝紀〉，頁277。

〔註28〕 《貞觀政要》，卷八，〈辯興亡篇〉，頁9。

〔註29〕 以上數例，循次分別見：王定保，《唐摭言》，（臺北，新興書局，筆記小說大觀本二十編一冊，民國66年），卷十五〈雜記〉，頁346；《新唐書》，卷九四，〈盧祖尚傳〉，頁3834；《通鑑》，卷一九五，貞觀十二年，頁6135～6136；《冊府元龜》，卷一五七，〈帝王部·誡勵二〉，頁1897。

〔註30〕 《韓非子集解》，卷十九，〈顯學篇〉，頁355。

〔註31〕 唐初行台制度的功能，對正常政治運作的影響，及唐太宗對他的利用與廢置等課題，雷家驥都有詳細的論述。參見，雷家驥，前引書，頁328～334，352。

而尊君主義也就成爲唐律的一個特色。〔註32〕

由上述的事證可知，唐太宗之所以會將「以道事君，不可則止」的君臣相對關係，輕易轉化爲「君雖不君，臣不可以不臣」的絕對關係，〔註33〕實因法家尊君尚權的觀念，與其擴張君權的欲求適相吻合，故能深入其心，抑減其對儒家聖王的嚮往。

唐太宗擴張君權的意圖與措施，實際上是因其私心利欲在作祟著。如其以隋煬帝惎諫而求群臣進言時曰：「君失其國，臣亦不能獨全其家；至如隋煬帝暴虐，臣下鉗口，卒令不聞其過，遂至滅亡，虞世基等尋亦誅死。」戈直論曰：

> 夫人雖至愚，未有不愛其身者也。……故君以煬帝爲戒，則凡吾之容受直諫，非以愛其臣也，所以爲吾身計也；臣以世基爲戒，則凡吾之盡忠無隱，非以愛其君也，所以爲吾身計也。……然則君臣宵旰相與，嘉惠蒼生，非以利天下國家也，各愛其身而已。〔註34〕

《孟子》曰：「君子所以異於人者，以其存心也。」〔註35〕儒家論政特別重視爲政者的動機。易言之，他應是爲實現「安百姓」的理想而奉獻心力，不是爲個人的私心利欲而別有所圖。孔子也曾自歎：「吾豈匏瓜也哉，焉能繫而不食？」只要用心純正，仍可事於佛肸等不肖之徒的。〔註36〕法家論政則大異其趣，韓非曰：「臣盡死力以與君市，君垂爵祿以與臣市。」〔註37〕君計臣力，臣計君祿，各以其所利而爲之，非所以愛他人也。唐太宗以「君失其國，臣亦不能獨全其家」自勵且勵人，其動機若出於一己之私，頗有上下交相利的意味，所以戈直的「非以利天下國家也，各愛其身而已」一語，實能透視唐太宗的心理。

儒家論政皆以愛民爲本，唐太宗亦曰：「爲君之道，必須先存百姓，若損百姓以奉其身，猶割股以啖腹，腹飽而身斃。」〔註38〕又曰：「可愛非君，可畏非民，天子者，有道則人推而爲之，無道則人棄而不用，誠可畏也。」〔註39〕書

〔註32〕鄭文蕭，《儒家法律思想與唐律研究》，（台大法律研究所碩士論文，民國 63 年），頁 120。
〔註33〕《舊唐書》，卷二，〈太宗紀〉，頁 34。
〔註34〕《貞觀政要》，卷三，〈君臣鑒戒篇〉，頁 1。
〔註35〕《孟子》，卷八，〈離婁下〉，頁 68。
〔註36〕《論語》，卷九，〈陽貨篇〉，頁 80。
〔註37〕《韓非子集解》，卷十五，〈難一〉，頁 267。
〔註38〕《貞觀政要》，卷一，〈君道篇〉，頁 1。
〔註39〕《貞觀政要》，卷一，〈政體篇〉，頁 14。

曰：「民爲邦本，本固邦寧」，君民關係既有同一體，太宗治國採取民本立場，是很自然的事。「人者國之本，國者君之本」，得眾則得國，失眾則失國，國之興廢存亡既與君位安危息息相關，太宗能不爲其身計而殘民自逞？故太宗的愛民之心，實在是以家天下思想爲依歸。

　　國人論史，於當時的權勢得失，事變利害，往往有所不計，而更重視當事人的居心與品格，〔註40〕亦即其道德如何。道德本無客觀的測度方法，論者有由動機的良善判斷，有由行爲的結果判斷，實則二者本是一體的兩面，若眞具良好動機，必努力以求實現，否則其動機不具任何積極意義而卒歸無效。雖然，太宗的直接目的或許在維護君位安全，謀一己的私利，但他還能顧全大體，爲民興利，故戈直仍謂曰：

　　　　盡其義，乃所以成天下之公也。〔註41〕

私心與利欲本是人之常情，不必過於苛責，至於如何轉化或昇華一己之私以成天下之公，才更值得注意。這或許就是史家對唐太宗的評價譽多於毀的原因吧！

　　維護君主權位的安全，既是唐太宗最關切的問題，凡是有害於他個人及君統的任何威脅，自然也格外重視。如：他對於功高震主，才智出眾的大臣，像李勣、李靖、尉遲敬德等皆曾表示疑慮；對於「女主昌」等渺不可信的術數謠言，也深致懷疑，終而誅殺枉屈的李君羨；當他受到廢立太子事件的刺激後，變得格外敏感，連素稱忠謹的劉洎也難逃劫數。唐太宗雖然期望與群臣和諧共處，但他更重視本身的安危，是以凡有悖其最高利益者，無不嚴加防範，或乃置之死地，其手段的明快狠毒，與其虛己納諫的容人雅量相較，實判若兩人，此不獨透露出他甚具尚利害、重功利的想法，也使我們對他知權變、尚權衡的人格特質，有了更深的體認。

　　君主權責本來就沒有明確界定，易因情境許可潛行擴張，而自保權力與擴張權力更只是一義之轉。〔註42〕唐初君權發展的形勢，雖不能與宋明以後相比，較之兩晉南北朝士族政治時代，已有過之而無不及了。唐太宗非無提升君權的意向，也不是沒有集中權力的措施，但他對運用權力的看法與行徑，

〔註40〕錢穆，《中國學術通義》，（臺北，臺灣學生書局，民國65年），頁152。

〔註41〕同註34。

〔註42〕朱堅章的「權力與自保的螺旋進程」的觀念，或有助於吾人對此一問題的了解。見：朱堅章，《歷代篡弒之研究》，（嘉新文化基金委員會出版，民國53年），頁180～184。

卻很異乎尋常。

自古英明皇帝集事權於一身的事例頗多，秦始皇即是「天下之事無大小皆決於上」，〔註43〕此外如漢代武、宣，宋、明太祖等皆類此，致使臣下稟旨，奉職而進。唐太宗英年即位，銳精政事，其智能精力皆不遜於彼等。戈直就認為他：「天資英武明敏，不患其不能為，而患其過於為；不患其不能斷，但患其過於斷。」〔註44〕然而，唐太宗有為政不可自專的覺醒，他對公卿說：「為長官不可自專，自專必敗，臨天下亦爾，每事須在下量之。」〔註45〕故能力雖有餘而心不欲獨制，試觀貞觀君臣論隋文帝即知。蕭瑀等以為隋文帝「雖性非仁明，亦是勵精之主」，太宗則曰：

> 公知其一，未知其二，此人性至察而心不明，不肯信任百司，每事皆自決斷，雖則勞神苦形，未能盡合於理！朝臣既知其意，亦不敢直言，宰相以下惟即承順而已。朕意則不然，以天下之廣，四海之眾，千端萬緒，須合變通，皆委百司商量，宰相籌畫，於是穩便，方可奏行，豈得以一日萬機，獨斷一人之慮也。……豈如廣任賢良，高居深視，法令嚴肅，誰敢為非！〔註46〕

在傳統的權力結構中，君主有發展權力的優越條件，也最易產生擴張權力的意念。歷史上有不少君主都曾力行中央集權，他們雖能得一時之利，但也常滯礙官僚制度的正常運作。蓋集權可為目的，卻不應為手段，若以集權為手段，君主易因過度敏感而加重其權力的負荷，反致無法確切掌握之。〔註47〕如何遂君主集權之意而儘量少受其害，乃一耐人尋思的問題。由唐太宗對隋文帝的論評及簡述其施政方式可知，他雖然有集權的意圖，但不以之為提升君權的手段，而是借分權任官來達到該目的。至於其間的分界，則在他本人

〔註43〕　《史記》，（臺北，世界書局，新校三家注本），卷六，〈秦始皇本紀〉，頁258。
〔註44〕　《貞觀政要》，卷五，〈誠信篇〉，頁29。
〔註45〕　《唐會要》，卷五六，〈起居郎〉，頁961。
〔註46〕　《貞觀政要》，卷一，〈政體篇〉，頁12～13。
〔註47〕　歷代君主鮮有不欲集權者，但集權與君權強弱不可混為一談。以漢代刺史制度的演變，唐代藩鎮的形成，宋代的積弱難返，明代的宦官政治等而言，莫不與君主欲行集權有關。然而，他們在行集權之時，往往因一時之便，或應一時之急，而忽略官僚制度的正常運作，久之，則反而無法發揮其功能，亦於無形中削弱了君主的權力，故君主愈求集權，愈無法提高君權。Karl W. Deutsch認為，反應過急亦猶反應不足，均為決策者所切忌。見：Karl W. Deutsch, *The Nerves of Government: Models of Political Communication and Control*,（The Free Press, 1966）, p. 90.

的巧妙運用與善加權衡。

余英時先生認為，中國的君權傳統，缺乏與官僚制度同樣的理性基礎，所以官僚制度的發展，常因不合「君尊臣卑」的要求而被破壞或調整。〔註48〕唐太宗或許是一個能在擴張君權的原則下，以高度的政治意識，合理運用君權的顯著事例，三省制的理性化就是最佳證明。〔註49〕

就君主擴張權力的意圖而言，門下制度最是君權發展的絆腳石，歷代君主無不欲去之而後快。〔註50〕唐太宗不但不抑制門下省權，反而對阿旨順情，唯唯苟過的不良習氣深致不滿。《通鑑》卷一九三貞觀三年，太宗曰：

> 中書門下，機要之司，詔敕有不便者，皆應論執。比來唯睹順從，
> 不聞違異。若但行文書，則誰不可為，何必擇才也！

足見三省制能擺脫君主卵翼而成為獨立運作體系，並不僅是君權與臣權相互制衡的結果，貞觀君臣的理性精神，更賦予它活躍的生命力與鮮明的制度形態，而唐太宗則在其中扮演著推動與助長的積極角色。

由此可知，若非太宗明瞭「獨斷一人之慮」終將不利於君主，何能令門下官舉職而與君權相抗衡？又若非他有寬容自制的胸襟與「不資眾力，何以成功」的覺識，〔註51〕何能懲忿制欲，任群臣擾其逆鱗，並不取封倫等霸道之治與諸多獨運權威的意見？〔註52〕他卓然洞明的識見，確非歷代尋常君主可比。

儒法思想在理論上有極大的差異，在政治上卻始終參取並用。如前文所論，這種奇特的現象，也同時表現在唐太宗的身上。我們看到他有時頗似一個儒家式聖王，有時卻又似狠戾的法家式君主。這並不意味著唐太宗的思想充滿了矛盾與不協調，反倒展現了德治思想在政治實用性上的弱點，及其為適應現實政治而必須借助法家，自求調適的生存方式。然則，不同學術思想被用於政治中，並不必然會引起個人行為的不能協調，有時反而易因不同觀點的相互激盪、比對，而各自彰顯出功能，使人知所取擇，收到融合匯通，

〔註48〕余英時，〈君尊臣卑下的君權與相權〉，頁53～69。
〔註49〕關於三省制理性化的原因、過程，見：孫國棟，〈唐代三省制之發展研究〉，《新亞學報》，第三卷，第1期，頁36～56。
〔註50〕門下省在君權強大的宋元以下，或則具員，或則革廢，終無法發揮如唐代的功能。明代的六科給事中雖還略具昔日的封駁遺意，究竟位卑職低，故仍不能與唐代的門下省相比。參見：李俊，《中國宰相制度》，（臺北，臺灣商務印書館，民國69年），頁194～201。
〔註51〕《貞觀政要》，卷二，〈求諫篇〉，頁19。
〔註52〕《通鑑》，卷一九三，貞觀四年，頁6084～6085。

相互補濟的特殊成效。

　　唐太宗雖然有明顯的法家傾向，但從未被描述成專權擅政的法家式君主。法家論政最重視爲君之道，其與儒家思想大異其趣的是，他認爲「人主之大物，非法則術」，同時，他也不像儒家那樣期待聖王，只要君主能「抱法處勢則治」。可知法家君主持權固位的要素是法、術、勢，此三者乃其制人之道，也是他最核心的政治理念。〔註 53〕唐太宗儘管深受法家思想的影響，仍無法接受這種嚴苛的治術。《帝範・建親篇》，太宗自懸其施政準則是：

　　　君德之宏，唯資博達。設分懸教，以術化人；應務適時，以道制物。
　　　術以神隱爲妙；道以光大爲功。拓蒼昊以體心，則人仰之而不測；
　　　包厚地以爲量，則人循之而無端。

唐初思想環境極其複雜，此番議論頗爲玄妙，佛道思想或已參入其中，而法家「術不欲見」〔註 54〕的觀念似也隱含在內，但是「拓蒼昊以體心」，「包厚地以爲量」，卻是他最高的自我期許，也是很能表現其儒家式施政風格的概念。太宗常與群臣商論治道，訪詢外事，甚至冀聞諫諍而自斂威容，這些作爲，顯然與法家的潛御群臣，棄親愛近習的想法大相逕庭。就此而言，儒家質素仍是其政治思想的主體，法家治術則經轉化、潛運，而消融於體天心、寬厚遇下的德治思想中。

　　由以上的討論可知，唐太宗誠然信服儒家的政治效能，接受儒家的聖王觀念，理性而審慎的運用君權。但自利自愛是人類最基本的心理，德治思想至多能轉化、淡化它，終無法抹殺這種人性欲求，而法家「君市爵祿，臣市智力」的政治設計，有時反能適其所需，所以，唐太宗在維護權力時，經常展現法家心態。面對這兩種截然不同，而又優劣互見，各有所長的政治理論，他協調二者，使其免於內心衝突與外界責難的方式是，以選擇性的態度來接受儒家學說，以自利觀點來詮釋儒家理想，並以任賢納諫，常懷謙懼等典型的儒家作爲，飾去他自保權力的法家動機。這個方式，或許就是使他譽多於毀，且被後世懸爲君主典範的原因。

　　歷來學者對唐太宗的功過是非議論頗多，但皆不如朱子的明快凌厲，朱子曰：

〔註 53〕關於法家法、術、勢的理論及其對專制政治的影響，參見：蕭公權，《中國政治思想史》，（臺北，華岡出版社，民國 66 年），頁 225～247。
〔註 54〕《韓非子集解》，卷一六，〈難三〉，頁 290。

> 太宗之心，則吾恐其無一念之不出於人欲也。直以其能假仁借義以
> 行其私，而當時與之爭者，才能知術既出其下，又不知有仁義之可
> 借，是以彼善於此而得以成其功耳。若以其能建立國家，傳世久遠，
> 便謂其得天理之正，此正是以成敗論是非。〔註55〕

以一個理學家的眼光來看唐太宗，則太宗實已落入利欲的淵藪，既無可振拔
其驕心，亦無法澄澈其劣迹。然而誠如朱子所言：

> 聖人者金中之金也。學聖人而不至者，金中猶有鐵也。漢祖唐宗用心
> 行事之合理者，鐵中之金也。曹操、劉裕之徒，則鐵而已矣。〔註56〕

比於上古聖王，唐太宗自是遙不可及，但若比之後世君主，則或猶有餘地矣。
是以吾人未可一概否定其成就，鄙視其居心，而當於此歷史大傳統中，詳究
其想法與作為，並於比較中，以見其真性情、真精神，這才是治史的正道，
故《新唐書·太宗紀贊》仍曰：

> 其除隋之亂，比迹湯、武；致治之美，庶幾成康。自古功德兼隆，
> 由漢以來未之有也。

第二節　唐太宗的用人政策

歷來論唐太宗的為人和施政者極多，但多零碎瑣細，莫如范祖禹的：「畏
義而好賢，屈己以從諫」〔註57〕一語的簡潔扼要，而又能將他的個性與他對
政治的影響方式，做一合理的連繫。誠如其言，「好賢」與「從諫」確是貞觀
時代的特色，也是貞觀政治的兩大基礎。《貞觀政要·君道篇》：

> 貞觀十五年，太宗謂侍臣曰：「守天下難易？」侍中魏徵對曰：「甚
> 難。」太宗曰：「任賢能，受諫諍即可，何謂為難？」徵曰：「觀自
> 古帝王，在於憂危之間，則任賢受諫，及至安樂，必懷寬怠，言事
> 者惟令兢懼，日陵月替，以至危亡。聖人所以居安思危，正為此也，
> 安而能懼，豈不為難？」

任賢與受諫既是君臣所共認的守天下之道，那麼，我們要了解唐太宗何以為
賢君，貞觀時代何以為治世，就必須從唐太宗如何以臨深履薄的心情，來實

〔註55〕《朱文公文集》，卷三六，〈答陳同甫〉，頁579。
〔註56〕《朱文公文集》，卷三六，〈答陳同甫〉，頁582～3。
〔註57〕《唐鑑》，卷六，〈太宗四〉，頁54。

踐「任賢能」與「受諫諍」這兩方面論起。本節且先討論：任賢能，也就是唐太宗的用人政策。

　　唐太宗是個理性而又善權衡的君主，他既知必借眾力乃能成治，則人才的擇用至爲重要。貞觀時代正是由亂而定的轉接點，他所包容的人才因此也較爲複雜：有自微賤中拔擢而出的，有爲前代之亡國舊臣，也有歷仕各主因緣求用者，更有爲太宗的仇人與敵對者。但太宗能一體接納，畀以重任。這與當時變動不定的時局，及由其所附生的忠君觀念有極大的關係，〔註58〕而更足稱貴的，則是他個人的心胸識見與厚遇之誠。

　　唐太宗的廣爲收容，其優點在「能得天下之心以安反側」，〔註59〕但此舉實冒著爲一時安定而犧牲政治長利的危險。爲了不使他們成爲一無所用，只爲國家贅疣，百姓負擔的寄生蟲，太宗解決這兩難式困境的方法是：因能器使。《帝範・審官篇》曰：

　　　　明主之任人，如巧匠之制木，……無曲直長短各有所施。明主之任

　　　　人亦由是也，智者取其謀，愚者取其力，勇者取其威，怯者取其愼，

　　　　無智愚勇怯兼而用之。故良匠無棄材，明主無棄士。

君子不器，但也不以求備取人，惟在其能否知其所長而用之。封德彝狡辯其未能舉賢，曰：「但今未見有奇才異能。」太宗詰之曰：

　　　　前代明王使人如器，皆取士於當時，不借才於異代，豈得待夢傅説，

　　　　逢呂尚，然後爲政乎？且何代無賢，但患遺而不知耳。〔註60〕

太宗又責房玄齡、杜如晦當助其求賢，曰：

　　　　公爲僕射，當助朕憂勞，廣開耳目，求訪賢哲。比聞公等，聽受辭

　　　　訟，日有數百，此則讀符牒不暇，安能助朕求賢哉！〔註61〕

爲官擇才，必求精審，有知人之明，才能取人所長，度量而用。太宗於此，頗得人盡其才，才盡其用之妙。《舊唐書・王珪傳》，珪奏對宰臣之能曰：

〔註58〕隋末大亂，其時天下既無定主，英雄各求附託。當此窮通榮達尚在未定之數
　　　　時，欲責人極報知遇之恩，固已難矣，何能求其完節殉身，不事二主？故蘇
　　　　世長曾有逐鹿天下之喻，謂高祖曰：「豈有獵鹿之後，忿同獵之徒，問爭肉之
　　　　罪也？」（《舊唐書・蘇世長傳》）此即有明主不當滯人投歸之路的用意。由此
　　　　可見絕對化的忠君觀念甚難建立了。

〔註59〕王夫之，《讀通鑑論》，（臺北，河洛出版社，民國65年），卷二十，〈唐高祖〉，
　　　　頁668。

〔註60〕《貞觀政要》，卷三，〈擇官篇〉，頁12。

〔註61〕《貞觀政要》，卷三，〈擇官篇〉，頁10～11。

孜孜奉國，知無不爲，臣不如玄齡。才兼文武，出將入相，臣不如李靖。敷奏詳明，出納惟允，臣不如溫彥博。處繁理劇，眾務必舉，臣不如戴冑。以諫諍爲心，恥君不及堯、舜，臣不如魏徵。至於激濁揚清，嫉惡好善，臣於數子，亦有一日之長。

由王珪口中道出太宗任賢的允當，在座諸臣亦咸以爲確論。而太宗本人也曾根據朝臣行事，較論其得失，〔註62〕足見太宗於因能器使上，實卓有見地。

貞觀朝臣，包羅甚廣，來源各異，但君臣相得之狀，古今無兩。以魏徵、王珪的諫才，隱太子猶不能早爲全身之計；以蕭瑀的褊狹猜貳，不諧群臣，太宗仍因其骨鯁忠直而善加優容；至如裴矩、封德彝、宇文士及之輩的佞人亦能身居顯位，深受重用，與其如《新唐書·傳贊》那樣感慨而又無奈的論曰：「惟姦人多才能，與時而成敗也。」〔註63〕不如說是太宗有知人之明，能審其所長而用之來得恰當。太宗的人倫之鑒，長於因能器使，由此可知。

魏晉南北朝時代，士庶門戶之見甚深，地望之別也極嚴。爲官者只知借門第之便，援引親故，平流進取，維護既得利益；至於在位者的才行，國家的政務，則毫不關心。因此而有：「上車不落爲著作，體中何如則秘書」〔註64〕等譏評。在政治上亦發生清要官唯居高品，不任實務；任實務者，率多卑品低門的怪異現象。〔註65〕唐代承士族社會的餘風，前代的惡習敗俗，一時之間仍未能完全革除。如太宗曾窮詰臣下的出身，致使張玄素「精爽頓盡，色類死灰」；〔註66〕對於山東、關中人也意有同異，不能全無芥蒂的一體視之。〔註67〕然而，小疵不足以掩大瑜，他對才行的重視，足可飾去其門、地歧見。

政治的目的在養民與教民，非爲統治階級分贓牟利而存。所以，太宗初即位就降封宗室疏屬無功者，緣因：「若一切封王，多給力役，乃至勞苦百姓，

〔註62〕《舊唐書》，卷六十五，〈長孫無忌傳〉，頁2453。

〔註63〕《新唐書》，卷一○○，〈封倫裴矩傳贊〉，頁3936。

〔註64〕徐堅，《初學記》（臺北，新興書局，民國61年），卷一二，〈職官部下·秘書郎〉，頁681。

〔註65〕如毛漢光先生認爲「五朝四品以上主持國家政務的大員，在七至五品期間皆無出任中央政務官的經歷，而擔任中級品位的中央政務官均另有其人，這種清要官架構以及架構中人物升遷路線，引起政治連貫性的啣接問題。」參見：毛漢光，〈科舉前後清要官型態之比較研究〉，中央研究院國際漢學會議歷史與考古組影印單行本，（民國69年），頁3～10，23。

〔註66〕《舊唐書》，卷七五，〈張玄素傳〉，頁2642～2643。

〔註67〕《舊唐書》，卷七八，〈張行成傳〉，頁2703。

以養己之親屬。」〔註68〕對於秦府舊人未得官，或處分後於前宮及齊府左右而嗟怨者，責曰：「今所以擇賢才者，蓋爲求安百姓也。用人但問堪否，豈以新故異情。」〔註69〕無論唐太宗是否眞能一稟至公的處理每一件事，但他已清楚地意識到魏晉南北朝以來優借右族的不當，故此舉頗有興利除弊，以正視聽的作用。而這種不論親疏新故，唯才行是尚的精神，也正是袪除士族門第因循苟且，孳孳求利惡習的最佳力量。

才行本是一種沒有客觀標準的價值觀念，他可能因各人的主觀認識而有不同的評價。爲了使人心悅誠服的接受處斷，必須伴隨著開明的作風，讓人人有自言所長，互量互較的機會。如：天下初定，論功行賞時，唐太宗因其重興情之人格特質的潛在作用，並審度到功臣們可能因爭功而無法和諧共處，故命群臣各言其功。淮安王神通首鳴不平之意，太宗答之曰：

> 義旗初起，叔父雖首唱舉兵，蓋亦自營脫禍。及竇建德吞噬山東，叔父全軍覆沒；劉黑闥再合餘燼，叔父望風奔北。玄齡等運籌帷幄，坐安社稷。論功行賞，固宜居叔父之先。叔父，國之至親，朕誠無所愛，但不可以私恩濫與勳臣同賞耳！〔註70〕

政治紛爭往往因人們自認私利被剝奪，或未受到公平合理的待遇而起。太宗此番論斷，眾皆悅服，相謂曰：「陛下至公，雖淮安王尚無所私，吾儕何敢不安其分。」〔註71〕

唯才行是與的政治信念，在魏晉南北朝時代因受門第觀念的抑壓而久淹沈滯，當時考課之法的紊亂難行，就足以證明之。南北朝的晚期，士族政治已漸衰敗，隋唐之際的戰亂，更是群雄競起，各校行能的時候，往昔的「上品無寒門，下品無勢族」的觀念，在這個形勢的衝擊下已然淡化不少。相對地，一種較客觀的政治原則，已漸能爲人所接受。故儘管貞觀時代的高門大族依然盤據仕途，而且是構成統治階層的主要部分，〔註72〕但唐太宗仍能以理折服淮南王等，足見「援賢舉能」的理想已再度爲時人所肯定。《貞觀政要‧

〔註68〕　《貞觀政要》，卷三，〈封建篇〉，頁21。
〔註69〕　《貞觀政要》，卷五，〈公平篇〉，頁13～14。
〔註70〕　《通鑑》，卷一九二，〈武德九年〉，頁6022～6023。
〔註71〕　同上註。
〔註72〕　唐初士族盤據仕途的情形，參見：毛漢光，〈中國中古社會史略論稿〉，《中央研究院歷史語言研究所集刊》第四七本，第三分，（民國65年），頁373；又，《唐代統治階層社會變動——從官吏家庭背景看社會流動》，（政大博士論文，民國57年），頁34。

擇官篇》，太宗曰：

> 王者爲官擇人，不可造次即用。朕今行一事，則爲天下所觀；出一言，則爲天下所聽。用得正人，爲善者皆勸；誤用惡人，不善者競進。賞當其勞，無功者自退；罰當其罪，爲惡者戒懼。故知賞罰不可輕行，用人彌須愼擇。

貞觀十五年，劉洎上書言尚書機務漸趨稽滯時曰：

> 比來綱維不舉，並爲勳親在位，品非其任，功勢相傾。凡在官僚，未循公道，雖欲自強，先懼囂謗。……且選賢授能，非材莫舉，天工人代，焉可妄加。至於懿戚元勳，但優其禮秩，或年高耄及，或積病智昏，既然益於時宜，當致之以閒逸。久妨賢路，殊爲不可。
> 〔註73〕

書奏未幾，拜尚書右丞。顯然地，對賢能的要求，對才行的重視，已成爲當時眾所同有的政治意識，而平流進取，坐至公卿等陳規敗政，已不再被人視爲應然。這種看法對前代政風而言，無疑是一項極大的突破；對新創之世來說，更有極不尋常的意義。然則，貞觀時代之所以能革除侈靡頹廢的前代政風，締造輝煌的政治成就，實因君臣們能體認到「援賢舉能」的重要；而唐太宗人才主義的想法之所以有實現的可能，也正是因爲朝臣們普遍地、相應地給予了他必要的支持與協助。故審視唐太宗的用人方式，不但可了解他個人的思想觀念，亦可窺見整個時代政治理念的發展趨向。

貞觀人才之盛，包羅之廣，歷代罕有其匹。文學館十八學士，凌煙閣二十四功臣，均是崇德懋功之輩。此外，相才、將才、諍臣、能吏、文士等，更是多不勝數。於時固然是人才薈萃，群英霧集，但就中頗不乏前代的遺老舊臣，何以他們洄汨於隋而光明於唐呢？魏徵曾慨乎其言曰：

> 君心理，則照見下非，誅一勸百，誰敢不畏威盡力？若昏暴於上，忠誠不從，雖百里奚、伍子胥之在虞、吳，不救其禍，敗亡亦繼。
> 〔註74〕

誠如斯言，歐陽修亦嘗歎曰：「蓋天下未嘗無賢，以不用亡；不必多賢，以見用興。」〔註75〕揆於貞觀時代，眞是再恰當不過了。古來雄才大略的君主，

〔註73〕《舊唐書》，卷七四，〈劉洎傳〉，頁2308。
〔註74〕《貞觀政要》，卷一，〈政體篇〉，頁20。
〔註75〕《新唐書》，卷一〇二，〈論贊〉，頁3988。

每每剛愎自用，自矜其能，致使臣下鉗口，順承旨意，而治道由是以衰。唐太宗則不然，他自謂：

> 自古帝王多疾勝己者，朕見人之善，若己有之。人之行能，不能兼備，朕常棄其所短，取其所長。人主往往進賢則實諸懷，退不肖則欲推諸壑，朕見賢者則敬之，不肖者則憐之，賢不肖各得其所。人主多惡正直，陰誅顯戮，無代無之，朕踐祚以來，正直之士，比肩於朝，未嘗黜責一人。〔註76〕

故知貞觀之所以成治，其時之所以濟濟多士，不僅由於太宗的唯才是用，因能器使，更因其有不疾勝己的虛懷雅量，以及願以「官人爲能者也」〔註77〕的心胸識見。

　　「集權」是傳統政治的沈疴痼疾，用而不專，是促發集權之弊的一個重要原因。它使政治運作僵滯，使爲臣者如木偶旒綴，雖賢能亦無法發揮所長，甚而失去權宜應變的能力。這種現象在貞觀時代亦難完全免除，〔註78〕但唐太宗很自覺地將此弊害減到最低程度。

　　方太宗初即位，天下猶未安定，太宗竟使新歸附的魏徵安輯河北，許以便宜從事。徵路遇錮送京師的建成舊部，釋之，並曰：

> 今若釋遣（李）思行，不問其罪，則信義所感，無遠不臻。古者，大夫出疆，苟利社稷，專之可也。況今日之行，許以便宜從事。主上既以國士見待，安可不以國士報之乎？〔註79〕

太宗不以察察爲明，在相當限度內仍允許他獨立處斷，然而，太宗授權獲益之大，又豈僅是叛逆者的歸服？

　　最令歷代君主不放心的應是在外擁兵專征的大將了。唐太宗曾賜書李靖曰：

> 兵事節度皆付公，吾不從中治也。〔註80〕

無論太宗是否意在羈縻，巧示恩信，他能將軍國重事一以付之，而且信用不疑，委任甚專，確實難能可貴，故「君不疑於其臣，而臣不惑於其君」，〔註81〕應是

〔註76〕《通鑑》，卷一九八，貞觀二十一年，頁6247。

〔註77〕《荀子》，（四部叢刊初編縮本），卷七，〈王霸篇〉，頁78。

〔註78〕如太宗也曾與群臣校功爭能，兼將相事；並布列耳目，任憲司糾舉百僚，命使臣監臨地方。

〔註79〕《舊唐書》，卷七一，〈魏徵傳〉，頁2547。

〔註80〕《新唐書》，卷九三，〈李靖傳〉，頁3816。

〔註81〕《禮記》，卷一七，〈緇衣〉，頁168。

了解貞觀武功之盛，與太宗能得天可汗美名所必不可忽略者。

專制君主無不注意御臣之術的，其結果則往往走上法家威、勢、術御之的集權途徑。以相權的逐步衰落而言，宋代就是一個轉變的關鍵期，〔註82〕而明太祖的廢相，黃宗羲直云爲：「有明之無善治，自高帝罷丞相始也。……設官之意既訛，尚能得作君之意乎？」〔註83〕清代的君主集權則承明代而發展之，清高宗曾說：「使爲人君者，深居高處，以天下之治亂付之宰相，大不可也。使爲宰相者，居然以天下之治亂爲己任，目無其君，此尤大不可也。」〔註84〕證諸前文所述，唐太宗是不能全然贊同這種作法的，他甚至還批評隋文帝爲「不肯信任百司，每事皆自決斷」。〔註85〕由於唐太宗御臣有術，不掩大臣們的忠直諫國之意，故貞觀君臣在國史上表現得同樣出色，且有相得益彰之妙。歐陽修對此有很深刻的認識，他說：

> 王者用人非難，盡其才之爲難。觀太宗之責任也，謀斯從，言斯聽，才斯奮，洞然不疑，故人臣未始遺力，天子高拱操成功，致太平矣。
> 〔註86〕

歐陽修的論評，雖有溢美之嫌，但比之歷代君主，唐太宗的推誠其下，信任授權，確是不多見的；而大臣在獨立自主中，孕發智能，爲政治注入的活力，更是難以估計。

任賢使能同爲儒法兩家所重。法家君主因統治需要，不得不進用賢能，但爲免於大權旁落，時以法、術、勢控御之，故難以使大臣產生自尊心與使命感，究其極也不過是一些統治工具。〔註87〕唐太宗則不能苟同法家的這些想法，他的作爲反倒頗似歐陽修所說的「高拱操成功」，而略有儒家「恭己正南面而已矣」的氣象。

儒家將治世的希望寄託於君主，《論語・子路篇》，子曰：「苟正其身矣，於從政乎何有？不能正其身，如正人何？」同篇，又曰：「上好禮，則民莫敢

〔註82〕關於宋代相權的衰落，參見：錢穆，〈論宋代相權〉，《中國文化研究彙刊》，第2期，（1942年），頁145～150。

〔註83〕黃宗羲，《明夷待訪錄》，〈置相篇〉。轉引自：徐道隣，〈明太祖與中國專制政治〉，收入：《中國法制史論集》，頁343。

〔註84〕乾隆四十六年四月《東華錄》。轉引自：徐道隣，〈明太祖與中國專制政治〉，收入：《中國法制史論集》，頁343。

〔註85〕《貞觀政要》，卷一，〈政體篇〉，頁13。

〔註86〕《新唐書》，卷九八，〈論贊〉，頁3906。

〔註87〕參見：黃俊傑，《春秋戰國時代尚賢政治的理論與實際》，頁132。

不敬；上好義，則民莫敢不服；上好信，則民莫敢不用情。」世之治亂既繫
於君主，爲了避免「不仁而在高位」，播惡於眾，爲君者的要務之一，就是要
舉賢。〈爲政篇〉：「哀公問曰：『何爲則民服？』孔子對曰：『舉直錯諸枉，則
民服。舉枉錯諸直，則民不服。』」《孟子》則將君德與尙賢的關係點得更爲
透闢。〈盡心上篇〉，孟子曰：「知者無不知也，當務之爲急；仁者無不愛也，
急親賢之爲務。堯舜之知，而不徧物，急先務也。堯舜之仁，不偏愛人，急
親賢也。」〈公孫丑上篇〉，又曰：「仁則榮，不仁則辱。今惡辱而居不仁，是
猶惡濕而居下也。如惡之，莫如貴德而尊士，賢者在位，能者在職。」可見
儒家對君主寄予厚望，咸認唯有德之君在位，才能尊賢任能，親賢遠佞，成
就治世。既然「主賢世治則賢者在上，主不肖世亂則賢者在下」，〔註88〕則君
主的能否任用賢能，不但關係著世之治亂，也是觀察人君之德的指標。由唐
太宗的表現來看，他竟能「謀斯從，言斯聽，才斯奮，洞然不疑」，而致貞觀
太平之世，可知儒家將治世的希望寄託於君主，確有相當的道理；而賢君與
治世的密切關係，在唐太宗的用人方式上亦可得到一些證明。

　　事實上，「援賢舉能」並不能夠完全說明唐太宗的用人的。唐太宗既處於
極爲複雜的社會環境，又面臨由亂而定，亟待整合的政治形勢，如果一昧地
自是所賢，而不做更廣遠的設想與多方面的考慮，則官僚制度的運作效能，
必因政情不穩，人心浮動，而大爲減損。所以，「援賢舉能」雖是一個眾所共
認的原則，他能被實現多少，如何實現，或人們是否確然奉之爲唯一的準繩，
仍是一個值得深思的問題。

　　政策須有理念的導引才不致漫無方向，但理念能否被實現，一在於他對
客觀環境的適應力，二在於他與其他理念之間能否彼此協調。唐太宗在用人
政策上，除了「援賢舉能」的原則外，還別有他的一番安排與看法。

　　王夫之嘗論唐宗室人才之盛曰：

　　　宗室人才之盛，未有如唐者也，天子之保全支庶而無猜無戕，亦未
　　　有如唐者也。蓋太宗之所以處之者，得其理矣。高祖欲強宗室以鎮
　　　天下，三從昆弟之屬皆封王爵。……太宗從封德彝之言，而曰天子
　　　養百姓，豈勞百姓以養己之宗族乎？……夫節其位祿之數，登之仕

〔註88〕《呂氏春秋》一書的思想雖然很駁雜，但對於君爲政本，首在得賢的主張，
　　　則與儒家思想頗爲一致。語見《呂氏春秋》，（四部備要本），卷十三，〈謹聽
　　　篇〉，頁9。

－61－

進之途，既免於槁項無聞之憂，抑獎之於德業文章吏治武略之美，
使與天下之英賢彙進而無所崇替，固將蒸蒸勸進而爲多士之領袖以
藩衛天家。〔註89〕

太宗曾說：「君依於國，國依於民。刻民以奉君，猶割肉以充腹，腹飽而身斃，
君富而國亡。」〔註90〕依民本思想而抑降宗室疏屬，確見太宗用心之苦，也
意外收到宗室人才鼎盛之效。不過太宗的本意並不盡在於此，他因發動玄武
門之變而得位，對高祖的親重之臣不免有些芥蒂，故在用人政策上做了相當
大幅度的調整。除了以凌煙閣功臣高踞權力結構的核心外，還大加修改高祖
的宗室政策，不令王室宗室子弟進入決策階層，且抑其地位，使之僅爲藩輔
而不足以覬大寶。〔註91〕太宗對宗室參政的恐懼，顯然是因自己的親身經驗
而早爲全身之計的，他的權謀機心及其有條件的用人方式，實已與「援賢舉
能」的原則頗有出入。

地域問題是唐初極重要的政治社會問題，李氏雖然淹有天下，卻對傳統
的地域觀念莫可奈何。尤其是山東士族，實已對太宗心理構成極大的威脅。
當高士廉撰進氏族志，列崔氏爲第一等時，太宗曰：

我與山東崔盧李鄭，舊既無嫌，爲其世代衰微，全無冠蓋，猶自云
士大夫，婚姻之間，則多邀錢幣，才識凡下，而偃仰自高，販鬻松
檟，依託富貴，我不解人間何爲重之？〔註92〕

儘管太宗對山東士族深致不滿，但對於協助他奪取天下的山東豪傑則倍加籠
絡。根據陳寅恪先生的研究，「山東豪傑」乃一善戰鬥，有組織的團體，常
爲政治上敵對雙方爭取的對象。太宗在與隋末群雄鼎峙競爭之際，在與建成
元吉對決爭位之時，都曾以「山東豪傑」爲重要的政治資本。〔註93〕爲了酬
庸功勳，安撫人情，太宗不得不在人事安排上對地域問題做深一層的考慮。
以宰相地籍的變遷而言，關隴人士已由隋代的百分之七十二點二，降到貞觀
時代的百分之二十九點五；而山東與江南人士，則遞升至百分之七十點五。

〔註89〕《通鑑論》，卷二〇，〈唐太宗〉，頁683。
〔註90〕《通鑑》，卷一九二，武德九年，頁6026。
〔註91〕〈關於唐高祖與太宗的宗室政策及其轉變〉，參見：雷家驥，前引書，頁37
～39。
〔註92〕《舊唐書》，卷六十五，〈高士廉傳〉，頁2443。
〔註93〕陳寅恪，〈論隋末唐初所謂『山東豪傑』〉，收入：《陳寅恪先生論文集》，頁619
～628。

〔註94〕太宗此舉不但弱化了關隴力量的絕對優勢，也肇啓統治階層地域結構的變化之端。〔註95〕然而，不論太宗對山東士族的看法如何，對山東豪傑的安排如何，都顯示他的用人原則已在地域問題的衝擊下，再度被抑處於次要地位。

唐太宗雖然握有最高用人權，但實際上他處處受到客觀環境的牽引，因此他的政策，並不只代表他個人的觀點，外在的期望與意願——當然不僅於「援賢舉能」這個觀念——也都反應在其中。平衡用人的地域重點是一例，他對機務重臣的態度更足以說明之。

在大臣中，太宗最不放心的就是李勣。李勣隱然爲山東豪傑的領袖，而且才智卓絕，很有震主之勢。據《舊唐書・本傳》的描述：「魏徵、高季輔、杜正倫、郭孝恪皆客遊其所，（勣）一見於眾人中，即加禮敬……（所）推薦，咸至顯達，當時稱其有知人之鑒。……每行軍用師，頗任籌算，臨敵應變，動合事機。與人圖計，識其臧否，聞其片善，扼腕而從，事捷之日，多推功於下，以是人皆爲用，所向多克捷。」太宗爲了籠絡這個居舉足輕重地位，而又不甚親附的功臣，他一方面以恩信撫之，以機敏御之，一方面則採取借外力以制外力的策略。

爲了應付隨時可能發生的政治變局，太宗首先考慮，並積極求取支持的是：有關隴集團領袖之勢，而又身居元勳，地兼外戚的長孫無忌。太宗對他寵信有加，甚至爲了遷就他的心意，不得不做重大的讓步。如太宗欲行功臣世襲刺史制，長孫無忌反對尤屬，發言怨望，太宗被迫而終於打消此意。〔註96〕但無論如何，太宗依然認爲長孫無忌是可以信賴的重臣。

此外，太宗還特別重用正直而識大體的魏徵。地域成見既是貞觀政治的隱憂，爲了調和、消弭這個潛在危機，太宗勢需選擇一既非山東盛門，又非山東武人，且與關隴集團有良好關係的人，期以他的特殊身分，借收接洽、監視雙方的目的，以供其分合操縱之用，魏徵即是合於此一條件的最佳人選。

〔註94〕Howard J. Wechsler, *Mirror to the Son of Heaven: Wei Cheng at the Court of T'ang T'ai-tsung*, p. 212.

〔註95〕陳寅恪以爲，自高祖太宗至高宗統御之前期，其將相大臣多爲關隴人士。此一傳統政策，自武后主持政權而漸破壞。陳氏之說已經各學者的驗證而知其略有偏誤，如註94所舉之例即可證明：關隴集團的勢力自高祖太宗時已漸削弱，不待於武后之時。陳氏之說見：陳寅恪，《唐代政治史述論稿》，（中央研究院歷史語言研究所專刊二〇，民國33年），上篇，〈統治階級之民族及其升降〉，頁14。

〔註96〕《舊唐書》，卷六五，〈長孫無忌傳〉，頁2450～2451。

〔註 97〕因此當儲位之爭日趨劇烈，太宗命魏徵護太子，而不以李勣或長孫無忌衛之，就寓有示公正，無偏祖於任何一方的用意。太宗機心之深，於此可知。

　　李勣、長孫無忌、魏徵等皆可稱得上是賢能之士，但太宗對他們的任用，並不止於考慮其才行，而是盱衡時局，審度其勢力、地位、忠誠等因素後，才做如上的安排的。故知唐太宗的用人政策，並不是單純的援賢舉能，賢能只是許多條件中的一個；而唐太宗在強大外力的牽制下，也只能扮演一個居中制衡的角色。

　　經過以上的分析後發，君主的用人絕不是儒家所想的：「舉直錯諸枉，能使枉者直」，〔註98〕以為只要任賢使能，就可化民成治那樣地簡單；而人君之德，更是難以從其用人中完全觀察出來。因此，儒家對君主的過高期望，不免要大打折扣，而「主賢世治則賢者在上，主不肖世亂則賢者在下」〔註 99〕的觀念，也是不太切合實際的說法。畢竟在人們克己復性未達到完滿階段時，自私自利永遠在某種程度上是存在的。儒家理論這一基本的弱點，使其理想總似遙不可及的夢幻，而人君的用人，也總帶有濃厚的權術意味。

　　貞觀君臣已因政治形勢的衝擊，不能一貫地奉行援賢舉能的原則；他們又因特殊關係的纏擾，而必須隨宜取擇，彈性地運用這個原則。

　　在一個重視倫理親情，故舊不遺的儒家社會裏，在漢末以來重視族望門第的歷史傳統中，要想擺脫親故等特殊關係的纏擾，全然以賢能為準繩是不太可能的，而且也沒有人願意背負絕情之名。太宗就曾謂其臣曰：「疏間親，新間舊，謂之不順，朕所不取也。」〔註 100〕可見這兩種相互糾結而立場各異的理念，在貞觀時代是並行不悖的。《通鑑》卷一九三貞觀三年：

> 濮州刺史龐相壽坐貪污解任，自陳嘗在秦王幕府；上憐之，欲聽還舊任。魏徵諫曰：「秦王左右，中外甚多，恐人人皆恃恩私，足使為善者懼。」上欣然納之。謂相壽曰：「我昔為秦王，乃一府之主；今居大位，乃四海之主，不得獨私故人。大臣所執如是，朕何敢違！」賜帛遣之。相壽流涕而去。

〔註97〕陳寅恪，〈論隋末唐初所謂『山東豪傑』〉，收入：《陳寅恪先生論文集》，頁 629～630。
〔註98〕《論語》，卷六，顏淵篇，頁 55。
〔註99〕同註 88。
〔註100〕《舊唐書》，卷六五，〈長孫無忌傳〉，頁 2447。

若非魏徵提醒，太宗幾乎應允。但魏徵並不是沒有為秦府舊人求過情，〔註101〕而太宗也不是不知當擇賢而用，只因他們深受這兩種觀念的纏擾，難以確斷應何去何從，故常有相互矛盾的行為發生，而這也正可以說明公正無私與施予殊情，同樣地受到他們的重視。

任賢使能，程功授官，並不只是儒家強調的課題，更是法家堅持的理想。韓非子曰：「明主之為官職爵祿也，所以進賢材，勸有功也。」〔註102〕又曰：「明主不自舉臣，功相進也；不自舉賢，功自徇也。」〔註103〕雖然，二家賢才的義涵與進賢的動機不同，但因其用人同時立足於援賢舉能，明職審官之上，使彼此有可以相互接合的基礎，與易致淆亂的相似外觀。不過，二家也因執行態度的差異，與對特殊之情的不同看法，致有迥然相異的面貌。

以貞觀時代而言，他們對賢能的運用是很有彈性的，並不像法家那樣地固執「功相進」、「功自徇」。《通鑑》卷一九四貞觀六年：

> 同州刺史尉遲敬德預宴，有班在其上者，敬德怒曰：「汝何功，坐我上！」任城王道宗次其下，諭解之。敬德拳毆道宗，目幾眇。上不懌而罷，謂敬德曰：「朕見漢高祖誅滅功臣，意常尤之，故欲與卿等共保富貴，令子孫不絕。然卿居官數犯法，乃知韓、彭葅醢，非高祖之罪也。國家綱紀，唯賞與罰，非分之恩，不可數得，勉自修飭，無貽後悔！」敬德由是始懼而自戢。

敬德居官數犯法，若非太宗欲保功臣，常施非分之恩，恐怕敬德早已因破壞國家綱紀之名而繩之以法了。在朝臣方面，大致也能本著導德齊禮，有恥且格的心理，希望太宗宥赦為臣者之過。如侯君集破高昌，私取寶物，軍紀不整，有司推其罪，岑文本為之請曰：

> 倘陛下降雨露之澤，收雷電之威，錄其微勞，忘其大過，使君集重升朝列，復預驅馳，雖非清貞之臣，猶是貪愚之將。斯則陛下聖德，雖屈法而德彌顯；君集等怨過，雖蒙宥而過更彰。足使立功之士，因茲而皆勸；負罪之將，由斯而改節矣。〔註104〕

〔註101〕如魏徵〈賞舊左右議〉，見：魏徵，《魏鄭公文集》，（叢書集成簡編本），卷二，頁27。

〔註102〕《韓非子集解》，卷二，〈八姦篇〉，頁39。

〔註103〕《韓非子集解》，卷一六，〈難三〉，頁286。

〔註104〕《舊唐書》，卷六九，〈侯君集傳〉，頁2513。

若能使負罪之將由斯改節，則雖屈法伸情，懷愛而聽，留說而計，〔註105〕也是值得的。由此我們也可了解到何以李靖因貪冒之罪被劾，太宗但錄其破敵之功，且慰諭有加了。〔註106〕這些事例都顯示出貞觀君臣並不過分執著於考績黜陟標準，反而受到儒家治親、存愛、赦小過等觀念的影響，時時施予特殊之情，而不自覺地減損了援賢舉能的原則。

在用人政策上，我們看到唐太宗寬厚的一面，也看到朝臣們給與他適當的回應。可知貞觀君臣縱然不反對去蠹斥姦，不私親故，也絕不會贊同法家「仁義愛惠不足用，而嚴刑重罰之可以治國」〔註107〕的觀點的。然則，這或許就是儒法兩家思想，兩家用人方式的最大分歧處，也是傳統社會批評法家苛薄寡恩，而深深信服儒家思想的重要原因。

貞觀時代確有高度的援賢舉能，守職守官的意識，但也不過度抑制殊恩殊情在政治中滋衍，甚至還認為是正當的，應行的。他們各隨所宜地安排這兩種相關而不相攝的意念，彈性地運用其用人原則，這誠然不是「寄治亂於法術，託是非於賞罰」〔註108〕的法家所允許的，韓非且批評這種儒家式的用人方式為：「此非功伐之論，選其心之所謂賢者也。」〔註109〕此話雖有過惡之嫌，亦非無的之矢。

儒家以為，唯明君在位，才能任賢使能，政理國治。這個觀念在經典史籍的一再宣說下，似已成為歷史發展與人君施政的鐵則。唐太宗即曾說：「觀古人君，行仁義，任賢良，則理；行暴亂，任小人，則敗。」〔註110〕然而，政治是個複雜的多面體，為君者「行仁義」，固然有助於舉用賢臣，成就治世，但即或他有行仁義之心，也可能在客觀環境的牽制與社會價值的糾結下，身不由己的必須做多方面的考慮。故吾人論政，除了要注意為君者的德行，也不應忽略外在形勢對他的影響。而唐太宗之所以被人擁戴，號為明君；貞觀時代之所以和諧安定，允稱治世，也就是因為他們在積極進取，持用「援賢舉能」的原則之餘，還能夠相互牽就，謀取協調一致的步調。然則君臣之間

〔註105〕法家主張：「明主不懷愛而聽，不留說而計」。見：《韓非子集解》，卷一八，〈八經篇〉，頁330。

〔註106〕《通鑑》，卷一九三，貞觀四年，頁6078。

〔註107〕《韓非子集解》，卷四，〈姦劫弒臣篇〉，頁74。

〔註108〕《韓非子集解》，卷八，〈大體篇〉，頁156。

〔註109〕《韓非子集解》，卷一六，〈難三〉，頁286。

〔註110〕《貞觀政要》，卷八，〈辯興亡篇〉，頁19。

的協力同心，彼此忍讓，不其爲了解貞觀之治的要途！

第三節　唐太宗與貞觀諫風

「受諫諍」，是唐太宗另一項爲人稱道的行爲。諫諍自古即有，是一種普遍行於百官以至庶民的言論力量，〔註 111〕這種言論力量深受歷代君臣的重視，史家且常以之爲評斷君主賢愚，政治興衰的指標。歷來的諫事很多，諫風很盛，但每談及諫諍，輒稱美唐太宗，贊頌貞觀時代，必其人其時有極特殊而值得研究之處。

徐復觀先生認爲，「在中國過去政治中存有一個基本的矛盾問題。政治的理念，民才是主體；而政治的現實，則君又是主體。這種二重的主體性，便是無可調和對立。」〔註 112〕事實上，二重主體性的矛盾並非全無蘇解的可能，諫諍就是反應民意，溝通上下，調和對立的一種政治設計。其權雖然保留給全民，但在君民地位懸隔的專制時代，眞能發揮諫諍功能，運用諫諍權力的，莫易於朝臣了，故本節以此爲議論的重點。

諫諍並不是儒家獨有的想法，韓非子論爲君者的二過是：「離內遠遊而忽於諫士，則危身之道也。」又曰：「國小無禮，不用諫臣，則絕世之勢也。」〔註 113〕法家非不知諫諍的重要，但一則懼於言談之士惑亂人主，不軌於法；〔註 114〕二則因諫諍有拂逆君主之意。法家既尚尊君，何容諫者的指射醜惡，聒噪於旁；〔註 115〕三則人主愛憎難測，諫者恐因不合其意而遭身危致辱之患，故莫敢攖其逆鱗。〔註 116〕基於這三個原因，法家不倡諫諍之說，而著力於御臣之術與尊君之道，諫諍遂獨爲儒家所重。

儒家雖然強調諫諍，但對它的認識卻很模糊。諫諍反而是在歷代不斷地試用後，才被刻畫出明晰的面貌的。貞觀時代就是一個展現其目的與功能的

〔註 111〕由召公諫周厲王之語，即可知諫諍是一種普遍行於百官以至庶民的言論力量。見：《史記》，卷四，〈周本紀〉，頁 142。

〔註 112〕徐復觀，〈中國的治道〉，收入：《學術與政治之間》，頁 104。

〔註 113〕《韓非子集解》，卷三，〈十過篇〉，頁 40。

〔註 114〕韓非視文學言談智辯之士爲五蠹之民，見：《韓非子集解》，卷一九，〈五蠹篇〉，頁 344～350。

〔註 115〕如韓非曰：「人主雖不肖，臣不敢侵。」就是極端的尊君主義，而諫者又怎敢觸怒其意？韓非語見：《韓非子集解》，卷二○，〈忠孝篇〉，頁 358。

〔註 116〕詳見：《韓非子集解》，卷四，〈說難篇〉，頁 60～66。

最佳時期。《通鑑》卷一九六貞觀十七年：

> 上問諫議大夫褚遂良曰：「舜造漆器，諫者十餘人。此何足諫？」對
> 曰：「奢侈者，危亡之本。漆器不已，將以金玉爲之。忠臣愛君，必
> 防其漸，若禍亂已成，無所復諫矣。」

「止亂於未然，閑邪於未形」，是儒家重視諫諍的基本原因，期使君主在諫臣的提示下，反省自我，知所遵循，而納言行於正軌。然則，諫諍無異爲實現儒家理想的一種保障。

諫諍的主要對象在君主，君主的言動行止無一不該納入諫諍的範圍，就是其私人生活，也不可稍有造次。《新唐書・劉仁軌傳》：

> 貞觀十四年，校獵同州。時秋斂未訖，仁軌諫曰：「今茲澍澤霑足，
> 百穀熾茂，收纔十二。常日贄調，已有所妨。又供獵事，繕橋治道，
> 役雖簡省，猶不損數萬。少延一旬，使場圍畢勞，陛下六飛徐驅，
> 公私交泰。」

馳騁之事，不僅勞師動眾，而且妨害農事，最爲人君所當忌，故朝臣每切諫以儆動君心。至若宮室台榭，美女玩好，皆是易導君主生活腐化，勞弊百姓之舉，進諫者亦常勸太宗當思止足以自戒。〔註117〕在農業社會裏，人民承擔興作的能力薄弱，所望於政府的，不是積極的興民之利，而是消極的無害於民。若君主縱恣肆欲，非唯民心背離，亦直接危及君位安全，這就是「水能載舟，亦能覆舟」的道理。唐太宗深明此意，自言：「凡事皆須務本，國以人爲本，人以衣食爲本；凡營衣食以不失時爲本；夫不失時者，在人君簡靜乃可致耳。」又曰：「夫安人寧國，惟在於君。君無爲，則人樂；君多慾，則人苦。朕所以抑情損慾，剋己自勵也。」〔註118〕由於君主個人的道德行爲，具有深刻的政治意義，故君主的好惡，已不僅是他個人的道德問題，還同時關係著社會民生的安定，故人臣事無大小都要懇切疏諫，以防禍於未然。

推動政務的發展，提高體制的運作效能，更是君主所肩負的重大責任，而諫諍的事項，亦隨之而展布於政治事務。

唐太宗是個嚮往儒家聖王，且對儒家理想有深度認識的君主，他的重視諫諍，運用諫諍，足以顯示該項設計的重要。《帝範・納諫篇》，太宗曰：

> 夫王者高居深視，虧聽阻明，恐有過而不聞，懼有闕而莫補。所以

〔註117〕如戴冑諫止太宗修洛陽宮，魏徵諫請太宗勿受林邑鸚鵡與新羅美女等皆是。
〔註118〕《貞觀政要》，卷八，〈務農篇〉，頁1。

設鞀樹木，思獻替之謀；傾耳虛心，佇忠正之說。

《貞觀政要・求諫篇》，亦曰：

朕每閒居靜坐，則自內省，恆恐上不稱天心，下為百姓所怨，但思
正人匡諫，欲令耳目外通，下無怨滯。

為免下情壅於上聞，朝臣的諫諍，是溝通上下，補弊救失的最好方式。何況帝
國幅員遼闊，庶務繁雜，獨智必然難周，故不有諫言，下情何得而明，不經論
議，處置何能盡當。太宗曾謂東宮官曰：「朕年十八，猶在人間，情偽無不嘗；
及即位，處置有失，必待諫，乃釋然悟，況太子生深宮不及知邪？」〔註 119〕諫
諍的政治功能於此已皎然而明了。

事實上，下情難於上達與言而不盡其情，都是官場中常見的事。唐初猶
有此弊，如高祖〈誡表疏不實詔〉曰：「四方州鎮，習俗未懲，表疏因循，尚
多虛誕，申請盜賊，不肯直陳，言論疾苦，每虧實錄。……非直乖於體用，
固亦失於事情。」〔註 120〕貞觀時代承續喪亂之餘，這些弊端或亦一時未能盡
革。此外，官僚制度中因「層級地位差異」（hierarchical status differences）而
引起的溝通困難，〔註 121〕更是政務難於推展的重要原因。如貞觀十六年詔曰：
「盜賊之作，為害至深，州縣官人多求虛譽，苟有盜發，不欲陳告。鄉村長
正知其此情，遍相勸止，十不言一。」〔註 122〕為了掃除壅蔽，使下無怨滯，
太宗竭其所能的鼓勵諫諍，冀知百姓利害，政教得失。他命諫官隨入政事堂
平章國計，詔京師五品以上更宿中書內省以訪詢外事等措施，皆本此意而發。

下情不盡，稽疑處斷，固不能制訂允當的政策；即或暢溝通之路而獨斷
一人之慮，也無法事事合宜，不有疏漏。如張玄素曰：

萬乘之主，欲使自專庶務，日斷十事，而有五條不中者，何況萬務
乎？以日繼月，乃至累年，乖繆既多，不亡何待？〔註 123〕

故諫諍之要，不單在暢溝通之路，以獲知正確完整的情況，臨斷之際的折衷
綜合，權其輕重，更須有諍臣的弼違闕失。孫甫《唐史論斷》〈中書門下議事

〔註 119〕《新唐書》，卷一〇六，〈杜正倫傳〉，頁 4038。

〔註 120〕《唐大詔令集》，卷一一〇，頁 569。

〔註 121〕關於組織中，下屬與上司間的溝通問題，可參閱：Peter M. Blau, W. Richard
Scott, *Formal Organizations : A Comparative Approach*,（San Francisco:
Chandler Publishing Company, 1962），pp. 128～139.

〔註 122〕《冊府元龜》，卷一五九，〈帝王部・革弊一〉，頁 1920。

〔註 123〕劉肅，《大唐新語》（臺北，新興書局，筆記小說大觀本二八編一冊，民國 68
年），卷一，〈規諫〉，頁 65。

使諫官預聞〉條曰：

> 夫天下之務至廣也，軍國之機至要也，雖明主聽斷，賢相謀議，思
> 慮之失，亦不能免。一失則爲害不細，必藉忠良之士諫正。夫忠良
> 之士，論治體，補國事，乃其志也，能密有所助，則亦志伸而道行。

易言之，諫諍是借著不斷地提示來引起論議者的注意，由深沈細密的思慮與
反省，來調整行爲的步驟與施政的方針，使官僚制度的運作更爲靈活有效。
太宗嘗曰：「朕聞卿等規諫，縱不能當時即從，再三思審，必擇善而用之。」
〔註124〕就是表現諫諍有促使反省與矯正失當作用的最佳證明。貞觀君臣對諫
諍有如此深的認識，難怪他會成爲貞觀之治的標幟了。

　　綜上所論，諫諍的功能，狹義言之，乃在監察君主個人的言行舉動；廣
義言之，則在規箴時病，補救危失。前者道德意味居多，後者政治性質較重，
但因最終目標皆指向君主，遂以擁有決策者與行爲表率之雙重身分的君主爲
交會點，而融道德與政治功能爲一體了。

　　諫諍的功能，不是只靠著少數朝臣的善諫，就能發揮得淋漓盡致的，而
必須形成一種普遍的政治意識，才容易在風氣的鼓盪與推助下，誘發其潛在
功能。促使貞觀諫風興盛的原因，首先應注意的是諫官制度。

　　諫官的設置始於秦，此後省廢無常，員無定制，大抵皆用名儒宿德以參
諷議。唐代的諫官分隸中書，門下二省，貞觀時期包括：掌封駁與諫議的侍
中、侍郎與給事中；以及專司諫議的左右散騎常侍與左右諫議大夫。〔註125〕
由諫官的組織與職權可以看出：（一）諫諍已不僅是普遍性、義務性的言責，
還有特殊化的機構來專司其事，其於諫諍風氣的推動，將有極大的助益。（二）
諫諍的方式已由言辯、表疏的勸請，進而能夠封駁詔敕，其於諫諍效力的提
高，無疑具有更深遠的意義。

　　體制功能的能否發揮，與當官者的是否盡職有很大的關係。太宗極爲重
視諫諍，對諫官的選任也極其審慎。當時著名的諫者如魏徵、王珪、褚遂良、
劉洎、馬周、張玄素等都做過諫官，他們無不是忠貞鯁義，推誠盡節於糾違
國務，匡正君行之人。《舊唐書・魏徵傳》：

〔註124〕《唐會要》，卷二七，〈行幸〉，頁514。
〔註125〕除文中所列外，唐代諫官還有拾遺、補闕，因設於垂拱元年，故不列入。門
　　　　下省的其他職官如：起居郎、符寶郎等，職皆不涉駁正諫諍，亦不列入。此
　　　　外，唐初因門下省的組織與職權尚未發展成熟，諫議夫夫也曾行署敕事，但
　　　　因其非常例，又非定制，故不歸入第一類。

（太宗曰）：「……徵每諫我不從，發言輒即不應，何也？」對曰：「臣以事有不可，所以諫論，若不從輒應，便恐此事即行。」帝曰：「但當時且應，更別陳論，豈不得耶？」徵曰：「昔舜誡群臣：『爾無面從，退有後言。』若臣面從陛下方始諫，此即『退有後言』。」

貞觀時代直言極諫的諍臣很多，他們所表現的諫者的風範，以及所受到的禮遇與倚任，足可刺激群臣勇於起而效尤，故他們對鼓舞諫風而言，實有莫大的作用。

諫官制度的另一個特色是封駁。封駁的效力顯然更甚於諫議。如《通鑑》卷一九二武德九年十二月條：

上（太宗）遣使點兵，封德彝奏：「中男雖未十八，其軀幹壯大者，亦可并點。」上從之。敕出，魏徵固執以爲不可，不肯署敕，至于數四。……乃不點中男。

封駁權雖然在貞觀時代已然建立，它的運用卻不如諫議權來得普遍，因封駁而知名者也不如中晚唐多。〔註126〕其因一在於體制本身尚未發展成熟，不獨侍中、侍郎分給事中的封駁權，其他門下省官也曾行署敕事，如前例魏徵即以諫議大夫行之。〔註127〕二因封駁只爲諫制的一種，其發展既未成熟，運用自難靈活，而太宗又急求諫言，相形之下，反使封駁權黯然失色。〔註128〕三因史家眩於言風之盛而著意表彰之，不免忽略封駁權的法制意義，與約制君主的積極效力。因爲這三個因素，故貞觀時代的諫議之論屢出，而封駁之事少見。

由以上的討論可知，在君主廣泛地施予控制力量的間隙，儒家明智地保留了臣屬對君主的監察批評權，這一方面顯示儒家對以君主爲中心的德治思

〔註126〕中晚唐因封駁而著稱者如蕭俛、許孟容、韋溫、韋景弘、呂元膺、李藩等，其事詳見兩唐書各本傳。

〔註127〕貞觀時代門下省檢查之權雖立，但內部組織與職權的規畫尚未完成，封駁權的歸屬亦未爲定制。至玄宗以後，給事中才獨專其職。參閱：孫國棟，〈唐代三省制之發展研究〉，《新亞學報》第三卷，第 1 期，頁 100～103；又，《唐代中央重要文官遷轉途徑研究》，（香港，新亞研究所叢書，1978 年），頁 43。侍中行封駁例，參見，任育才，〈唐代監察制度之研究〉收入：氏著，《唐史研究論集》，（臺北，鼎文書局，民國 64 年），頁 21。

〔註128〕如張玄素爲給事中，曾上書極言諫止太宗修洛陽宮，魏徵並謂其有「回天之力」，可知必是封駁未行而詔旨已出，張玄素只於事後以表書形式諫之（詳《舊唐書・張玄素傳》）。崔仁師的封駁反逆緣坐案，也是以「疏」的形式上言（詳《唐文粹》，卷二八，〈請不改反逆緣坐刑名疏〉）。皆可見唐初的封駁體制尚未發展成熟，其運用與一般官吏的表疏進諫方式並無不同。

想能否實行，有著疑慮，另一方面則說明儒家期望借著臣民的督責規諫，來推助其理想的實現。不過，儒家從未想到將這種義務，轉化為具有法制效力的正式組織，也從未有意識地欲以諫諍或封駁來制衡君權，〔註129〕反倒是在人們的體驗中，在歷史形勢的推衍下，這些本非儒家所能想像的事物，已在貞觀時代頗具規模，更見功效了。而這對諫諍功能的發揮、諫諍風氣的鼓舞，實有極大的幫助。

諫諍的主要對象既在君主，因此諫風的能否興盛，與君主對諫諍的態度有極密切的關係。

諫諍出現在各種不同形式的政府中，儒家則把它視為為臣者對君主的義務，也就是一種自許的言責。《禮記・表記》：「子曰：『近而不諫，則尸利也。』」《論語・憲問篇》：「子路問事君。子曰：『勿欺也，而犯之。』」然而，如何孕發此種言責，並提升臣屬的責任感，君主往往扮演極重要的角色。

歷代忠直骨鯁之士因諫而遭貶斥誅死者不勝其數，甚至還激起慘烈的黨禍。蓋諫之所難在以卑凌尊，違逆君意；而諫者又往往自信其是，矜物以莫及，其於君主則窮詞指陳過失，冀其一悟而至于治平。〔註130〕如此的激切忘情，不思中道，友朋之間尚有疾忌疏遠之患，君臣之間能不致亂生禍者益難矣，所謂「事君數，斯辱矣：朋友數，斯疏矣」〔註131〕即是此意；韓非也於〈說難篇〉中慨歎諫者的岌岌可危。顯見歷代臣民皆同感諫言難入君心。唐太宗對諫諍的不易為，有極深刻的認識。《舊唐書・杜正倫傳》，太宗對群臣說：

> 朕歷觀自古人臣立忠之事，若值明王，使得盡誠規諫；至如龍逢、
> 比干竟不免孥戮，為君不易，為臣極難。我又聞龍可擾而馴，然喉
> 下有逆鱗，觸之則殺人，人主亦有逆鱗，卿等遂不避犯觸，各進封
> 事，常能如此，朕豈慮有危亡哉！

人君若無寬宏的心胸器度，則不能容忍他人的批評；若不知明辨是非善惡，則無由取擇忠直之言；若沒有以理制欲的覺識，則不能勇於改正闕失。為君

〔註129〕 儒家認為，諫諍是出自臣屬義務性的言責與為政者要求互助的心理，但並無臣下要求權力，或使諫諍方式制度化的概念。儒家的諫諍觀念，參見：柳詒徵，《國史要義》，頁27～28。

〔註130〕 諫諍之難，論者多矣，較具代表性者，貞觀時代可見：《讀通鑑論》，卷二〇，〈唐太宗〉，頁692；通論性者可見：杜牧，〈與人論諫書〉，收入：姚鉉，《唐文粹》，（四部叢刊初編縮本），卷八三，頁550。

〔註131〕 《論語》，卷二，〈里仁篇〉，頁16。

之不易，於此可知，而唐太宗之難能可貴，也正在於此。

　　君主的喜怒好惡，最能影響朝臣的行為。法家式君主，消極地對臣下無所信任，積極地則任情獨斷。〔註132〕君主持此以待臣下，臣下惶懼避禍猶恐不及，何敢進諫言而招以文亂法，好尚辯智的惡名？唐太宗則大異於是，《貞觀政要・求諫篇》，太宗曰：

> 朕每思之，人臣欲諫，輒懼死亡之禍，與夫赴鼎鑊、冒白刃亦何異哉！故忠貞之臣，亦不欲竭誠，竭誠者乃是極難；所以禹拜昌言，豈不為此也！朕今開懷抱，納諫諍，卿等無勞怖懼，遂不極言。

就歷代君主觀之，趙翼以為，「仁善之君，則能納誨；英睿之主，每難進言」，以太宗的才智，「宜其俯視一切，臣下無足當意者」，〔註133〕而他竟欲效禹拜昌言的故事，可見太宗雖也自視尊崇，但仍極嚮往儒家聖王虛懷受諫的風範，故謂太宗是個英睿有餘而不失仁善之心的君主，當不為過。

　　太宗之能虛心求諫，並施於政事，除了因為他明瞭諫諍的功能，深悉儒家的政治精神外，其性格，及所遭逢的時會，也都是重要的原因。趙翼論之曰：

> 蓋親見煬帝之剛愎猜忌，予智自雄，以致人情瓦解而不知，盜賊蜂起而莫告，國亡身弒，為世大僇。故深知一人之耳目有限，思慮難周，非集思廣益，難以求治，而飾非拒諫，徒自召禍也。〔註134〕

戈直亦曰：

> 隋煬帝失天下之道不一，而莫大於拒諫；唐太宗得天下之道不一，而莫大於納諫。夫太宗之納諫，豈其天性之本然哉？良由目睹煬帝之亡，矯揉強勉而行之也。〔註135〕

太宗既親見亡隋之由，戒惕之心自是因之而起；復以其善權變、畏批評人格特質的潛在作用，即使是「矯揉強勉而行」，也不敢再「剛愎猜忌，予智自雄」了。所以他一反隋主的作為，特別鼓勵直諫，虛己求納，縱然不合己意，也不妄加誅責，杜群臣之口。如《貞觀政要・求諫篇》，太宗曰：

> 人君必須忠良輔弼，乃得身安國寧。煬帝豈不以下無忠臣，身不聞過，惡積禍盈，滅亡斯及。若人主所行不當，臣下又無匡諫，苟在

〔註132〕法家君主的御臣之術，見：蕭公權，《中國政治思想史》，頁241～245。
〔註133〕趙翼，《二十二史劄記》，卷一九，〈貞觀中直諫者不止魏徵〉，頁246。
〔註134〕同上註。
〔註135〕《貞觀政要》，卷二，〈直諫篇〉，頁46。

阿順，事皆稱美，則君爲暗主，臣爲諛臣，危亡不遠。朕今志在君
臣上下，各盡至公，共相切磋，以成理道。公等各宜務盡忠議，匡
救朕惡，終不以直言忤意，輒相責怒。

因此，凡臣下讜言直諫而可以施於政教者，太宗或拭目以師友待之，或諭以溫
言，予以賞賜；並因自己威容甚肅，臣僚進見，舉止失措，而假顏色以鼓勵之；
〔註136〕又將奏疏黏於屋壁，列於屏障，俾可朝夕瞻仰，反覆研尋。〔註137〕太
宗求諫納諫如此的有誠意，其於諫諍風氣無疑有極大的鼓舞作用。

太宗的廣開言路雖可倡導諫風，但也有不少因緣求利者，欲假太宗的重
視諫諍而自我求售，以取寵祿。《舊唐書・魏徵傳》：

太宗嘗嫌上封者眾，不近事實，欲加黜責。徵奏曰：「古者立誹謗之
木，欲聞己過。今之封事，謗木之流也。陛下思聞得失，祇可恣其
陳道，若所言衷，則有益於陛下，若不衷，無損於國家。」太宗曰：
「此言是也。」並勞而遣之。

太宗既對諫諍寄予厚望，欲從其中聞己過失，那麼他怎會因其弊而全然抹殺
諫諍的功能？又怎會不接受魏徵的規勸而忍小害，求大利呢？

唐太宗並不是一個能極端克制自我的人，有時也不免於飾非拒諫。如魏
徵曾曰：「貞觀之初，恐人不言，導之使諫。三年以後，見人諫諍，悅而從之。
四年以來，不悅人諫，雖黽勉聽受，而終有難色。」〔註138〕但太宗的欲善之
志與寬容之心，並不曾爲人忽視。史家描述他對諫諍的態度是：

太宗之求諫可謂切矣；而其納諫，亦可以爲難矣。非惟能容人之諫，
又導人而使之諫；非惟不怒人之諫，又賞人而使之諫。……蓋自三
代而下，求諫之誠，納諫之美，未能或之先也。〔註139〕

詩曰：「木從繩則正，后從諫則聖。」儒家規帝王之德，莫盛於納諫，故極力
稱美設諫鼓，拜昌言的古來上聖之君。繼此而下，則鮮有因諫而被推崇者，
太宗即一著例。如《舊唐書・太宗紀》，史臣頌之曰：「聽斷不惑，從善如流，
千載可稱，一人而已！」爲臣者進諫的責任感，也就因著太宗的克己求諫，
重視言事，而被激發起來。

〔註136〕《貞觀政要》，卷二，〈求諫篇〉，頁18。
〔註137〕《通鑑》，卷一九五，貞觀十三年，頁6147。
〔註138〕見：王方慶，《魏鄭公諫錄》，（叢書集成簡編本），卷一，〈諫聽諫與貞觀初不
　　　　同〉，頁9；又如：〈諫所言事與貞觀初有異〉，頁7。
〔註139〕《貞觀政要》，卷二，〈求諫篇〉，頁19。

　　貞觀時代的諫事極多，進諫者與太宗求諫的對象，廣及百官。其時能諫善諫者為數之多與普遍，就是一個最好的證明。如戈直曰：

> 一時之臣，非特大臣能諫，小臣如皇甫德參無不諫也；非特內臣能諫，外臣如李大亮無不諫也；非特文臣能諫，武臣如尉遲敬德亦無不諫也；非特廷臣能諫，宮妾如充容徐惠亦無不諫也。賢臣而能諫，固也，佞臣如裴矩亦諫焉；中國之臣能諫，固也，夷狄之臣如契苾何力亦諫焉。〔註140〕

然則，太宗不正是鼓舞貞觀諫風的動源！而諫諍在他的引導下，既不只是一項制度，也不只是少數人所擁有的特權，而成為為臣者義無反顧，無可逃避的責任。唯有如此，人人才能本著忠貞愛國之心，發為有益時政的言論；也唯有如此，人人才能當仁不讓，競相諫諍，鼓盪成風。太子李治的犯顏進諫，就是風氣所趨的結果，太宗論之曰：

> 夫人久相與處，自然染習。自朕御天下，虛心正直，即有魏徵朝夕進諫；自徵云亡，劉洎、岑文本、馬周、褚遂良等繼之。皇太子幼在朕膝前，每見朕心說諫者，因染以成性，故有今日之諫。〔註141〕

太宗悅諫之效，昭然彰著；貞觀諫風之盛，於茲可見！

　　朝代興亡之迹，歷歷可循，但歷代君主能引以為鑒，深自惕勵，而任群臣攖其逆鱗者，終不多聞。是以，若非太宗已深深信服儒家思想，常懷戒懼之心，則不易成為善納諫言的君主，也無法誘發諫諍的潛在功能，更不能使之蔚然成風，故太宗實為一個很能體現儒家諫諍思想的君主，而諫諍也因他的虛心求納，為貞觀政治注入了無窮的活力。

　　事實上，謙謙自抑的儒家式聖王，與無上尊崇的法家式君主，同在太宗心裏有相當的分量。劉餗《隋唐嘉話》：

> 太宗嘗止一樹下，曰：「此嘉樹。」宇文士及從而美之，不容口。帝正色曰：「魏公嘗勸我遠佞人，我不悟佞人為誰，意常疑汝而未明也，今日果然。」士及叩頭謝曰：「南衙群宮，面折廷爭，陛下嘗不得舉首，今臣幸左右，若不少有順從，陛下雖貴為天子，復何聊乎？」帝意復解。

儘管太宗頗能自我克制，但他仍喜歡聽諛順之言，也無法去除自視尊崇的欲

〔註140〕同上註。
〔註141〕《貞觀政要》，卷二，〈納諫篇〉，頁34。

念，故以其容忍力之強，猶萌欲殺魏徵之心。《通鑑》卷一九四貞觀六年：

> 上嘗罷朝，怒曰：「會須殺此田舍翁。」后問爲誰，上曰：「魏徵每
> 廷辱我。」后退，具朝服立于庭，上驚問其故。后曰：「妾聞主明臣
> 直；今魏徵直，由陛下之明故也，妾敢不賀！」上乃悅。

而魏徵也自認其能以諫諍著稱，是因爲：「陛下導之使言，臣所以敢諫；若陛下不受臣諫，豈敢數犯龍鱗？」〔註142〕爲了避免觸怒君意，他以爲臣諫其君，應該「甚須折衷，從容諷諫」，〔註143〕才能得因事託物，寓情見意的事君之道。以魏徵的深受寵任，猶且有如此的遭遇與感受，況乎他人？而此等事例，何嘗不反應出即使在士族勢力甚強的貞觀時代，爲臣者仍不敢輕捋虎鬚；又何嘗不透露出爲君者在克己求諫的背後，還潛藏著至高無上的權威。因此，大臣們要折服太宗以發揮諫諍的功能，或迫使太宗必須受諫而達到他們的目的，除了寄望太宗本人的從善如流外，還要具備足以與他爭衡的力量，用主動的形勢來克制他，使其「不得舉首」。

貞觀朝中以諫諍著稱者極多，他們或有犯無隱，直言抗辯；或委婉其辭，因事導意，而要皆根於道理，發於律度，使太宗不得不服。《舊唐書·張玄素傳》，太宗詔發卒修洛陽宮乾陽殿以備巡幸，玄素上書諫止，太宗歎曰：

> 今玄素上表，實亦可依，後必事理須行，露坐亦復何苦。所有作役，
> 宜即停之。然以卑干尊，古來不易，非其忠直，安能若此。

《通鑑》卷一九四貞觀六年，長樂公主出降，魏徵諫請資送不可倍於長公主，文德后聞之，謂太宗曰：

> 妾亟聞陛下稱重魏徵，不知其故，今觀其引禮義以抑人主之情，乃
> 知眞社稷之臣也！妾與陛下結髮爲夫婦，曲承恩禮，每言必先候顏
> 色，不敢輕犯威嚴；況以人臣之疏遠，乃能抗言如是，陛下不可不
> 從。

理直則氣壯，朝臣能明辨是非，誠極忠款，故能論所當行，據理力爭。明睿理智的唐太宗面對那些言之成理的議論，也不禁要深自反省，詳加考量了。如太宗怒重臣輕蔑諸王，及聞魏徵語，喜形於色，謂群臣曰：

> 凡人言語，理到不可不伏。朕之所言，當身私愛；魏徵所論，國家
> 大法。朕嚮者忿怒，自謂理在不疑，及見魏徵所見，始覺大非道理。

〔註142〕《舊唐書》，卷七一，〈魏徵傳〉，頁 2549。

〔註143〕《貞觀政要》，卷一，〈畋獵篇〉，頁 4。

〔註 144〕

太宗的嘉納雅言，實因魏徵的諫諍合於義理，使他不得不伏首其下，歸過於己。

在君主專制時代，服從君意與匡違君心之間，總是難以協調得恰到好處。〔註 145〕善於納諫的唐太宗，也曾對激切直言者深致不滿，他說「凡上書諫正，自有常準，臣貴有辭，主貴能改，如斯詆毀，有似呪詛。」〔註 146〕貞觀時代，旁引曲釋的諫言固然不少，但抗直陳辭的也大有人在，可是他們很少遭到貶斥或屠戮，反而常因此受到褒賞，其間的重要原因之一，就是君臣雙方大體都能站在理性的立場，用理性的言辭來求諫或納諫。故朝臣們的理性批判與客觀論斷，雖然只是一種抽象無形的言論壓力，但對於畏批評、重理性的唐太宗而言，無疑具有相當大的影響

另一項助發諫諍功能，並使太宗不能獨斷獨行的因素是：士族社會的潛在結合力與親重大臣的態度。

有些學者認為，「中國歷代之政治大權，實掌握於治而不統之各級官吏。政治上之最高權力，名義上雖在於君主一人，實質上則操於少數官吏。換言之，中國歷代政治制度，名為獨夫至尊之君主政治，實為臣僕把權之官僚政治」。〔註 147〕這種情形在士族政治時代尤其如此。兩晉南北朝是國史上君權最低落的時代，唐承其後，社會上高門大族的聲勢猶凌駕於帝室之上。當時雖然沒有明顯的利益集團從中作用，官僚之間也沒有形成緊密結合的政治團體，但他們是利害與共，隱然相結，且足以與君主抗衡的社會力量。〔註 148〕這股力量使得絕對性的忠君觀念未能高度發展，對君權的伸張而言，也是一層極大的障礙。李華撰〈中書政事堂記〉曰：

> 政事堂者，自武德以來常於門下省議事，即以議事之所謂之政事

〔註 144〕《貞觀政要》，卷二，〈直諫篇〉，頁 44。
〔註 145〕諫諍是忠的表現，服從也是忠的表現。由於忠的義涵存在著若干矛盾之處，在實踐上自然是難以協調得恰到好處。關於忠的倫理內涵，可見：劉紀曜，〈公與私──忠的倫理內涵〉，收入：黃俊傑編，《中國文化新論》，〈思想篇（二）──天道與人道〉，（臺北，聯經出版社，民國 71 年），頁 173～207。
〔註 146〕《貞觀政要》，卷一○，〈畋獵篇〉，頁 4。
〔註 147〕張金鑑，《中國文官制度史》，頁 3；又，《中國吏治制度史概要》，頁 3。
〔註 148〕中古士族的意識形態與結合關係，參閱：Howard J. Wechsler, "Factionalism in Early T' ang Government,"in Denis Twitchett, Arthur F. Wright eds., *Perspectives on the T'ang*，（臺北，虹橋書店影印本，1973），p. 87.

堂。……政事堂者，君不可以枉道於天，反道於地，覆道於社稷，

無道於黎元。此堂得以議之。〔註149〕

余英時先生認爲，政事堂的議君規制，決非李華個人的意見，而是代表了唐初，特別是貞觀以來的政治傳統。〔註150〕則士族威勢之大，確然不可輕忽。而他們的潛相交結，也往往使得太宗不得不廣聽博採，俯從眾意，如張行成諫請太宗不應偏右關中集團，太宗反破格讓他議政，即反映了唐初政事堂的議權之重，與政事堂中實並峙著各種社會勢力等情況。〔註151〕而太宗在此形勢下，只有居間平衡、調和之，並無力打擊或抑遏其發展。

諫諍原是臣民的義務性言責，儒家期望自他們將德治思想灌輸給君主，並糾正其違失，但沒有想到諫諍反被人們利用爲維護自我利益的簡便方式。如長孫無忌激烈反對封建政策的主要原因之一是：「世牧外州，與遷徙何異？」〔註152〕而唐太宗之立晉王治爲太子，實際上是受制於房玄齡、長孫無忌、李勣、褚遂良等四個佐命元勳的。有的學者以爲，諫諍觀念雖然源自儒家，但其運作方式卻常有法家意味，而官吏們運用諫諍的動機，也以法家心態爲主。〔註153〕我們縱然不能說長孫無忌等都爲私欲所矇蔽，但若只寄望借著諫諍就能將君主納入儒家理想的殼中，仍是一個過於「理想化」的想法。然而，無論唐太宗是受到士族潛在力量的脅迫，抑或是受到親重大臣的左右，都顯示出他很重視朝臣們的意顧，並不欲一意孤行，故這對促進政治的和諧而言，實有莫大的幫助。

由以上的討論可知，儘管唐太宗極有自制自省能力，他的順從眾意，還是因爲大臣們能以理性之言動之，善假客觀形勢克抑之。錢穆先生認爲，自大一統政府建立以來，「所由得與數百年遞禪之王室爲抗衡者，魏晉南北朝以迄隋唐爲門第，東漢兩宋爲士風，元明清三代皆汲宋儒遺脈，而所得淺深不同」。〔註154〕貞觀時代得與唐太宗相抗衡者，則兼門第與士風而有之，只是他不似魏晉南北朝士族的只知門第，不知國事；也不似東漢兩宋士人的惟務興

〔註149〕《全唐文》，（日本京都，中文出版社，昭和五十一年），卷三一六，頁 4051。

〔註150〕余英時，〈君尊臣卑下的君權與相權〉，頁 56。

〔註151〕同上註，頁 57～58。

〔註152〕《舊唐書》，卷六十五，〈長孫無忌傳〉，頁 3450。

〔註153〕Charles O. Hucker, "Confucianism and the Chinese Censorial System," in *Confucianism in Action*, pp. 182～208.

〔註154〕錢穆，《國史大綱》，頁 126。

議，有失偏激。故貞觀大臣們不卑不亢的事君態度，適可烘托出唐太宗的敬禮其臣；而唐太宗的虛懷求納諍言，適亦彰顯出大臣們的骨鯁氣節。太宗曰：「惟君臣相遇，有同魚水，則海內可安。」〔註155〕這不正是貞觀之治的最佳寫照！

　　總之，唐太宗的虛己求納，對諫諍風氣有極大的鼓舞作用，群臣在他的誘導下，無不各竭其能的暢所欲言，這種君臣唱和，相與為安的情形，確是歷代少見，此不獨使太宗贏得受諫的美名，也使貞觀朝臣因能諫而著稱。然而值得注意的是，儒家觀念中的這種義務性的言責，不但早已衍生出諫官制度，還因深受貞觀君臣的重視，而充分展露其約制君主的功能；同時，諫諍也不僅止於傳播儒家理想，它也是大臣們求取權力，遂其所欲的一種方式。故「諫諍」這種政治設計，已在人們不斷地試用中，孕育出更豐富的內含，也表現出更多樣性的面貌。

〔註155〕《貞觀政要》，卷二，〈求諫篇〉，頁19。

第四章　貞觀之治與人倫關係

第一節　人倫關係的分殊化及其對貞觀政治的影響

　　貞觀時代，不如想像中的寧靜，他依然存在著許多政治危機。但是，他也還能在不斷地衝突、對立中，平穩的自求發展。那麼這些危機因何產生，為何不曾擴大或嚴重影響政治的運作，實是一個值得深思的問題。

　　在唐初的政治問題中，除了繼承之爭有較明顯的衝突現象外，我們很難說貞觀政治是常處於矛盾狀態的。近代學者多從門（第）地（域）觀點來研究政治集團或朋黨問題，但顯然地，他們對時人錯綜複雜，分合不定的交往關係仍深感困惑。然而，門地問題確實是政治的隱憂，朋黨控訴也時有所聞，所不同的是：一般黨爭中常見的學術、品格、政策、君主猜忌等問題，〔註1〕在貞觀時代並不顯著。那麼他的主要性質是什麼？門地因素又代表著什麼意義？要了解這些問題，就必須先認識唐初社會的特性，以及他對政治的影響。

　　人不能離群索居，且必須生存於種種社會關係之上。即使在政治中，社會關係的是否良善，對政務的能否順利推展也有極大的影響。如：唐太宗雖然賞識蕭瑀的孤特之節，但因其不能與諸大臣和衷共事，故不得不稍棄其才用，以維持朝中的和諧。〔註2〕事實上，許多政治問題並不都是因人而起，職務上的各司其事，相互對立，也是一個重要因素。〔註3〕唐初置中書、門下二

〔註1〕　討論黨爭原因的文章如：雷飛龍，《漢唐宋明朋黨的形成原因》，（政大博士論文，民國50年）。

〔註2〕　《舊唐書》，卷六三，〈蕭瑀傳〉，頁2401～2404。

〔註3〕　如明末東林運動的發生，制度摩擦就是一個關鍵因素。見：Charles O. Hucker著，張永堂譯，〈明末的東林運動〉，收入：《中國思想與制度論集》，頁 170

省以相檢查，本擬相防過誤，其結果或因「護己之短」而引起紛爭，或因「苟避私怨」而滯礙運作，〔註4〕迴非初時置制的本意。因此要彌補制度間隙，助發政治效能，任事者的心胸識見與良好的社會關係，實極重要。

人們無不企慕政治的和諧安定，儒家對此則更有獨到的見解，書曰：「克明俊德，以親九族；九族既睦，平章百姓；百姓昭明，協和萬邦。黎民於變時雍。」〔註5〕道德觀念與倫理規範既是儒家和諧政治的基石，則維繫一有節度的人倫關係，自足以建立儒家理想的社會秩序，而臻於治平之世。

一些學者在比較中西社會結構後認為，西方社會的道德責任，在理論上或實際上，其應用多無關乎任何特定的個人，具有普遍主義（universalism）的性質；而在儒家道德系統支配下的中國社會，主要是一種「分殊主義」（particularism）的關係結構。〔註6〕費孝通先生也認為，孔子的道德系統是以差序格局為中心的，每個人都在倫理的綱紀中，這個社會架格是永遠不能變的。〔註7〕這些說法能禁得起多大的考驗，在此無暇深究，但至少已將中國社會人倫關係的特質，描繪出一個概略的輪廓。

倫常與禮制，是儒家人倫關係中最重要的兩環。〔註8〕倫常須靠禮制來完成，禮制則界定了人與人的關係，故倫常與禮制，有如輔車之相依，身心之共運，不可須臾分離。《禮記·曲禮上》：「禮所以定親疏，決嫌疑，別同異，明是非。」〈祭義〉：「子曰：『立愛自親始。』」《論語·顏淵篇》，齊景公問政於孔子，孔子對曰：「君君、臣臣、父父、子子。」《孟子·離婁上篇》，孟子曰：「人人親其親，長其長，而天下平。」可知儒家期望以禮制來維持和諧，以倫常來孕育和諧，既寓分異於合同之中，亦借合同來淡化分異，二者共同匯為儒家的人倫關係，並由此達成和諧政治的最終目標。

「五倫」是儒家從千萬種社會關係中，提挈歸納出的五種重要分際。但

～177。

〔註4〕 《通鑑》，卷一九三，貞觀元年，頁6041。

〔註5〕 《尚書》，（四部叢刊初編縮本），卷一，〈堯典上〉，頁6。

〔註6〕 楊聯陞著，段昌國譯，〈報——中國社會關係的一個基礎〉，收入：《中國思想與制度論集》，頁364。

〔註7〕 費孝通，《鄉土中國》，（臺北，綠洲出版社，民國56年），頁26～29。

〔註8〕 孝悌慈愛等倫常概念，是描述儒家社會各種良善關係的辭語，亦即是種種美德。要完成這些美德，自然非禮不可。禮是具體的行為規範，明確界定人與人之間應有的相互關係。關於倫常觀念與禮儀規範的關係，見：瞿同祖，《中國法律與中國社會》，頁220～222。

由於儒家育生於宗法社會，深受宗法社會裏重視血緣與親緣觀念的影響，故將家族關係視爲最基本的人倫大道，而君臣與朋友之倫，雖亦有舉足輕重的地位，仍只是家族關係的擴大與延伸。〔註9〕此種根源於宗法時代的親親精神，不但爲傳統社會醞釀出濃厚的家族觀念，也說明了儒家的人倫關係是有差距的，尊卑親疏之間節序釐然，確可展露「分殊主義」的特色。

　　家族倫理最重要的表現就是親親精神，這種精神亦隨著人倫關係的推演而入於政治領域。親親政策就是傳統政治的一項常規，也是史家稱許的治道，顧炎武即曾曰：「自古帝王爲政之道，莫先於親親。」〔註10〕只是當親親精神經過一番政治運用後，似已不再像儒家所想的那麼單純了。

　　唐初猶有崇尚門第的風習，極端重視家族聲望的提高，家族命脈的延續。唐太宗可以降封宗室疏屬無功者，卻不能除其封爵，〔註11〕這正是孟子所謂的：「親之欲其貴也，愛之欲其富也。」〔註12〕就臣屬而言，門蔭制度除了有崇德報功的用意，也是本著親親原則，爲保障家族利益而設的極爲優惠的制度。〔註13〕至若唐律的八議，雖取於「刑不上大夫」之旨，仍不能不說是一種對官人及官親的殊遇。〔註14〕常制之外，太宗還不時施予殊恩？如：房玄齡、杜如晦疾篤，太宗遷授其子官位，使二人及目見其通顯，以遂其傳延門戶的心願。〔註15〕從貞觀君臣賞及其身，惠及其後，相互承認子孫蔭襲之權的行動中看出，在親親原則的煙幕之後，實潛藏著促進家族利益，攫奪政治特權的心理。這種心理多少與親親觀念有些關連，但儒家所強調的家族倫理，應是內睦九族，平章百姓，外協萬邦的，從未有借政治地位來擴張一家私利的意圖。因此，「家齊而後國治」的理想能否眞的推演出和諧政治，是頗有疑問的；而唐初的親親觀念又是否全無被濫用的嫌疑，也是令人懷疑的。

　　在儒家社會裏，故舊可說是與宗親同樣受重視的人倫關係。《論語‧微子

〔註9〕瞿同祖，《中國法律與中國社會》，頁220～221；李樹青，《蛻變中的中國社會》，（臺北，九思出版社，民國67年），頁103。

〔註10〕顧炎武，《日知錄集釋》，卷九，〈宗室〉，頁219。

〔註11〕《舊唐書》，卷六○，〈膠東郡王道彥傳〉，頁2342。

〔註12〕《孟子》，卷九，〈萬章上〉，頁74。

〔註13〕門蔭制度優惠的程度，可由比較科目入仕者的品位而知。如：門蔭入仕者，皇親最高可至從四品下，大臣至正六品上；而科目入仕者，最高止於正八品上。可見門蔭制度是一種爲保障家族利益而設的優惠制度。

〔註14〕戴炎輝，《唐律通論》，頁220～223。

〔註15〕《舊唐書》，卷六六，〈房玄齡傳〉，頁2467；同書同卷，〈杜如晦傳〉，頁2469。

篇》：「周公曰：『君子不施其親，不使大臣怨乎不以，故舊無大故，則不棄也。』」
由於故舊關係的含攝範圍較廣，其影響力也自然大增。運籌帷幄，身居首功
的房玄齡，即曾為秦府舊人求情。《通鑑》卷一九二武德九年：

> 房玄齡嘗言：「秦府舊人未遷官者，皆嗟怨曰：『吾屬奉事左右，幾
> 何年矣，今除官，返出前宮、齊府人之後。』」

而魏徵則更舉前代名王功成不忘故舊的事例，要求太宗布施恩澤，優予錄用。
他說：

> ……此一霸三王，名高前代，豈溺情於近習，曲私於一物哉？蓋理
> 有必然，義不得已也。書曰：人惟求舊。左右等攀附鱗翼，……或
> 力盡鞍甲，恩澤莫霑；或身沒戰場，子孫未錄。群議不息，實由於
> 此。〔註16〕

「報」，是中國社會關係的基礎。〔註17〕而「故舊不遺」，〔註18〕更是儒家所
宗的傳統理念。無論魏徵的說辭是否真為「理有固然，義不得已」，也無論他
的用心是否確合於《尚書》「人惟求舊」的古義，魏徵終是欲借故舊之情來打
動太宗。而這個理由，不但使他的諫諍像是一個立場超然者理性的呼籲，還
使其與太宗的：「當擇賢才而用之，豈以新舊為先後哉」〔註19〕的想法，同為
為政之體。由此吾人亦可了解，何以唐律必著「議故」為八議之一了。

　　總之，儒家的人倫關係是有差距的，而其中以親故關係最受重視，所謂「君
子篤於親，則民興於仁，故舊不遺，則民不偷」。〔註20〕人們甚至還把以「遠間
親」，以「新間舊」，視為眾所當忌的逆事，〔註21〕足見親故關係在儒家社會裏
的重要性了。然而，如果細繹貞觀時人對親故關係的運用，即可發現他們實參
雜了許多維護政治利益的動機在內，而儒家締造和諧政治的本意，不但未明白
地彰顯出來，反因此遭到污染與變質，甚至還頗予人徇私的意味。事實上，儒
家社會並不認為可以徇私親故，他仍理性地要求人們應公正無私，只是他不像
法家那樣強調「有賢不肖而無愛惡」，〔註22〕「不為親戚故貴易其法」，〔註23〕

〔註16〕《魏鄭公文集》，卷二，〈賞舊左右議〉，頁27。
〔註17〕同註6，頁349～372。
〔註18〕《論語》，卷四，〈泰伯篇〉，頁32。
〔註19〕《通鑑》，卷一九二，武德九年，頁6023。
〔註20〕同註18。
〔註21〕《左傳注疏及補正》，隱公三年，頁18。
〔註22〕《韓非子集解》，卷八，〈安危篇〉，頁147。
〔註23〕君知章注，戴望校正，《管子校正》，（臺北，世界書局，民國58年），卷一七，

要求人人在法的權威下一律平等，反而認為「施由親始」，〔註24〕愛有等差，縱
然是「倍法度而任私議」，也未必會失其情實。〔註25〕由於儒家難於泯滅一切人
倫關係的差距，常於不自覺間受到親故的包圍與纏擾，故有時或失去客觀公正
的立場，而應了韓非的：「選其心之所謂賢者」〔註26〕的評語。

　　學者每以「禮」與「法」為儒法思想的最大分野，「禮區分在特殊精神之
下人際關係應有的差距，法明辨在普遍精神之下各人之平等性」。〔註27〕儒法
二家所以會發展出迥然不同的社會形態與施政方式，在他們對人倫關係的看
法上就已明顯的表現出來。

　　儒家的人倫關係本有分殊化的傾向，唐初社會則更存在著一些加深與擴
大其差距的因素。

　　自魏晉南北朝以來，即是一個崇尚門第的社會。「門第」是「家族」在中
古時期所發展出的特殊形態，他同時包含族性、門戶與地望三個條件與屬性。
具有這種特質的「門第」，只有在中國社會才孕育得出，也唯有在中國的中古
時期才真實地存在過。〔註28〕而這種社會形態，對儒家人倫關係的分殊化來
說，實有極鉅大的影響。

　　在門第社會中，士族與寒素之間的分畫甚為嚴格，他們各有自己的生活
方式與社交環境，彼此間殊少互通之處。〔註29〕婚姻就是顯示其親疏關係的
明顯標幟。在當時的社會中，階級內婚不僅為禮俗所支持，且為法律所支持，
政府甚至為此制訂法律，不許士庶通婚。〔註30〕因此在魏晉南北朝時代，高

　　　　　〈禁藏篇〉，頁 290。
〔註24〕　《孟子》，卷五，〈滕文公上〉，頁 46。
〔註25〕　法者，論功而爵祿也。堯舉舜於畎畝之中，未試以事而授之高位，是不以法
　　　　　論智能賢不肖也。商君雖論曰：「不以法論知能賢不肖者惟堯，而世不盡為堯，
　　　　　是故先王知自議譽私之不可任也。」但儒家仍對任私議而不失情實的堯帝子
　　　　　以極高的評價；至若君主的委任責成，也是依憑人治思想來執行的。商君之
　　　　　論，見：朱師轍，《商君書解詁定本》，（臺北，河洛出版社，民國 64 年），卷
　　　　　三，〈修權篇〉，頁 50。
〔註26〕　《韓非子集解》，卷一六，〈難三〉，頁 286。
〔註27〕　黃俊傑，《春秋戰國時代尚賢政治的理論與實際》，頁 28。
〔註28〕　何啟民，〈中古門第之本質〉，收入：氏著，《中古門第論集》，（臺北，臺灣學
　　　　　生書局，民國 67 年），頁 1～5。
〔註29〕　毛漢光，《兩晉南北朝士族政治之研究》，中篇，〈士族保持政治地位之方法〉；
　　　　　王伊同，《五朝門第》，（香港，中文大學出版社，1978 年），頁 92～101。
〔註30〕　如《北史》，卷三〈北魏高宗紀〉和平四年十二月壬寅詔曰：「今制皇族肺腑
　　　　　王公侯伯及士庶之家，不得與百工伎巧卑姓為婚，犯者加罪。」即有階級內

門大族子孫迭相聯婚，士族幾已構成一內婚團體。〔註31〕流風餘韻至唐仍存。舊族雖然衰落，不復冠冕之盛，但仍以先世門第自矜，自為婚姻集團。太宗命修氏族志，例降山東士族等第，即緣此而發。而仕宦新貴竟也以買婚舊門為榮，甚至多輸錢帛，猶被偃仰。〔註32〕可知唐初的門第界限雖然不如南北朝之嚴，舊望與新貴的政治社會地位也漸有混合與重新排併的趨勢，〔註33〕但門第確實是一個畫分人倫關係，促使親疏之別更見明顯的因素。

人倫關係的分殊化不僅表現於時人的社會生活，更進而影響到當時的政治運作。在科舉制度尚未廣為推行前，薦舉終是最佳的選才方式。〔註34〕但因五胡亂華以來，政治上的長期對立，地域上的相互隔閡，使君主們深感求賢困難，故有時不得不借重前朝舊臣的引薦。如《隋書‧李德林傳》：

> 周武帝克齊，入鄴之日，勅小司馬唐道和就（李德林）宅宣旨慰諭……
>
> 道和引之入內，遣內史宇文昂訪問齊朝風俗政教、人物善惡。……
>
> 自此以後，詔誥格式，及用山東人物，一以委之。

薦舉通常含有兩個要素，一是被舉者自身的才幹能力，一是他與舉主須有某種程度，某種方式的交往。薦舉的優點，在借著舉主與被舉者直接、間接的關係，顯巖穴之士，擢真才於不次之位。但因受當時社會形勢的影響，人們尤好議論親疏新故，喜為門地之別，致使其薦舉常帶有結黨營私的意味。大業初，韋雲起就上疏論曰：

> 今朝廷之內多山東人，而自作門戶，更相剡薦，附下罔上，共為朋
>
> 黨，不抑其端，必傾朝政。〔註35〕

事實上，關隴集團的勢力在隋代仍有絕對優勢，〔註36〕山東人物雖然更相剡

婚的意味。

〔註31〕關於高門子弟迭相聯婚，見：毛漢光，《兩晉南北朝士族政治之研究》，頁230～248；關於內婚團體之說，見：瞿同祖，《中國法律與中國社會》，頁130～131。

〔註32〕事見《舊唐書》，卷六五，〈高士廉傳〉，頁2443～2444。何啟民謂唐初社會論士族有雙重標準，亦可由太宗命修氏族志知之。何氏說見：何啟民，〈唐朝山東士族的社會地位之考察〉，收入：《中古門第論集》，頁301。

〔註33〕太宗命修氏族志，就寓有融合新舊門第的用意。

〔註34〕薦舉的種類甚多，像君主的辟召，官吏的推薦，吏民的自行上書等，都可包括在內。

〔註35〕《舊唐書》，卷七五，〈韋雲起傳〉，頁2631。

〔註36〕隋代宰相為關隴人士者占百分之七十二點二，六部長官也有百分之五十六點七，可知隋代的關隴勢力極強。見：Howard J. Wechsler, *Mirror to the Son of*

薦，並不足以對關隴集團有任何威脅，只是當薦舉成爲徇私的代稱時，門地問題看來頗爲嚴重，人們也變得相當敏感，而這種分殊化的人倫關係也就被指爲是朋黨了。

　　唐代在結束了數百年的囂囂亂世後，急於求取賢才，開創新局。雖然，薦舉之弊歷見各代，但在人治思想的籠罩下，在沒有更有效的求才方式前，人們依然深信只要舉主公正無私，那些顧慮都是不必要的。貞觀君臣就表現了對薦舉的高度信心。《冊府元龜・憲官部・選任類》：

> 張行成，太宗貞觀初累補殿中侍御史，糾劾不避權戚，帝以爲能，
> 謂房玄齡曰：「觀古今用人皆因媒介，若行成者，朕自舉之，無先容
> 也。」

對其人能力的賞識，雖然是重要的選任因素，但「用人皆因媒介」，正說明了舉主與被舉者間必然有較特殊或較密切的關係。爲了怕才能之士不能「因媒介」而入朝，唐太宗甚至欲令人自舉。《貞觀政要・擇官篇》，太宗曰：

> 能安天下者，惟在用得賢才。公等既不知賢，朕又不可徧識，日復
> 一日，無得人之理。今欲令人自舉，於事何如？

魏徵恐其會長澆競之風而阻止此事，但已可見仕官之途雖艱，若能攀得一二大臣世冑，必然便捷得多；要是再有同門地望之誼，則將更得援引之利。如岑文本、陳叔達皆爲江南人士，太宗問文本曰：「梁陳名臣，有誰可稱，復有子弟堪引進否？」〔註37〕而陳叔達亦對江南名士薄遊長安者，多所薦拔。〔註38〕又如爲山東豪傑領袖的李勣，史書載曰：「魏徵、高季輔、杜正倫、郭孝恪皆客遊其所，一見於眾人中，即加禮敬，引之臥內，談謔忘倦。及平武牢，獲鄭州長史戴胄，知其行能，尋釋放，竟推薦，咸至顯達，當時稱其有知人之鑒。」〔註39〕岑、陳所熟識、稱引者率多江南人士，而李勣所交遊、推薦者盡皆山東人士，足證唐初社會極重門地，而門地觀念亦已在貞觀政治中發揮著實質上的作用。

　　薦舉是唐代的入仕途徑之一，在開國初期，這種途徑尤其重要。據估計，薦舉約占當時總入仕人數的百分之四十三，高踞首位。〔註40〕故我們由薦舉

Heaven, pp. 212～213.

〔註37〕《大唐新語》，卷六，〈舉賢〉，頁133。

〔註38〕《舊唐書》，卷六一，〈陳叔達傳〉，頁2363。

〔註39〕《舊唐書》，卷六七，〈李勣傳〉，頁2488。

〔註40〕本統計數字是根據毛漢光氏《唐代統治階層社會變動》第四章「入仕途徑之研究」的第一期推算出來的。本書所用的「薦舉」一辭，實同於毛氏之「薦

來觀察時人的結合關係，該是最恰當不過了。薦舉所表現的結合關係極其複雜，門第、地域、友朋、才行等都是其中的一環。透過這些關係，薦舉確能引入不少賢能之士。但利之所在，弊亦或未能免。如《通鑑》卷一九七貞觀十七年：

> 初，魏徵嘗薦（杜）正倫及侯君集亦有宰相材，請以君集爲僕射，
> 且曰：「國家安不忘危，不可無大將，諸衛兵馬宜委君集專知。」上
> 以君集好誇誕，不用。及正倫以罪黜，君集謀反誅，上始疑徵阿黨。

無論魏徵是否原有阿黨之意，他們既同朝爲官，自然接觸頻繁，相知較易，魏徵即非假公濟私，杜、侯二人被援引推薦的機會也總較常人爲多。然而，舉用得宜，薦者固然受人稱贊；若是舉用不當，則難免遭人非議，甚或被認爲是結黨營私。故知人倫關係的發展一旦被分殊化後，人們靈明的心智極易受到矇蔽，要想再做公正客觀的衡斷，自是非常困難了。

儒家社會本較講究親故之情，而貞觀君臣又極重視薦舉，故薦舉或亦被用作引介親故之資：

> （貞觀）三年，太宗謂宰臣曰：「朕今孜孜求士，欲專心正道，聞有
> 好人，則抽擢驅使，而議者多稱彼皆宰相親故，但公等至公行事，
> 勿避此言，便爲形迹。……卿等但能舉用得才，雖是子弟，及有讎
> 嫌，不得不舉。」〔註41〕

於時既對薦舉的倚賴甚深，但又不能完全免於其弊，在此兩難狀態下，太宗只好慰勉宰相要以至公行事了。

儘管唐太宗對大臣的不避親仇，隨才任用，尚具信心，但也對舉親舉舊，請謁囑託的可能情形，深具戒心。貞觀九年易薦制時，太宗命將舉主姓名具與錄奏，或即寓有連保之意。〔註42〕而十年，魏徵就諫止太宗不應以「同心者爲朋黨」，〔註43〕更可見大臣的相互交結，彼此稱引，已然歆動太宗視聽。太宗既有感於朋黨危機，其防弊之心自是不能稍有懈怠了。

儒家的人倫關係本具分殊主義的特色，而唐初的政治社會環境則更加速其發展，他使人們的交往，因著門第、地域、同事、才行等因素的配合長養

辟類」。
〔註41〕 《唐會要》，卷五三，〈舉賢〉，頁913。
〔註42〕 《唐會要》，卷八二，〈冬薦〉，頁1512。
〔註43〕 《舊唐書》，卷七一，〈魏徵傳〉，頁2556。

而益爲密切。這種情形雖然可能予人朋比阿私之感，但並不必然會嚴重影響政治的運作或發生黨爭現象。這一點亦可由最令人矚目的門第問題來觀察。

唐初的門地觀念頗深，政治集團的隱憂也時時存在，〔註 44〕高祖與太宗都曾謹愼地平衡高級官僚的地籍，〔註 45〕而氏族志的修撰，則正是李唐皇室與山東大族，相互爭衡政治社會地位的表示。但是，當時的許多政治問題是無法全從這方面來理解的。根據學者們的分析顯示：朝臣的結合關係既不確定，也不明顯。有相同的社會背景者，未必採取相同的步調；有同一政治傾向者，未必都有相同的社會背景；而不同門第者也相互援引推薦。故他們認爲：臣僚之間的界畫並不顯著，以門地爲基礎的利益集團實不存在。〔註 46〕

由此可知，門第因素雖可引發較特殊的結合關係，但未必就因而產生黨爭，或影響貞觀政務的推展。其主要原因如下：（一）山東、關隴、江南人士充塞於官僚體系中，入仕者既多，意見極難一致，交互錯雜的結合關係，遂混淆了門地的截然分畫；（二）高門支族興衰不定，而攀附士族與改籍、移居之事又頗多，他們既受門風薰陶與地域風尙習染的程度不一，其言動舉止自難具有較典型的門地特色；〔註 47〕（三）政治問題實由多種因素促成，社會風習只是引發問題的一個可能原因，不同的政治態度與人們對權益的重視，

〔註 44〕陳寅恪、谷霽光認爲，政治集團因門地問題而起；牟潤孫則從南北文化的歧見上立論。三氏之說見：陳寅恪，〈記唐代之李武韋楊婚姻集團〉，收入：《陳寅恪先生論文集》，頁 639～664；谷霽光，〈安史亂前之河北道〉，《燕京學報》，第 19 期，（民國 25 年），頁 197～209；牟潤孫，〈唐初南北學人論學之異趣及其影響〉，《香港中文大學中國文化研究所學報》，第一卷，頁 50～83。

〔註 45〕章群與 Wechsler 曾就左右僕射、兩侍中、兩中書令等官的地籍加以分析，發現高祖、太宗都有平衡山東與關隴勢力的用意與政策。參見：章群，〈論唐開元前的政治集團〉，《新亞學報》，第一卷，第 2 期，（1956 年），頁 286～288；H J. Wechsler, "Factionalism in Early T'ang Government," pp. 97～100.

〔註 46〕章群，前引文，頁 281～303；Ibid., pp. 87～120.

〔註 47〕自兩晉南北朝以來，因政治的對立，地域的隔閡，致使各地的社會俗尙各有其較典型的特色，如：山東人尙婚婭，江左人尙文物，關中人尙冠冕，代北人尙貴戚。但是，政治社會狀況變動不定，盛門中也有許多沒落宗親，如王珪少時貧寒，貴後則賑濟宗姻困乏者。而同姓合譜，攀附、冒僞士族者，更是多不勝數，如武德初，高祖命李襲譽等屬籍李唐皇室（《唐大詔令集》，卷六四，頁 355）；《隋唐嘉話》載有爲避時諱，匿名撰譜諜，以去除假冒士族者的故事（筆記小說大觀本，十四編一冊，頁 21～22）。至於士族移居之事，也是數見不鮮，李肇《國史補》謂：「四姓唯鄭氏不離滎陽」，又謂楊氏世居不遷，「天下一家而已」（筆記小說大觀本，二十一編二冊，卷上，頁 55）。門第之變動既如此的劇烈，欲使所謂的大族們符合較典型的門地特色，是極其困難了。

常可使其略去門地之別；〔註48〕（四）人才主義高張，貞觀君臣理性的化除門地歧見。這些因素在防止門地性朋黨問題的發生上，都有某種程度的作用，但第四點對貞觀之治的形成，則有較正面而積極的影響。

　　援賢舉能是其時用人施政的基本態度，在相當程度上，它確可減輕門地社會對政治的壓力，抑制分殊化人倫關係對政治的纏擾。如《新唐書‧杜正倫傳》：

> 魏徵薦其才，擢兵部員外郎。帝勞之曰：「朕舉賢者，非朕獨私，以能益百姓也。我於宗婭故人苟無能，終不得任。」

又，《貞觀政要‧君臣鑒戒篇》，太宗與群臣論末代亂亡之因。太宗曰：

> 夫功臣子弟多無才行，藉祖父資蔭遂處大官，德義不修，奢縱是好，主既幼弱，臣又不才，顛而不扶，豈能無亂？

親故、門第等問題的經常提起，足以顯示這個觀念確有相當的影響力；而援賢舉能的理性精神時時反應在他們的言行中，亦顯示貞觀君臣的處事依然有其客觀的準則，未因親故鄉誼而遂枉法徇私，偏離正道。可見唐初社會的特性，雖然有助於人倫關係的分殊化，卻未見得能引起若何重大的政治波瀾。至少援賢舉能的理性精神，就有助於消解人情的泛濫。

　　政治的運作，必須與社會的價值觀念相互配合，才能維持其穩定與持續。貞觀君臣既能在門地故習中，擺脫其過度的纏擾，又能在社會俗尚的基礎上，發揮其政治理想，這或許就是他成治之因。王夫之曾說：「親親之殺，與尊賢互用而相成，唯唐為得之。」〔註49〕然則「親親用賢之道」，不正是我們了解貞觀之治的要途！

　　人倫關係的分殊化雖然沒有嚴重妨礙政務的推展，但要使他全然不影響政治的運作，也是極其困難的。〔註50〕既然，官僚體系是一種社會制度，成員亦是社會的一份子，唐初社會的特性，自然深入人們的心中，表現在他們的政治行為裏。《舊唐書‧長孫無忌傳》：

〔註48〕 如章群即謂唐初的政治集團，並非由於地域或婚姻關係而成，實因個人為追求權位而致。故同一地域，或有姻親關係者，其黨附的政治集團未必相同。參見：章群，前引文，頁281～303。

〔註49〕 《讀通鑑論》，卷二○，〈唐太宗〉，頁685。

〔註50〕 私誼關係對官僚制度運作的影響，楊慶堃先生曾有概論性的探討。見：C. K. Young, "Some Characteristics of Chinese Bureaucratic Behavior," in *Confucianism in Action*, pp. 156～163.

（高宗）曰：「又聞所在官司，猶自多有顏面。」無忌曰：「顏面阿
私，自古不免。然聖化所漸，人皆向公，至於肆情曲法，實謂必然
此事。小小收取人情，恐陛下尚亦不免，況臣下私其親戚，豈敢頓
言絕無。」

事見於永徽初，但長孫無忌是前朝重臣，其看法猶可視如貞觀時人之所想，
這類事情亦可看作是貞觀時代的延續。顯然地，長孫無忌認爲在不肆情曲法
的情況下，顏面阿私是可被容忍的，而且他也不諱言朝中緣私親故的現象，
僅以「小小收取人情」一語，輕描淡寫地帶過。可見人倫關係的分殊化不是
不存在，也不是沒有出現問題，只是有些人把這種現象視爲當然，以爲只要
稍自斂抑，常存向公之心即可，不必小題大作的指爲政治弊病。

　　分殊化的人倫關係雖然是唐初社會所允許的，而且是普遍存於政治中的
現象。如名相房玄齡以事譴，褚遂良爲申其情，曰：「勳庸無比，委質惟舊，……
不可以一犯一愆，輕示遐棄。」〔註51〕就毫不忌諱地將他與太宗的特殊關係
標示出來，並以此爲求取諒解與體恤的重要理由。但是，這種結合關係如果
濫形擴張，超過了「小小收取人情」的限度，則縱無朋黨阿私之意，也足啓
人疑竇。《舊唐書·魏徵傳》：

或有言徵阿黨親戚者，帝使御史大夫溫彥博案驗無狀，彥博奏曰：「徵
爲人臣，須存形迹，不能遠避嫌疑，遂招此謗。雖情在無私，亦有
可責。」帝令彥博讓徵，且曰：「自今以後不得不存形迹。」他日，
徵入奏曰：「臣聞君臣協契，義同一體。不存公道，唯事形迹，若君
臣上下，同遵此路，則邦之興喪，或未可知。」

人倫關係的分殊化，只應在可被容忍的限度之內，才能運作於政治中。然而，
何者是「群而不黨」，何者是「比而不周」，既沒有客觀標準以資判斷，他們
又不稍避諱地任其在政治上發展，則其被指爲朋比阿私，自是不足爲怪了。
可知唐初結黨營私的疑雲所以經常瀰漫於政治，實與他們對人倫關係的運
用，持著不同的看法，有極大的關係。

　　「人情」存在於各種形態的社會與思想家的意識裏，但他的表現方式與
人們對他的解釋，卻可能大不相同。以法家而言，《韓非子·八經篇》曰：「凡
治天下必因人情。人情有好惡，故賞罰可用。賞罰可用，則禁令可立，而治
道具矣。」〈有度篇〉曰：「能去私曲就公法者，民安而國治；能去私行行公

〔註51〕《舊唐書》，卷六六，〈房玄齡傳〉，頁2464。

法者，則兵強而敵弱。」此所謂的「人情」，乃指順民心的自然趨向而言。法家以爲，法雖因人情的好利惡惡而制訂，但不可因特殊關係而曲法徇私，亦即法令是普遍的、平等的行之於大眾，即或是「小小收取人情」，也是肆情壞法，何況如前所述的：「議者多稱彼皆宰相親故」，這樣有結黨營私之嫌呢？這種觀點就是在儒家社會裏，也可得到一些回響：

> 柳亨爲光祿少卿，太宗每誡之：「日與卿舊親，情素兼宿，卿爲人交
> 遊多，今授此職，宜存簡靜。」〔註52〕

爲官應自檢束，避免故舊之情的干擾，這是儒家社會也有的自覺，只是他的戒愼之心遠過於禁止之意，其目的只在防止緣私濫情，並不像法家那樣杜絕甚嚴，無可寬容。〔註53〕

事實上，儒家對政治上的特殊結合關係議論得很少，而且也未將它視爲極端嚴重的問題。因爲：（一）儒家奉行修齊治平的爲政之道，而親故之情、友朋之義，就很自然而順當地滋長於政治領域中，發展爲較特殊的結合關係；（二）儒家以人治思想爲主，每寄望個人能自律自斷，自制所爲，故其人即使有心向公，在故舊之情社會價值的影響下，或亦不免於「小小收取人情」，而難保持絕對的客觀公正；（三）儒家強調以德化民，從無憑藉「權力」以制臣民的想法，也不曾擔憂過臣下相結，君權下分等情事。易言之，儒家並不把君臣關係視爲唯一可存於政治中的關係，〔註54〕臣民的以義相合，結以成群，不但是可容忍的，甚至還被孔子許爲君子之行。〔註55〕基於這三個因素，儒家對人情的看法與運用，並不像法家那樣地嚴厲苛刻，而是採取較爲寬和親切的態度。這個態度，非唯使人們嚮慕儒家的溫煦敦睦之風，同時，也爲貞觀政治敷衍上一層令人神往的色彩。

從現實政治的發展來看，倫常與禮制似未足以達成儒家和諧政治的理想，而別異與合同之間也總難配合得恰到好處，因此，分殊化的人倫關係一

〔註52〕《册府元龜》，卷六二〇，〈卿監部・舉職〉，頁7460。

〔註53〕孔子、孟子都有濃厚的親親觀念，他們的政治主張，就是在「施由親始」的原則下展開的。至荀子而親親觀念大爲減色，他主張以「禮」來規畫社會地位，實已具有客觀平等的精神，故被視爲儒法之間的過渡人物。參見：黃俊傑，前引書，頁108～109。

〔註54〕法家嚴厲禁止臣下相結，甚至認爲私議善言皆所以動搖法的客觀標準，故「明主之道，臣不得以行誼成榮，不得以家利爲功」，「大臣有行則尊君，百姓有功則利上」，如此的尊君，使法家政治只知有君主，而不容許有其他關係存在。

〔註55〕子曰：「君子矜而不爭，群而不黨」，可見「群而不黨」是儒家稱許的君子之行。

且入於政治領域後，常會發生朋比阿私之論。但如果能透過彼此的知遇深情而泯除君臣間的分際，則此人倫關係的表現將別有一番景象。如《舊唐書‧高士廉傳》：

> （士廉薨）司空（房）玄齡以上餌藥石不宜臨喪，抗表切諫，上曰：「朕之此行，豈獨為君臣之禮，兼以故舊情深，姻戚義重，卿勿復言。」

人類感情的自然流露是最能慰藉人心的，太宗因能以至誠御下，故甚得朝臣們的親附。如魏徵〈述懷詩〉曰：「人生感意氣，功名誰復論。」〔註56〕又曰：「主上既以國士見待，安可不以國士報之乎？」〔註57〕魏徵之所以展盡底蘊，實因深荷太宗國士的禮遇而思有以報之。影響所及，則不僅糾違太宗個人的過失，亦直接有助於政務的推動。

由於他們能「以道相與，以義相正」，「非徒以上下之分相使而已」，〔註58〕故連後世人臣亦莫不追懷、感歎他們的相知之深，而知其所以成貞觀之治。如：《舊唐書‧太宗紀》史臣曰：「以房魏之智，不蹈于丘、軻，遂能尊主庇民者，遭時也。」而權德輿讀太宗賜李靖的倚付兵事，存問疾患的手詔，至流涕曰：「君臣之際乃爾邪！」〔註59〕然則，特殊關係的適切運用所發揮的政治效能，豈是苟薄寡恩，自處於深密無為之地，使人不得窺其心意的法家式君主所能理解的？又豈是唯恃制度與賞罰，令臣下刻板地依循成制的法家式政治所能獲益的？

孟子曰：「徒善不足以為政，徒法不能以自行。」〔註60〕在深歎唐代體制的完備周密之餘，不也應注意這個增進體制運作效能的因素？〔註61〕不也由此而對儒家思想的政治功能有更深切的認識？如果，顧念親故之情與友朋之義是人性情理的自然表現，則它縱然不是儒家社會所獨有，但儒家的人倫關係確是愛此而發，儒家的政治特質也常從這裏表現出來。故這不但是儒法兩家思想的分水源頭，也是我們了解儒家政治社會性質所宜特別注意者。

〔註56〕魏徵，《魏鄭公詩集》，（叢書集成簡編本），頁46。
〔註57〕《舊唐書》，卷七一，〈魏徵傳〉，頁2547。
〔註58〕《唐鑑》，卷六，〈太宗四〉，頁46～47。
〔註59〕《新唐書》，卷九三，〈李靖傳〉，頁3816～3817。
〔註60〕《孟子》，卷七，〈離婁下〉，頁55。
〔註61〕官僚制度的高度發展，將不免流於形式主義，而忽略成員的內在需要。故善加培養與成員的良好關係，實有益於官僚制度的運作。參見：Robert K. Merton, "Bureaucratic Structure and Personality," in *Social Theory and Personality*,（The Free Press, 1957）, pp. 195～206.

　　總之，唐初的社會特性實有助於人倫關係的分殊化。而門地現象及由其所衍生的婚姻、文化等因素，則只是人倫關係分殊化的表徵，他說明了人們的結合方式與彼此的相互關係。在貞觀時代，人倫關係的分殊化雖曾予人結黨營私之感，但貞觀政務的推展，在君臣們舉用賢才的意識下，在唐太宗力謀與群臣和諧相處的情況下，並沒有受到重大的滯礙。故其時人倫關係的分殊傾向雖甚明顯，似仍未足深爲時病。

第二節　朋黨問題與貞觀君臣的處理態度

　　儒家將和諧政治的理想，寓於有節度的人倫關係。但在現實政治裏，要維繫一有節度的人倫關係並不是件容易的事，貞觀時代的朋黨危機，就常起於人倫關係的過度發展。其實，要靠有節度的人倫關係來維持和諧，是一種相當理想化的想法，因爲政治問題是很難與倫理問題合爲一體的，政治問題須由政治方式來解決，倫理方式或許對他有所幫助，畢竟還是不能觸及政治問題的本質。吾人由歷來朋黨問題之多，而儒者往往束手無策，甚至還身陷其中，即可窺知這個問題極其複雜，絕不是靠著倫常與禮制，就能維繫一有節度的人倫關係，而締造出儒家和諧政治的理想的。貞觀時代雖然表面平靜，內部卻潛伏著許多危機，其中最令人困擾的就是朋黨問題。不過，當時的朋黨問題實別有一番特殊的形貌，貞觀君臣在處理這個問題上也有很特殊的態度，值得我們特予提出討論。

　　貞觀政治上的朋黨之論頗盛，其對朝臣的影響也很大，當時的重臣幾乎無一不被譖毀之言的。唐太宗作〈威鳳賦〉酬謝長孫無忌的佐命之功，其辭有：「仰喬枝而見猜，俯修條而抱蠹。同林之侶俱疾，共幹之儔並忤。」〔註62〕就是描述長孫無忌的處境。自認受新進用事者的排抑而怏怏不得志的蕭瑀，曾屢次劾奏房玄齡、魏徵、溫彥博等，甚至控訴玄齡以下同中書門下內臣，「悉皆朋黨比周，無至心奉上」。〔註63〕因辯說遂參帷幄的魏徵，生前已被誣爲阿黨、謀反，卒後亦遭讒毀，至有停婚仆碑之事。〔註64〕可見其時的謗議紛然了。

　　唐太宗並不漠視朝中惶惑不安的情形，他警覺地、審愼地處斷這類事情，

〔註62〕　《舊唐書》，卷六五，〈長孫無忌傳〉，頁 2448。
〔註63〕　《舊唐書》，卷六三，〈蕭瑀傳〉，頁 2401～2402。
〔註64〕　《新唐書》，卷九七，〈魏徵傳〉，頁 3868～3881；《貞觀政要》，卷六，〈杜讒邪篇〉，頁 18。

以免臣下希旨窺意，反而助長其弊。他曾說：

> 朕開直言之路，以利國也，而比來上封事者多訐人細事，自今復有
> 爲是者，朕當以讒人罪之。〔註65〕

讒言既交相而至，積非亦漸成是，故太宗疑忌大臣之事時有所聞，而大臣也深感朋黨與讒毀的壓力。魏徵就針對這種現象與影響，提出他的看法：

> 昔貞觀之始，聞善若驚，暨五六年間，猶悅以從諫。自茲厥後，漸
> 惡直言，雖或勉強，時有所容，非復曩時之豁如也。謇諤之士，稍
> 避龍鱗；便佞之徒，肆其巧辯。謂同心者爲朋黨，謂告訐者爲至公，
> 謂強直者爲擅權，謂忠讜者爲誹謗。謂之朋黨，雖忠信而可疑；謂
> 之至公，雖矯僞而無咎。強直者畏擅權之議，忠讜者畏誹謗之尤。
> 至於竊斧生疑，投杼致惑，正人不得盡其言，大臣莫能與之諍。熒
> 惑視聽，鬱於大道，妨化損德，其在茲乎？〔註66〕

他以個人的聞見與親身體驗來陳情，自然備盡忠直者委屈之意。以這樣一個爲太宗親重的大臣，猶有求全之毀的感受，可見當時確實存在著結黨營私的問題，並已爲力於求治，充滿蓬勃之氣的政壇，覆上一層陰鬱的疑雲。

歷代君主無不深疾臣下結黨，而臣下也無不忌諱黨私之嫌。既然這是一個很具危險性的問題，君主爲了早知下情，則常恃近臣察防；臣下爲了爭取寵祿，也借機媒孽他人之短。故讒毀常與朋黨問題相並而生，且有推波助瀾，使其愈演愈烈之勢。《通鑑》卷一九三貞觀五年：

> 權萬紀與侍御史李仁發，俱以告訐有寵於上，由是諸大臣數被譴怒。
> 魏徵諫曰：「萬紀等小人，不識大體，以訐爲直，以讒爲忠。陛下非
> 不知其無堪，蓋取其無所避忌，欲以警策群臣耳。而萬紀等挾恩依
> 勢，逞其奸謀，凡所彈射，皆非有罪。陛下縱未能舉善以勵俗，奈
> 何昵姦以自損乎！」

太宗訪尋毀譽於小人，「其意蓋慮大臣之專權，而恃小臣之察以防之也」，〔註67〕但此舉實會助長朝中的緊張氣氛。因爲人都有患得患失的心理，營營求利者固然覬覦權位，身居要津者亦有失勢之患。而政治紛爭的緣起、擴大，何嘗不因人們有這樣的私心利欲在作祟？又何嘗能全然訴諸理性呢？

〔註65〕《通鑑》，卷一九四，貞觀十年，頁632。
〔註66〕《舊唐書》，卷七，〈魏徵傳〉，頁2556。
〔註67〕《貞觀政要》，卷二，〈直諫篇〉，頁39。

　　交競雙方都向太宗提出控訴，也都極力爭取他的支持。在「臣僕把權的官僚政治」中，〔註 68〕我們不應對君主的決斷力做過高的評價，但得君寵信總是人臣躍居高位，掌握政權的終南捷徑。唐太宗就曾深歎爲君之難，他說：

> 人主惟有一心，而攻之者甚眾。或以勇力，或以辯口，或以諂諛，
> 或以姦詐，或以嗜欲，輻湊攻之，各自求售，以取寵祿。人主少懈，
> 而受其一，則危亡隨之，此其所以難也。〔註 69〕

其實，攻其心者未必只是讒毀小人，魏徵等大臣的急於自辯，也是爲了要博取太宗的寵信，並進而鞏固自己的權位，如魏徵的〈韋宏質妄議宰相疏〉曰：

> 韋宏質賤人，豈得以非所宜言，上黷明主，此是輕宰相矣。……望
> 陛下知其邪計，從朋黨而來，每事明察，過絕將來之漸，則朝廷安
> 靜，邪黨自銷矣。〔註 70〕

宰相之體誠不可輕，但不加究詰的驟稱其爲奸邪之人，則魏徵豈無妄斷之嫌與阿黨之意？「予豈好辯也哉？予不得已也。」魏徵的駁擊對方，正所以維護我輩，若謂其全然向公，毫無權位欲念與私心，實難令人置信。

　　雖然，政治行爲的動力不盡在於權位，但我們經常可在那些堂皇說辭的背後，尋出其求取寵祿的目的。朋黨問題之所以令人心悸，而且一發難以遏止，即與人們求取權位的心理有極密切的關係。近世研究貞觀朋黨問題的學者很多，有從門地因素來立論的，有從文化傳統來解釋的，也有從婚姻關係來著手的，眾說紛紜，各有所見，但原始究終，若歸本於個人追求權位，則似乎更近於情實，也更能得其理體。〔註 71〕

　　人倫關係的分殊化雖曾予貞觀政治以朋黨的危機感，但除了繼承事件外，學者們幾乎只有從門地方面，或由其所衍生的因素上來討論該問題，而似是別無其他途徑可尋。至於一般黨爭中常見的因素如：道德、學術、政策、君主猜忌等，在貞觀時代並不甚顯著，其中原因爲何，實頗耐人尋思。

　　無論貞觀時代朋比阿私的指論因何而起，目的何在，也無論被控者是否有阿私之嫌，它與歷代的朋黨之爭確是略有不同。如，《通鑑》卷一九三貞觀三年：

〔註 68〕見：張金鑑，《中國文官制度史》，頁 3。
〔註 69〕《通鑑》，卷一九六，貞觀十七年，頁 6185。
〔註 70〕《魏鄭公文集》，卷一，頁 7。
〔註 71〕如章群即曾就個人追求權位的觀點，批駁陳寅恪等用門地與婚姻關係來解釋
　　　　政治集團的說法。見：章群，前引文，頁 281～303。

> 房玄齡、王珪掌內外官考，治書侍御史萬年權萬紀奏其不平，上命
> 侯君集推之。魏徵諫曰：「玄齡、珪皆朝廷舊臣，素以忠直爲陛下所
> 委，所考既多，其間能無一二人不當！察其情，終非阿私。若推得
> 其事，則皆不可信，豈得復當重任！且萬紀比來恆在考堂，曾無駁
> 正，及身不得考，乃始陳論。此正欲激陛下之怒，非竭誠殉國也。
> 使推之得實，未足裨益朝廷，若其本虛，徒失陛下委任大臣之意。
> 臣所愛者治體，非敢苟私二臣。」上乃釋不問。

顯然，魏徵與權萬紀對這類問題是有著不同的處理態度，究竟他們應以察尋
事實真象爲解決爭議之道？還是以明於事理，務存治體，爲其所當行？縱觀
歷代黨爭的愈演愈烈，無不與雙方意氣用事，毛舉細過有關。魏徵務存治體
的觀點，對消解黨爭而言，實有極深刻的意義。但房、魏等並非全無阿私之
意，甚至還會曲意的黨同所好。《舊唐書‧蕭瑀傳》：

> 瑀嘗薦封倫於高祖，高祖以倫爲中書令。太宗即位，遷尚書左僕射，
> 封倫爲右僕射。倫素懷險詖，與瑀商量將爲可奏者，至太宗前盡變
> 易之。于時房玄齡、杜如晦既新用事，疏瑀親倫，瑀心不能平，遂
> 上封事論之，而辭旨寥落。太宗以玄齡等功高，由是忤旨。……與
> 宰臣參議朝政，瑀多辭辯，每有評議，玄齡等不能抗，然心知其是，
> 不用其言，瑀彌怏怏。玄齡、魏徵、溫彥博嘗有微過，瑀劾之，而
> 罪竟不問，因此自失。

其實，倍受房、魏等排抑的蕭瑀，是最以端正鯁亮著稱的；而前例所舉，深
令大臣嫉恨的權萬紀，實爲強正廉約，不避豪貴的介士，《舊唐書》還把他列
入〈良吏傳〉。反觀房、魏等人，既曾被蕭瑀等劾過，又常於共參朝事時，明
知其是而有意不用其言。故知所謂的「訐直者」，其言未必不盡情實，其行也
未必不合法度；而所謂的「忠讜者」，既不能全無過失，亦略有阿私之嫌。

　　事實上，朋比阿私的爭議，只爲貞觀政治激起些許浪花，並不見其氾濫
無歸；而常被指爲結黨營私的大臣們，也不因謗議紛然而失去太宗的寵信。《貞
觀政要‧杜讒邪篇》：

> 尚書左僕射杜如晦奏言：「監察御史陳師合上『拔士論』，兼人之思
> 慮有限，一人不可總知數職，以論臣等。」太宗謂戴胄曰：「朕以至
> 公理天下，今任玄齡、如晦，非爲勳舊，以其有才行也。此人妄事
> 毀謗，止欲離間我君臣。……」於是流陳師合於嶺外。

戈直論曰：

> 陳師合上《拔士論》，謂「一人不可總知數職」，斯乃天下之確論也。
> 如晦遽以爲譏論臣等，太宗遽以爲毀謗離間，至流師合於嶺外，亦
> 可謂冤也已。〔註72〕

不論太宗的處理方式是否確當，已見房杜等人實讓太宗覺得可以深託國事。
又如，同書同篇：

> 魏徵爲秘書監，有告徵謀反者，太宗曰：「魏徵昔吾之讎，祇以忠於
> 所事，吾遂拔而用之，何乃妄生讒構。」竟不問徵，遽斬所告者。

房玄齡亦曾有同樣的遭遇。〔註73〕大抵而言，君主對謀反之事的反應最敏感，
也最激烈。太宗竟不問情由地遽斬告者，則魏徵等自有深令太宗信賴的原因。

浸潤之譖是最易危害政治和諧的，爲了防杜奸邪，太宗一方面自覺地不
爲妄佞小人所欺，他自言：「朕觀前代讒佞之徒，皆國之蟊賊也。或巧言令色，
朋黨比周，若暗主庸君，莫不以之迷惑。」〔註74〕另一方面又欲忠讜者隨時
戒惕之，故曰：「朕每防微杜漸，用絕讒構之端，猶恐心力所不至，或不能覺
悟。……此實朕所望於群公也。」〔註75〕在群臣中，太宗最以爲有愷悌君子
之風的當屬魏徵了；而魏徵在平息譖毀之言上亦有其獨到的見解。《貞觀政
要・公平篇》，徵曰：

> 爲人君者，在乎善善而惡惡，近君子而遠小人。善善則君子進矣，
> 惡惡則小人退矣。近君子則朝無粃政，遠小人則聽不邪私。小人非
> 無小善，君子非無小過。君子小過，蓋白玉之微瑕；小人小善，乃
> 鉛刀之一割。鉛刀一割，良工之所不重，小善不足以掩眾惡也；白
> 玉微瑕，善賈之所不棄，小疵不足以妨大美也。

朋黨常借讒毀而爲之，讒毀則必訐人之惡。夫人皆有愛憎之心，能夠「愛而
知其惡，憎而知其善，去邪勿疑，任賢勿貳」〔註76〕者，許是百不得一，少
之又少。《禮記・表記》，子曰：「仁之難成久矣，唯君子能之。故君子不以其
所能者病人，不以其所能者愧人。」就是要人有嚴以律己，寬以待人的心胸
器度。魏徵的君子小人之辯，在提升道德人格的要求上，雖與儒家理想相去

〔註72〕《貞觀政要》，卷六，〈杜讒邪篇〉，頁18。
〔註73〕《通鑑》，卷一九七，貞觀十九年，頁6217。
〔註74〕《貞觀政要》，卷六，〈杜讒邪篇〉，頁15。
〔註75〕同上註。
〔註76〕《舊唐書》，卷七一，〈魏徵傳〉，頁2561。

甚遠，但在體恤細過，宥赦微愆上，亦有與其暗合之處。基於「小疵不足以妨大美」的看法，魏徵進而指出：

> 然則君子不能無小惡，惡不積無妨於正道；小人或時有小善，善不
> 積不足以立忠。今謂之善人矣，復慮其有不信，何異夫立直木而疑
> 其影之不直乎？雖竭精神，勞思慮，其不可亦已明矣。〔註77〕

子夏曰：「大德不踰閑，小德出入可也。」〔註78〕歷代黨爭中，道德人格的追求常是人們議論的重點，而君子小人之辯，更是一個令人困擾的問題。〔註79〕儒家思想在當時雖為主要的政治理念，但仍無法居於思想上的絕對優勢。〔註80〕而時人又不曾積極倡發「道德政治」的理想，反認為德性的光輝，須靠政治活動來彰顯，來落實。〔註81〕故魏徵的觀點雖代表他個人的卓識，實亦有客觀的政治思想為背景。而貞觀君臣在這種環境的孕育下，也自易引發出有同於魏徵的論見。《冊府元龜‧銓選部‧振舉類》：

> 高季輔為吏部尚書，韋思謙弱冠舉進士，累補應城令。及歲預選，
> 思謙在官頗有公事懲殿，舊制多不進官。季輔曰：「自居選部，今始
> 得此一人，豈以小疵而棄大德。」特超授監察御史。

蕭瑀屢謂諸大臣嘗有過失，太宗則曰：

> 夫人不可求備，當捨其短而用其長。〔註82〕

儒者嘗曰「無求備於一人。」〔註83〕所謂的「無求備」，當然不僅指道德人格，但道德人格應是其中很重要的一項。貞觀君臣雖然重視德行，但似不苟求人人必具完美人格，也不願以公事上的微過而棄其才用。無論他們這種自覺，

〔註77〕《舊唐書》，卷七一，〈魏徵傳〉，頁2556～2557。

〔註78〕《論語》，卷一○，〈子張篇〉，頁89。

〔註79〕歷代的朋黨問題，常逃不出君子小人之爭，但由於君子黨與小人黨的相互苟訕，終至清濁難分，而同無益於政事。關於黨爭中君子小人之辨的議論，可參考：徐賓，《歷代黨鑑》，（臺北，廣文書局，民國63年）；關於品類之爭的分析，可參考：雷飛龍，《漢唐宋明朋黨的形成原因》，頁1：5～10，5：1～4；關於君子小人品類的分畫及其意義，可參考：James T. C. Liu, "Some Classifications of Bureaucrats in Chinese Historiography," in *Confucianism in Action*, pp. 165～181.

〔註80〕這可從三教講論，三家鼎足而立的情形，了解到儒家的確實影響力。

〔註81〕漢唐儒者咸認為政治活動是落實道德理想最有力、最便捷的途徑。這個看法，可以《貞觀政要》這部書為代表。見：黃俊傑，《內聖與外王──儒家傳統中道德政治觀念的形成與發展》，頁259～263。

〔註82〕《舊唐書》，卷六三，〈蕭瑀傳〉，頁2403。

〔註83〕《論語》，卷九，〈微子篇〉，頁87。

是導因於客觀環境的影響，還是爲肆應政局而推演出來的，抑或是爲掩飾自己猶可疵議的作爲而發的，他們既承認個人難有完美人格，自然不會再直論心術，發生無謂的道德爭議；更不會不權衡形勢，求全責備，欲孤持道德理想來支配政治了。故這對安定政局而言，無疑會有很大的作用。

「不求備」這個意念，只能消極地平息紛擾。在施政上更具積極效益，且與之互爲表裏的，則是貞觀君臣很有「識大體」的認識。子曰：「君子或有不仁者焉，未見小人而仁者。」〔註84〕又曰：「先有司，赦小過，舉賢才。」〔註85〕儒家明於大事，寬於小過的想法，必對其時「識大體」的治道有所啓發。魏徵曾說：「夫雖君子不能無過，苟不害於正道，斯可略矣。」〔註86〕這種衡情度理，不務苛細，追尋「正道」的意識，在當時是相當普遍的。如：

> 御史大夫杜淹奏：「諸司文案恐有稽失，請令御史就司檢校。」上以問封德彝，對曰：「設官分職，各有所司。果有愆違，御史自應糾舉；若徧歷諸司，搜摘疵纇，太爲煩碎。」淹默然。上問淹：「何故不復論執？」對曰：「天下之務，當盡至公，善則從之，德彝所言，眞得大體，臣誠心服，不敢遂非。」上悅曰：「公等各能如是，朕復何憂！」〔註87〕

又如：

> 尚書左丞韋悰句司農木橦價貴於民間，奏其隱沒。上召大理卿孫伏伽書司農罪。伏伽曰：「司農無罪。」上怪，問其故，對曰：「只爲官橦貴，所以私橦賤。向使官橦賤，私橦無由賤矣。但見司農識大體，不知其過也。」上悟，屢稱其善，顧謂韋悰曰：「卿識用不逮伏伽遠矣。」〔註88〕

能顧全整個政治形勢，考慮其影響與後果，並說之以理，動合於義，才可使人心悅誠服，不致因各有所偏執而成爲意氣之爭。故識大體的觀念，或可化除許多引起黨爭的機會，亦有助於平抑與消解政治問題的產生與擴大。貞觀時代，朝臣們曾爲了封禪、封建與征討異族等政策性問題而發生激辯；諸司之間曾因職務上、制度上的對立而引起磨擦；在學術上，儒釋道三教既常相

〔註84〕轉引自：《舊唐書》，卷七一，〈魏徵傳〉，頁2556。
〔註85〕《論語》，卷七，〈子路篇〉，頁56。
〔註86〕《通鑑》，卷一九五，貞觀十一年，頁6131。
〔註87〕《通鑑》，卷一九二，貞觀元年，頁6032。
〔註88〕《通鑑》，卷一九五，貞觀十四年，頁6158。

互校論，而諸儒又每每各執所是，駁難對方；至若君臣之間，太宗並未能去除其猜忌之心，而朝臣亦曾以訐人之惡來邀上寵。在此漫長的二十三年中，各類大小事端不一而足，若謂貞觀時代能上躋往古熙睦泰和之治，實難令人置信。然若退而言之，吾人並不能從其中看出明顯的結黨現象，〔註89〕也不足以從政治運作中觀察出重大的滯礙情形，甚至還無法減損後世對貞觀之治的企慕之心，其中原因為何，實難做很確切的解釋，而這或許就與「識大體」的政治意識在發生著作用，有著某種程度的關連。

　　「不求備」、「識大體」的概念並非貞觀時代所獨有，只是很少能像他們那樣入於意識層面，經常提出議論，並付諸行動。在大臣中，房玄齡就能「不以求備取人，不以己長格物」；〔註90〕長孫無忌亦能包容「小小收取人情」者；自謂「交不苟合」，「嫉惡好善」的王珪，其行政態度是：「性不苛察，臨官務舉綱維，去甚不可者。」〔註91〕而魏徵則更常勸太宗要「識大體」。如：

> 言事者多請上親覽表奏，以防壅蔽。上以問魏徵，對曰：「斯人不知大體，必使陛下一一親之，豈惟朝堂，州縣之事亦當親之矣。」
> 〔註92〕

不僅親信大臣們有此認識，就是太宗本人也有不務苛細，務存大體的襟懷。如其赦免將陷酷刑的罪官時曰：「為國者先教化而後刑罰，億兆之人豈能無過，吾去其太甚耳。」〔註93〕慰喻憤激不平的蕭瑀曰：「卿之守道耿介，古人無以過也。然而善惡太明，亦有時而失。」〔註94〕觀此則知時人的宦海浮沈及他們所採行的治道，並非全然決於太宗個人的好惡，而實有一種政治理想，一種明智理性的精神在潛形指引著他們。〔註95〕由於太宗與大臣們同契相協，信服「不求備」、「識大體」的理念，故其在政治上的作用必然大增，對

〔註89〕 Wechsler 在分析當時的幾件重大事端，以及朝臣之間的關係後認為，衝突主因嫉妒與個人性格而起，並無明顯的朋黨迹象可尋。詳見：H. J. Wechsler, "Factionalism in Early T'ang Government," pp. 87～120.

〔註90〕 《舊唐書》，卷六六，〈房玄齡傳〉，頁2461。

〔註91〕 《舊唐書》，卷七○，〈王珪傳〉，頁 2527～2529；《新唐書》，卷九八，〈王珪傳〉，頁 3889。

〔註92〕 《通鑑》，卷一九五，貞觀十四年，頁 6163。

〔註93〕 《冊府元龜》，卷四一，〈帝王部・寬恕〉，頁 466。

〔註94〕 《舊唐書》，卷六三，〈蕭瑀傳〉，頁 2402。

〔註95〕 孫國棟先生認為，貞觀政治有內在理性精神的指引，其論甚詳，極具參考價值。但於「不求備」、「識大體」二點，似未明確提出。孫氏說見：〈唐代三省制之發展研究〉，《新亞學報》，第三卷，第 1 期，頁 42～50。

和諧政情而言，也必有極大的助益，這或可使朋黨危機對政務、人心的影響減到最低程度。

朋黨問題在歷代都曾發生過，他們也各以不同的形態表現出來。如前文所論，貞觀君臣亦深爲這個問題困擾著。其實，謗議囂囂未必皆因黨私而起，像權萬紀、陳師合或即有冤屈難陳之苦。而朋黨危機的產生，在基本上仍是以個人求取權位爲主要原因，社會特性雖也給予他不小的影響，依然是居於次要的助發地位。不過，貞觀政治並沒有因朋黨危機而大爲人所詬病，貞觀之治反而爲人所津津樂道，這或許是因爲他們有較特殊的處理態度，不但掩飾了大臣自我求取位祿的心理，與其近乎徇私的作法，並可以義正嚴詞的指責「告訐者」是：「不識大體，以訐爲直，以讒爲忠。」〔註96〕同時，也因著這個「不求備」，「識大體」的爲政之道，而在相當程度上轉化了朋黨問題的性質，使他在無形中褪下一般黨爭所常見的因素，如：學術、道德、君主、政策等，而變得似乎較爲單純。此所以學者們除了由繼承之爭來觀察人們求取權力、衛護權力的動機外，多只有從代表唐初社會特性的門地方面來討論該問題，而難再找出較明確的指標。〔註97〕

朋黨危機雖然使貞觀政治出現一些不尋常的關係與不和諧的現象，但這只若碧海之微波，並不足以損其深遠寧靜的韻緻。真正出現較明確的結合關係與衝突現象，並引起人們震撼的，應是繼承問題。

繼承問題是一個最敏感，最易發生，又最難的解決的事件，〔註98〕君臣任何一方的態度與動向，都會使他發生變化，而且往往一觸即發，一發不可收拾。

貞觀時代的繼承問題醞釀甚久，大抵自長孫皇后死後即出現，至十六、七年間而成爲極端嚴重的問題。有的學者以爲，貞觀中葉的朋黨相結皆託於儲位之爭。〔註99〕這個觀點雖然大體可信，但如前文所論，繼承問題顯然不

〔註96〕 《通鑑》，卷一九三，貞觀五年，頁6088。

〔註97〕 學者們無論是從政治制度、政策歧見、婚姻關係、文化傳統來討論朋黨問題，終不外歸結出兩個因素，一是門地，一是求取權位。大體來說，議論權益之爭時多與繼承問題有關，若僅泛論唐初的政治集團，則除門地因素外，難再找出較明顯的指標。

〔註98〕 討論繼承問題的文章很多，最有系統的分析其原因、性質、次數、影響者爲：Dison Hsueh-feng Poe, "Imperial Succession and Attendant Crisis in Dynastic China-An Analytic-quantitative Study through the Five- element Approach, 《清華學報》，新八卷，第2期，（民國59年），pp. 84～153.

〔註99〕 如孫國棟，〈唐貞觀永徽間黨爭試釋〉，《新亞書院學術年刊》，第7期，（1965

足以含括朋黨危機，像蕭瑀與房、魏之不諧，魏徵被指爲阿黨親戚，長孫無忌的屢以見嫉懇辭機密等，都與繼承問題無關。可知朋黨危機不必因繼承之爭而起，繼承之爭卻可能使朋黨危機日形嚴重，乃至貞觀中葉以後，繼承之爭已幾可融攝朋黨問題。

貞觀時代的繼承問題，起於魏王泰爭儲君之位。太宗以泰好士愛文學，將令就府別置文學館。泰素負材能，廣延時俊，潛懷奪嫡之計。承乾的儲位雖然早經確定，但好聲色，漫遊無度，且患足疾，行甚艱難。魏王泰既有當時美譽，太宗又愛重之，承乾懼有廢立，於是各樹朋黨，遂成釁隙。

承乾與泰之爭，引起君臣的極度關切，甚至連太宗的無意之言與細微舉動，也被大臣視爲有特殊意義，恐其會招致禍患而正言諫止之。如：太宗輕言諸王皆有嗣立機會，魏徵諫曰：「自周以降，立嫡必長，所以絕庶孽之窺覦，塞禍亂之源本，有國者之所深愼。」〔註100〕魏王泰月給踰太子，褚遂良疏曰：「聖人制禮，尊嫡卑庶，……庶子雖愛，不得踰嫡，所以塞嫌疑之漸，除禍亂之源也。」〔註101〕

禮制與倫常，同爲儒家人倫關係之兩柄。在政治體系中，禮制尤爲綱紀秩序，維持和諧之所賴。《禮記‧禮運篇》曰：「禮達而分定。」〈曲禮上〉云：「君臣上下父子兄弟非禮不定。」《左傳‧僖公十一年》亦曰：「禮不行則上下昏。」魏、褚等引禮制的定分觀念來節度太宗與魏王泰，其危言直辭雖令人不得不伏首，然彼等衛護太子之心，及其與太子間不同尋常的關係，似已略有徵訊，依稀可知。〔註102〕

中國的家族社會深具宗法精神，長幼尊卑之間判然畫分。而身當繼承大統的皇室，支庶既甚繁多，爲了防止淆亂本根，更須嚴別嫡庶。大體而言，傳統政治立嗣的原則是：〔註103〕「立嫡以長不以賢」，「立子以貴不以長」。〔註104〕承乾既是嫡長子，在宗法規制下，其身分自是無人可與匹敵。然而，太子之位雖已早定，嫡庶之別仍是他們急於討論的課題。除了因爲魏王泰本

年），頁39。

〔註100〕《舊唐書》，卷七一，〈魏徵傳〉，頁2558～2559。

〔註101〕《通鑑》，卷一九六，貞觀十六年，頁6174。

〔註102〕亦見：章群，前引文，頁294～295。

〔註103〕參見：高達觀，《中國家族社會之演變》，（臺北，里仁書局，民國71年），頁26～29。

〔註104〕《春秋公羊經傳解詁》，（四部叢刊初編縮本），卷一，隱公元年，頁2。

身條件好，具備「賢」的質性，而足與承乾相爭衡外，更因爲太宗已開奪嫡先例，魏王泰又甚得太宗寵愛，故太宗雖然聽從諫言，不令其處嫌疑之地，並明白表示無易儲之心，〔註105〕但終不能安息承乾的疑懼，魏王泰的野心，以及朝臣的惶惑。如太宗曾曰：

> 聞外間士人以太子有足疾，魏王穎悟，多從遊幸，遽生異議。徼幸之徒，已有附會者。太子雖病足，不廢步履。且禮，嫡子死，立嫡孫。太子男已五歲，朕終不以孽代宗，啓窺窬之源也。〔註106〕

由此可知，繼承問題所以會愈演愈烈，太宗的處理態度曖昧難明，承乾與泰心存芥蒂，各有所圖之外，徼幸者的鼓惑煽動，要結朝臣，以及朝臣的妄自附託，借謀政治前途，都使得朝中黨派分立，儲位之爭日益嚴重，而最後只有逼迫承乾走上謀逆之路。

繼之而起的是立太子問題，它本是承乾事件的餘波，但朝臣的憂慮感更甚於往昔，他們所表現的態度也較前激烈。

承乾與泰相爭時，褚遂良等咸以儒家禮制的定分觀念，迫使太宗抑制魏王泰的野心與驕奢，並借此掩飾自我植黨之意。是以他們雖未明顯地黨同承乾，實與他站在同一立場。承乾既敗，儲位誰屬則大成問題。魏王泰一派早已自成體系，無容長孫無忌等置足。長孫等爲了持權固位，不得不別有擁立，以與之相抗。《舊唐書‧褚遂良傳》：

> 魏王泰入侍，太宗面許立爲太子。……遂良進曰：「……陛下昔立承乾爲太子，而復寵愛魏王，禮數或有踰於承乾者，良由嫡庶不分，所以至此。殷鑑不遠，足爲龜鏡。陛下今日既立魏王，伏願陛下別安置晉王，始得安全。」太宗涕泗交下曰：「我不能。」

論年長、論才能、論親愛，魏王泰無一不先於晉王治，太宗即使立之，亦非不可。但長孫無忌一派爲自身計，不得不堅持己見，擁護晉王治爲太子。《舊唐書‧長孫無忌傳》：

> （太宗）御兩儀殿，群官盡出，獨留無忌及司空房玄齡、兵部尚書李勣，謂曰：「我三子一弟，所爲如此，我心無憀。」因自投於牀，

〔註105〕其時群臣日有疑議，太宗聞而惡之，謂侍臣曰：「方今群臣忠直無踰魏徵，我遣傅太子，用絕天下之疑。」乃命魏徵臥護之。事見：《通鑑》，卷一九六，貞觀十六年，頁6177。

〔註106〕《通鑑》，卷一九六，貞觀十七年，頁6183。

　　抽佩刀欲自刺。無忌等驚懼，爭前扶抱，取佩刀以授晉王。無忌等
　　請太宗所欲，報曰：「我欲立晉王。」無忌曰：「謹奉詔。有異議者，
　　臣請斬之。」太宗謂晉王曰：「汝舅許汝，宜拜謝。」晉王因下拜。

無論太宗本欲立何人，長孫無忌等顯然是在脅迫太宗立晉王治為儲君。故知
默默無聞，庸弱不堪的晉王治，〔註107〕實得位於長孫無忌等與魏王泰派權力
之爭的間隙中。

　　儲位確立後，繼承爭議雖可暫告落幕，貞觀時代的朋黨危機卻直持續到
高宗初年。像泰黨中的劉洎、岑文本、崔仁師等，皆為端正有才之士，而一
以讒死，一以憂死，一以貶死，其是否因無忌等所構而致，雖不確知，要亦
略有其迹。他如房遺愛、柴令武、韋挺、薛萬徹等之得罪，或亦受無忌黨的
誣陷。〔註108〕自立后事件而無忌等貶死，貞觀的朋黨危機才算結束，此後的
黨爭問題又進入另一個新階段。

　　總之，貞觀時代雖然常有朋黨危機，但終未引發嚴重的政治衝突，我們
也從未發現像在繼承問題，尤其是立太子時、那樣赤裸裸的權益之爭。可以
說在繼承問題明朗化之前，貞觀政治大體都保持著和諧的外觀，人們謀取位
祿與自保寵遇的心理，在巧妙的掩飾下，在沒有足以引起爭論的實在事件下，
終未明顯的表露出來。當繼承問題發生後，朝中已漸瀰漫著緊張氣氛，但褚
遂良等猶可以定分觀念示人以公直之意。直到立太子事迫在眉睫時，他們才
一反昔日的從容論諫之狀，成為毫無妥協的激烈抗爭態度，而結黨之意與權
益之爭，就在這個時候被清楚地察覺出來。

　　有些學者以為，其時的繼承問題與地域之別、文化歧見，有極密切的關
係。〔註109〕誠然，門地觀念與學風好尚，確是使人易於發生特殊結合關係的
因素。而魏王泰的大開館舍，廣招時俊，也確使人物輻湊，聲勢直逼太子承

〔註107〕太宗雖立晉王治為太子，但顯然不太滿意他的才識與作為。如他問群臣：「太
　　　　子性行，外人亦聞之乎？」太宗將征遼東，太子悲泣數日，上曰：「今留汝鎮
　　　　守，輔以俊賢，欲天下識汝風采，……悲泣何為！」可知太宗頗不欣賞晉王
　　　　治柔弱的個性，故雖立其為太子，又有改立之意。若非長孫無忌的大力支持，
　　　　晉王治可能不會躍登儲位，也可能不久即被廢黜。
〔註108〕參見：孫國棟，前引文，頁48～50。
〔註109〕牟潤孫即持此種說法。但他以為廢立之意出於太宗，非徒泰欲奪嫡而已，實
　　　　不盡然。太宗雖愛泰，但無易儲之心，此論已見前文。牟氏說見：〈唐太宗廢
　　　　立太子與南北文化的關係〉，附錄於：《唐初南北學人論學之異趣及其影響》，
　　　　《香港中文大學中國文化研究所學報》，第一卷，頁83～86。

乾。但吾人對這些因素在繼承之爭時所居的地位與意義，並不能估價過高。據《舊唐書・魏王泰傳》云：

> 泰潛有奪嫡之意，招駙馬都尉柴令武、房遺愛等二十餘人，厚加贈遺，寄以腹心。黃門侍郎韋挺、工部尚書杜楚客相繼攝泰府事，二人俱爲泰要結朝臣，津通賄路。

柴、房具是皇親，韋、杜皆爲關隴人士，他們既非南人，也不見其好江左文學，只爲謀取政治利益而黨助魏王泰。至於魏王泰，其大欲實在儲位，文學雖其所好，演變至極，則已失去純粹的學術性質，徒爲個人增廣交結，壯大聲勢之用。故門地、文化等因素在權益之爭的衝擊下，似漸變質，反倒成爲人們借謀政治利益的手段：〔註110〕而人倫關係的分殊化也在這個時候，變得更具政治意義與政治作用了。

綜上所論可知，貞觀時代雖然存在著許多可能引起政爭的原因與機會，但因太宗和大臣們持著理性、明智的施政之道，自儒家思想演繹出「不求備」、「識大體」的理念，而在相當程度上化除了一些無謂的紛爭，〔註111〕使他在危機重重中，依然能保持和諧的外觀，並穩定的向前邁進。而貞觀之治的形成，或即與此種治道有著很深的關係。

然而，當我們觀察繼承問題時則發現，在承乾未廢時，褚遂良等尚能以「聖人制禮，尊嫡卑庶」的觀念定太子諸王之分。一旦承乾被廢，長孫無忌一派的權力欲望遂無所託寄，而在立太子事件上全然表露出來。故知政治利益的激烈衝突，實爲爆發繼承之爭的導火線，而儒家理想在不能直接有益於他們維護個人利益時，似乎發生不了什麼作用。畢竟儒家只強調人類善性的提升，從無爲求寵祿，不擇手段的欲念，而政治行爲的動力正在於權位，這一基本心態的差異，使儒家思想儘管常被取用，終無法眞正地引導現實政治的發展。

〔註110〕章群即持此說，而特別強調個人權位因素。詳見：〈論唐開元前的政治集團〉。
〔註111〕如前所舉杜淹與封德彝論御史檢校諸司案，就是一個著例。

第五章　結　論

　　貞觀之治上承南北朝的衰風敗政，下繼武后的崇佛擅權，若就國史的進程而言，他似是個奇峰突起，峻拔孤立的時間段落。其實，貞觀時代自有他能成就治世的主客觀因素，這除了對其政治實質做全面的精細分析外，是無法單從學術觀點，或君臣間的言論，來衡斷他的政治成效的。因此，貞觀時代縱然不是儒家最具權威的時代，我們也不能率然否定他是較能施行儒家治道，近乎儒家治世的時代。

　　唐初的文化背景雖甚複雜，儒家思想實為指引貞觀政治發展的主要理念。貞觀君臣極力更革前代的不良政風，並重視為政者的德行，這使其政治含有不少道德成分；而君臣間的相與砥礪勸化，不但為儒家的德治理想，描繪出一套具體可行的方案，使人們對他的認識，更為確切明晰，同時，也為歷代政治樹立了一個儒家治世的典範，讓後世君臣興起見賢思齊之意，並能知所遵循。無疑地，這是貞觀時代在儒家大傳統中，最令人稱道，也最具特色的地方。

　　德治思想雖然有指引政治運作的功能，並使得貞觀政治在他的潤飾下，似乎變得更理性，但他也因現實政治的衝擊與過濾而大為變質，如貞觀君臣為了因應時代的需要與自我的欲求，除了扭曲、轉化了其中的某些理論，還吸收、消融了其他的學說。這些情形，不僅說明了德治思想的政治功能有其局限性，也顯示出他若不經人們做適應性的調整，是難以與現實政治配合運作的。

　　實踐德治理想之所以困難，主要是因為該理念本身具有相當濃厚的「烏托邦」性格，使其不易應合人們的實際需要。以貞觀時代而言，君臣就多有

明顯的法家傾向，只是他們並未蹈入功利主義的陷阱，反而由此間醞釀出奮勉精進，積極進取的政治態度，鞭策著他們實在的考量其施政方式，踏實的執行其政策，故貞觀文治武功之盛，實多得力於崇功務實精神的高度發揮，而這種精神，亦在不知覺間，孕化出推動人們追求德治理想的力量。貞觀政治的特色，及其之所以能開創亙古未有的盛世，我們於此已可窺其究竟。

德治理想與現實政治間，實有極微妙的關係。一個政權能否既以之為導引政治發展的指標，並儘量抑低彼此的緊張、對立程度，是我們了解其政治成就所不宜忽略的問題。〔註1〕貞觀時代就是一個較能恰如其分的協調二者關係，使儒家的德治理想與崇功務實的精神相輔為用的典型案例。故德治思想縱然無法落實於貞觀時代，也不足以獨力成就治世，他卻始終在浸潤著貞觀時代，並使其免於步入求利尚權之途。德治思想對貞觀之治的助益，豈是我們能夠輕忽的。

儒家將治世的希望寄託於君主，並認為他是孕發德治力量的泉源。在歷代君主中，唐太宗是較能體現儒家思想的一位。他喜好經典史籍，又常與群臣商榷治道，講論古今，自易受到儒家典範權威的影響，油然興起對聖王的嚮往之心。太宗不但有實現儒家政治理想的意願，更積極為自己塑造歷史形像，甚至欲借修改國史來掩飾自己發動政變的罪行，此不但顯示太宗具有知權變、善權衡、重輿情、畏批評的人格特質，也可以說明何以他有較強烈的儒家傾向，並願意採行儒家治術。

任賢使能，虛懷納諫，常是儒家評斷君主賢愚的重要標準。唐太宗在這兩方面都有值得稱道之處。他援賢舉能，力求革除前代唯重門地的不良風習，又自覺地不獨斷獨行，也不以代百司之職為能，反而鼓勵群臣表現自我，發揮所長。此外，太宗還廣開言路，虛心求納，且不以直言忤意，妄有誅責，故貞觀諫風之盛，雖不盡因太宗的急求諫言而致，但太宗確是鼓舞貞觀諫風的動源，也確使貞觀政治充滿生氣與活力。由於太宗能得任賢納諫之旨，是以他雖然持著絕對君權的觀點，也實行不少維護君權，擴張君權的措施，卻並未被人看作是位專權擅政的法家式君主。

〔註 1〕 宋儒曾對漢唐事功做過一場大辯論，他們評論的歧點，直接落在是否應以「道德」為唯一的標準上。他們雖然沒有清楚意識到道德理想與現實政治間的差距，但已為我們提供了一個思考與反省該問題的絕好機會，也使我們在了解一個時代的政治成就時，注意到儒家德治理想有其局限性。

　　如上所論，爲君者若能深刻體認儒家的聖王觀念，誠有助於政務的推展與政治的靈活運作。然而，由於價值觀念的糾結，士族社會的壓力，政治形勢的逼迫，以及個人私欲心的作祟，「援賢舉能」既不是唐太宗用人政策的唯一原則，也沒有被尊奉爲第一要義，甚至連他的克己求納，黽勉聽受，有時也只是因強大外力的牽制而不得不然。因此，君主雖然是權力架構中最具影響力的人物，在政治上也居於領導地位，但他只有形式上的「終極權力」，不可能有事實上的「絕對君權」。〔註2〕以唐太宗的英睿明達，還必須借著朝臣們的支持與回應來肯定自我，甚至在不能得到他們的認可與默許時，只有放棄己見。故知太宗的任賢、納諫，不只因深受儒家聖王觀念的影響，也是客觀環境有以致之，使其不得不盱衡時局，審度眾意。

　　政治是個複雜的多面體，我們不能因君主居於官僚制度的頂點，就對他做超乎實情的過高期望，而相對地減化了政治的複雜性，或抑低了爲臣者的重要性。反之，則正如太宗所自言的：「既義均一體，宜協力同心」，「儻君臣相疑，不能備盡肝膽，實爲國之大害也。」〔註3〕貞觀君臣的相互輔翼，相須爲治，不正說明其所以成貞觀之治！

　　儒家和諧政治的理想，寓於有節度的人倫關係。而倫常與禮制，就是此人倫關係中最重要的兩環。他們適切地安排人與人之間的關係，透過分異與合同的交互作用，締造出一個具有倫理性質的政治形態。可惜的是，儒家的這個理想懸義甚高，在現實政治裏，他幾乎亦步德治思想的後塵，而沒有展盡功能的機會，甚至還在客觀環境的影響，與人們對他認識不深的情況下，遭致歪曲的命運。以貞觀時代而言，唐初重視門、地、親故的社會特性，加速擴大了原本已有分殊傾向的儒家人倫關係，使得君臣之間的理性精神與和睦相處之狀，反因著曲法徇情，朋比阿私的指論而大爲減色；而儒家欲以人倫關係來安排政治社會秩序的構想，也因此暴露出極大的缺陷。

　　大學之道，止於至善。〔註4〕至善，正是儒家的人生歸宿，也是政治的最終目標。只是這種倫理性質的思想方式，並不能觸及政治問題的本質，而他所面臨的最大挑戰，或許就是人們利己求權的動機與手段。貞觀時代朋黨危

〔註2〕　關於君主「終極權力」的討論，可參考：劉子健，〈宋初改革家──范仲淹〉，收入：《中國思想與制度論集》，頁125～128。

〔註3〕　《貞觀政要》，卷一，〈政體篇〉，頁14。

〔註4〕　《禮記・大學篇》：「大學之道，在明明德，在親民，在止於至善。」（頁181）。

機的屢屢出現，繼承事件的激烈衝突，在在說明了欲由倫常與禮制來維繫一有節度的人倫關係，是非常困難的；而儒家倫理政治的設計，亦不時遭受極嚴厲的考驗。

儘管貞觀政治未能臻於盡善盡美，但君臣們在處理最令人心悸的朋黨問題上，實卓有見地，也因而化解了不少可能有的紛爭。以唐太宗為首，君臣們多已體認到務存治體的重要，故本著「不求備」、「識大體」的態度，用絕讒構之端，恕宥微細之過，衡情度理，追尋常道，盡量避免因偏執而引發的意氣之爭。是以，貞觀時代的朋黨現象並不顯著，貞觀政治的運作也並未受到重大的影響，而「貞觀之治」的稱譽，卻道盡了後世對他的嚮慕。然則，「不求備」、「識大體」的理念，對促進貞觀政治的和諧安定而言，實有極大的助益。

大學首章開宗明義的直云：「古之欲明明德於天下者，先治其國；欲治其國者，先齊其家；欲齊其家者，先修齊身」，「自天子以至於庶人，壹是皆以修身為本」。〔註5〕儒家將道德政治與倫理政治縉合在一起，並期望借著君主的施行仁政，化民於善，來實現其理想。正如前文所論，即使在最為人所樂道的貞觀時代，即使有力求踐行儒家治道的唐太宗，儒家思想依然只能存在於遙不可及的「理想國」，而此種濃厚的「烏托邦」性格，實為體現儒家政治思想的最大障礙。

二千年來，儒家傳統與現實政治間始終存在著某種程度的矛盾性與緊張性。先秦儒者苦思冥想於如何提升人類的精神自覺，以為指導政治、純化政治的根源基抵。然而，當大一統帝國建立之後，政治力量的優先性，已經註定了儒家思想的命運；而一次次的刊定經學，更無異於說明唯有經由政治活動，才能實踐儒家理想。貞觀時代就是這個歷史鴻流中極顯著的一支。可是這種施政方式，在一個醇儒的眼光中，不啻是捨本逐末，本末倒置，不足為法的。所以貞觀時代雖然為國史締造了許多輝煌的政治成就，也寫下了很多令人贊賞的政治事蹟，但朱子仍慨然歎曰：「千五百年間正坐如此，所以只是架漏牽補過了時日，其間雖或不無小康，而堯舜三王周公孔子所傳之道，未嘗一日得行於天地之間也。」〔註6〕無論儒家思想本身在實踐上有多大的局限性，這番話確是值得我們三覆斯言的。貞觀時代猶且如此，等而下之，能不為儒家理想的難於實現，深致沈痛之意！

〔註5〕《禮記》，卷一九，〈大學篇〉，頁181。

〔註6〕《朱文公文集》，卷三六，〈答陳同甫〉，頁579。

參考書目

甲、中文部分

　一、專　書

1. 《尚書》，上海，商務印書館，四部叢刊初編縮本。
2. 《禮記》，上海，商務印書館，四部叢刊初編縮本。
3. 《左傳注疏及補正》，臺北，世界書局，民國 62 年。
4. 《春秋公羊經傳解詁》，上海，商務印書館，四部叢刊初編縮本。
5. 《論語》，上海，商務印書館，四部叢刊初編縮本。
6. 《孟子》，上海，商務印書館，四部叢刊初編縮本。
7. 《荀子》，上海，商務印書館，四部叢刊初編縮本。
8. 王先慎，《韓非子集解》，臺北，世界書局，民國 69 年。
9. 朱師轍，《商君書解詁定本》，臺北，河洛出版社，民國 64 年。
10. 尹知章注，戴望校正，《管子校正》，臺北，世界書局，民國 58 年。
11. 《呂氏春秋》，臺北，臺灣中華書局，四部備要本。
12. 《史記》，臺北，世界書局，新校三家注本，民國 67 年。
13. 《漢書》，臺北，世界書局，新校集注本，民國 61 年。
14. 《後漢書》，臺北，鼎文書局，新校標點本，民國 64 年。
15. 《三國志》，臺北，鼎文書局，新校標點本，民國 63 年。
16. 《晉書》，臺北，鼎文書局，新校標點本，民國 68 年。
17. 《南史》，臺北，鼎文書局，新校標點本，民國 70 年。
18. 《北史》，臺北，鼎文書局，新校標點本，民國 70 年。
19. 《隋書》，臺北，鼎文書局，新校標點本，民國 68 年。

20. 《舊唐書》，臺北，樂天書局，標點校勘本，民國 66 年。

21. 《新唐書》，臺北，樂天書局，標點校勘本，民國 66 年。

22. 王夫之，《讀通鑑論》，臺北，河洛出版社，民國 65 年。

22. 王方慶，《魏鄭公諫錄》，臺北，臺灣商務印書館，叢書集成簡編本。

23. 王定保，《唐摭言》，臺北，新興書局，筆記小說大觀本，民國 66 年。

24. 王欽若等編，《冊府元龜》，臺北，臺灣中華書局，民國 61 年。

25. 王溥，《唐會要》，臺北，世界書局，民國 63 年。

26. 王鳴盛，《十七史商榷》，臺北，廣文書局，民國 60 年。

27. 王鳴盛，《蛾術編》，臺北，信誼書局，民國 65 年。

28. 王應麟，《困學紀聞》，中國子學名著集成本。

29. 王應麟，《玉海》，臺北，華文書局，民國 53 年。

30. 王讜，《唐語林》，臺北，新興書局，筆記小說大觀本，民國 65 年。

31. 司馬光，《資治通鑑》，臺北，世界書局，民國 63 年。

32. 朱熹，《朱文公文集》，上海，商務印書館，四部叢刊初編縮本。

33. 朱禮，《漢唐事箋》，臺北，廣文書局，民國 65 年。

34. 杜佑，《通典》，清咸豐九年崇仁謝氏刊本。

35. 李昉等編，《文苑英華》，臺北，新文豐出版社，民國 68 年。

36. 李昉等編，《太平御覽》，臺北，臺灣商務印書館，民國 57 年。

37. 李昉等編，《太平廣記》，臺北，新興書局，民國 62 年。

38. 沈括，《夢溪筆談》，臺北，新興書局，筆記小說大觀本，民國 64 年。

39. 宋敏求，《唐大詔令集》，臺北，鼎文書局，民國 61 年。

40. 吳兢，《貞觀政要》，臺北，臺灣中華書局，四部備要本。

41. 李肇，《唐國史補》，臺北，新興書局，筆記小說大觀本，民國 67 年。

42. 長孫無忌等撰，《唐律疏議》，臺北，臺灣商務印書館，國學基本叢書，民國 57 年。

43. 范祖禹，《唐鑑》，臺北，臺灣商務印書館，國學基本叢書，民國 57 年。

44. 姚鉉，《唐文粹》，上海，商務印書局，四部叢書初編縮本。

45. 封演，《封氏聞見記》，臺北，新興書局，筆記小說大觀本，民國 64 年。

46. 馬端臨，《文獻通考》，清咸豐九年崇仁謝氏刊本。

47. 洪邁，《容齋隨筆五集》，上海，商務印書館，四部叢刊續編本。

48. 唐太宗，《帝範》，中國子學名著集成本。

49. 唐玄宗撰，李林甫注，《大唐六典》，臺北，文海書局，民國 57 年。

50. 孫甫，《唐史論斷》，臺北，新興書局，筆記小說大觀本，民國 64 年。

51. 韋絢，《劉賓客嘉話錄》，臺北，新興書局，筆記小說大觀本，民國 64 年。

52. 徐堅，《初學記》，臺北，新興書局，民國 61 年。

53. 徐賓，《歷代黨鑑》，臺北，廣文書局，史料六編，民國 63 年。

54. 陸心源，《唐文拾遺》，臺北，文海書局，民國 51 年。

55. 陸心源，《唐文續拾遺》，臺北，文海書局，民國 51 年。

56. 清仁宗敕編，《全唐文》，日本京都，中文出版社，昭和五十一年。

57. 黃宗羲，《宋元學案》，臺北，臺灣商務印書館，萬有文庫薈要本。

58. 翟思忠，《魏鄭公諫續錄》，臺北，臺灣商務印書館，叢書集成簡編本。

59. 趙翼，《陔餘叢考》，清乾隆庚戌年湛貽堂刊本。

60. 趙翼，《二十二史劄記》，臺北，樂天書局，民國 63 年。

61. 劉肅，《大唐新語》，臺北，新興書局，筆記小說大觀本，民國 68 年。

62. 劉餗，《隋唐嘉話》，臺北，新興書局，筆記小說大觀本，民國 65 年。

63. 鄭樵，《通志略》，臺北，臺灣中華書局，四部備要本。

64. 錢大昕，《十駕齋養心錄》，臺北，臺灣商務印書館，國學基本叢書，民國 57 年。

65. 錢大昕，《廿二史考異》，臺北，樂天書局，民國 53 年。

66. 魏徵，《魏鄭公集》，臺北，臺灣商務印書館，叢書集成簡編本。

67. 顧炎武，《日知錄集釋》，臺北，世界書局，民國 57 年。

二、近人論著

1. 王伊同，《五朝門第》，香港，中文大學出版社，1978 年。

2. 毛漢光，《兩晉南北朝士族政治之研究》，中國學術著作獎助委員會，民國 55 年。

3. 毛漢光，《唐代統治階層社會變動──從官吏家庭背景看社會流動》，政大博士論文，民國 57 年。

4. 王壽南，《中國歷代創業帝王》，嘉新文化基金委員會，民國 53 年。

5. 皮錫瑞，《經學歷史》，臺北，河洛出版社，民國 63 年。

6. 牟宗三，《政道與治道》，臺北，廣文書局，民國 63 年。

7. 牟宗三，《心體與性體》，臺北，正中書局，民國 70 年。

8. 牟宗三，《中國哲學的特質》，臺北，臺灣學生書局，民國 71 年。

9. 朱堅章，《歷代篡弒之研究》，嘉新文化基金委員會，民國 53 年。

10. 岑仲勉，《隋唐史》，香港，文昌書局，1958 年。

11. 沈任遠，《隋唐政治制度》，臺北，臺灣商務印書館，民國 66 年。

12. 李俊，《中國宰相制度》，臺北，臺灣商務印書館，民國 69 年。

13. 余英時,《歷史與思想》,臺北,聯經出版社,民國 65 年。

14. 呂思勉,《隋唐五代史》,臺北,九思出版社,民國 66 年。

15. 何啓民,《中古門第論集》,臺北,臺灣學生書局,民國 67 年。

16. 李樹青,《蛻變中的中國社會》,臺北,九思出版社,民國 67 年。

17. 李樹桐,《唐史考辨》,臺北,臺灣中華書局,民國 54 年。

18. 李樹桐,《唐史新論》,臺北,臺灣中華書局,民國 61 年。

19. 林天蔚,《隋唐史新編》,香港,現代教育研究社,1968 年。

20. 林天蔚,《隋唐史新論》,臺北,東華書局,民國 67 年。

21. 周道濟,《中國宰相制度研究》,臺北,華岡出版社,民國 63 年。

22. 周道濟,《漢唐宰相制度》,臺北,大化書局,民國 67 年。

23. 段昌國等譯,《中國思想與制度論集》,臺北,聯經出版社,民國 65 年。

24. 柳詒徵,《中國文化史》;臺北,正中書局,民國 43 年。

25. 柳詒徵,《國史要義》,臺北,臺灣中華書局,民國 68 年。

26. 韋政通,《中國思想史》,臺北,大林出版社,民國 70 年。

27. 韋政通,《中國思想史方法論文選集》,臺北,大林出版社,民國 70 年。

28. 韋政通編,《中國哲學辭典大全》,臺北,水牛出版社,民國 72 年。

29. 孫國棟,《唐代中央重要文官遷轉途徑研究》,香港,新亞研究所叢書,1978 年。

30. 徐復觀,《中國思想史論集》,臺北,臺灣學生書局,民國 64 年。

31. 徐復觀,《學術與政治之間》,臺北,臺灣學生書局,民國 69 年。

32. 徐復觀,《中國人性論史——先秦篇》,臺北,臺灣商務印書館,民國 71 年。

33. 徐道鄰,《唐律通論》,上海,中華書局,民國 36 年。

34. 徐道鄰,《中國法制史論集》,臺北,志文出版社,民國 64 年。

35. 高達觀,《中國家族社會之演變》,臺北,里仁書局,民國 71 年。

36. 孫廣德,《晉南北朝隋唐俗佛道爭論中之政治課題》,臺北,臺灣中華書局,民國 61 年。

37. 陶希聖,《中國政治思想史》,臺北,食貨出版社,民國 61 年。

38. 張金鑑,《中國文官制度史》,中華文化出版委員會,民國 44 年。

39. 張金鑑,《中國吏治制度史概要》,臺北,三民書局,民國 70 年。

40. 黃俊傑,《春秋戰國時代尚賢政治的理論與實際》,臺北,問學出版社,民國 66 年。

41. 黃俊傑,《史學方法論叢》,臺北,臺灣學生書局,民國 66 年。

42. 張榮芳，《唐代的史館與史官》，臺大碩士論文，民國 70 年。

43. 梁漱溟，《中國文化要義》，臺北，正中書局，民國 68 年。

44. 雷飛龍，《漢唐宋明朋黨的形成原因》，政大博士論文，民國 50 年。

45. 雷家驥，《唐代中央權力結構及其演進》，文化博士論文，民國 68 年。

46. 陳寅恪，《唐代政治史述論稿》，中央研究院歷史語言研究所專刊二十，民國 33 年。

47. 陳寅恪，《隋唐制度淵源略論稿》，中央研究院歷史語言研究所專刊二十一，民國 33 年。

48. 陳寅恪，《陳寅恪先生論文集》，臺北，三人行出版社，民國 63 年。

49. 章群，《唐史》，中華文化出版委員會，民國 47 年。

50. 陳寬強，《歷代開國功臣之遭遇》，嘉新文化基金委員會，民國 55 年。

51. 陳顧遠，《中國法制史》，臺北，臺灣商務印書館，民國 62 年。

52. 費孝通，《鄉土中國》，臺北，綠洲出版社，民國 56 年。

53. 勞思光，《中國哲學史》，香港，中文大學崇基學院，1980 年。

54. 曾昭旭，《道德與道德實踐》，臺北，漢光出版社，民國 72 年。

55. 曾資生著，陶希聖校，《中國政治制度史》，臺北，啓業書局，民國 62 年～63 年。

56. 傅樂成，《隋唐五代史》，中華文化出版委員會，民國 46 年。

57. 傅樂成，《漢唐史論集》，臺北，聯經出版社，民國 66 年。

58. 曾繁康，《中國政治制度史》，中華文化出版委員會，民國 44 年。

59. 楊樹藩，《唐代政制史》，臺北，正中書局，民國 56 年。

60. 鄭文肅，《儒家法律思想與唐律研究》，臺大碩士論文，民國 62 年。

61. 劉伯驥，《唐代政教史》，臺北，臺灣中華書局，民國 47 年。

62. 潘維和，《唐律家族主義論》，嘉新文化基金委員會，民國 57 年。

63. 錢穆，《國史大綱》，臺北，臺灣商務印書館，民國 55 年。

64. 錢穆，《秦漢史》，著者自印本，民國 55 年。

65. 錢穆，《中國學術通義》，臺北，臺灣學生書局，民國 65 年。

66. 鄺士元，《國史論衡》，臺北，里仁書局，民國 69 年。

67. 戴炎輝，《唐律通論》，臺北，正中書局，民國 66 年。

68. 蕭公權，《中國政治思想史》，臺北，華岡出版社，民國 66 年。

69. 瞿同祖，《中國法律與中國社會》，臺北，僶勉出版社，民國 67 年。

70. 薩孟武，《中國政治思想史》，臺北，三民書局，民國 58 年。

71. 薩孟武，《中國社會政治史》，臺北，三民書局，民國 69 年。

72. 藍文徵，《隋唐五代史》，臺北，臺灣商務印書館，民國 57 年。

73. 羅香林，《唐代文化史》，臺北，臺灣商務印書館，民國 63 年。

74. 羅素著，涂序瑄譯，《權力論》，臺北，正中書局，民國 69 年。

75. 嚴耕望，《唐僕尚丞郎表》，中央研究院歷史語言研究所專刊三十六，民國 45 年。

76. 嚴耕望，《唐史研究叢稿》，香港，新亞研究所，1969 年。

三、論　文

1. 丁煌，〈唐高祖太宗對符瑞的運用及其對道教的態度〉，《成大歷史學報》，第 2 期，民國 64 年。

2. 王吉林，〈唐代初年政治集團的運用及其限制〉，《華岡學報》，第 8 期，民國 63 年。

3. 毛漢光，〈中國中古賢能觀念之研究——任官標準之觀察〉，收入王壽南等編，《中國史學論文選輯》（三），臺北，幼獅出版社，民國 68 年。

4. 毛漢光〈中國中古社會史略論稿〉，《中央研究院歷史語言研究所集刊》，第四十七本，第三分，民國 65 年。

5. 毛漢光，〈科舉前後清要官型態之比較研究〉，《中央研究院國際漢學會議歷史與考古組單行本》，民國 69 年。

6. 王壽南，〈貞觀時代的諫諍風氣〉，《國立政治大學歷史學報》，第 1 期，民國 72 年。

7. 任育才，〈唐代監察制度之研究〉，收入：氏著，《唐史研究論集》，臺北，鼎文書局，民國 64 年。

8. 牟潤孫，〈唐初南北學人論學之異趣及其影響〉，《香港中文大學中國文化研究所學報》，第一卷，1968 年。

9. 牟潤孫，〈從唐初政制論中國文人政治之形成〉，《民主評論》，第十一卷，第 4 期，民國 49 年。

10. 余英時，〈反智論與中國政治傳統——論儒、道、法三家政治思想的分野與匯流〉，收入：氏著，《歷史與思想》，臺北，聯經出版社，民國 65 年。

11. 余英時，〈君尊臣卑下的君權與相權〉，收入：氏著，《歷史與思想》，臺北，聯經出版社，民國 65 年。

12. 余英時，〈關於中國歷史特質的一些看法〉，收入：氏著，《歷史與思想》，臺北，聯經出版社，民國 65 年。

13. 何啟民，〈中古門第之本質〉，收入：氏著，《中古門第論集》，臺北，臺灣學生書局，民國 67 年。

14. 何啟民，〈漢晉變局中的中原士風〉，收入：氏著，《中古門第論集》，臺北，臺灣學生書局，民國 67 年。

15. 何啓民，〈唐代山東士族的社會地位之考察〉，收入：氏著，《中古門第論集》，臺北，臺灣學生書局，民國 67 年。

16. 何啓民，〈魏晉思想與士族心態〉，《國立政治大學歷史學報》，第 1 期，民國 72 年。

17. 呂謙舉，〈宋代史學的義理觀念〉，收入：杜維運、黃進興編，《中國史學史論文選集》，臺北，華世出版社，民國 65 年。

18. 谷霽光，〈安史亂前之河北道〉，《燕京學報》，第 19 期，民國 25 年。

19. 馬起華，〈貞觀政論〉，《政大學報》，第 1～3 期，民國 49～50 年。

20. 孫國棟，〈唐代三省制之發展研究〉，《新亞學報》，第三卷，第一期，1957 年。

21. 孫國棟，〈唐貞觀永徽間黨爭試釋〉，《新亞書院學術年刊》，第七期，1965 年。

22. 徐復觀，〈論語『一以貫之』語義的商討〉，收入：氏著，《中國思想史論集》，臺北，臺灣學生書局，民國 64 年。

23. 徐復觀，〈儒家政治思想的構造及其轉進〉，收入：氏著，《學術與政治之間》，臺北，臺灣學生書局，民國 69 年。

24. 徐復觀，〈儒家在修己與治人上的區別及其意義〉，收入：氏著，《學術與政治之間》，臺北，臺灣學生書局，民國 69 年。

25. 徐復觀，〈儒家對中國歷史運命掙扎之一例〉，收入：氏著，《學術與政治之間》，臺北，臺灣學生書局，民國 69 年。

26. 徐復觀，〈中國的治道〉，收入：氏著，《學術與政治之間》，臺北，臺灣學生書局，民國 69 年。

27. 黃俊傑，〈內聖與外王——儒學傳統中道德政治觀念的形成與發展〉，收入：氏編，《中國文化新論》，〈思想篇（二）——天道與人道〉，臺北，聯經出版社，民國 71 年。

28. 陳弱水，〈「內聖外王」觀念的原始糾結與儒家政治思想的根本疑難〉，《史學評論》，第三期，臺北，華世出版社，民國 70 年。

29. 陳弱水，「追求完美的夢——儒家政治思想的烏托邦性格」，收入：黃俊傑編，《中國文化新論》，〈思想篇（一）——理想與現實〉，臺北，聯經出版社，民國 71 年。

30. 陳寅恪，〈論隋末唐初所謂『山東豪傑』〉，收入：氏著，《陳寅恪先生論文集》，臺北，三人行出版社，民國 63 年。

31. 陳寅恪，〈記唐代之李武韋楊婚姻集團〉，收入：氏著，《陳寅恪先生論文集》，臺北，三人行出版社，民國 63 年。

32. 章群，〈論唐開元前的政治集團〉，《新亞學報》，第一卷，第二期，1956 年。

33. 章群，〈唐太宗的政治思想與政治措施〉，《自由學人》，第一卷，第三期，1956 年。

34. 湯用彤，〈唐太宗與佛教〉，《學衡》，第七十五期，民國二十二年。

35. 曾昭旭，〈呈顯光明，蘊藏奧秘──中國思想中的人性論〉，收入：黃俊傑編，《中國文化新論》，〈思想篇（一）──理想與現實〉，臺北，聯經出版社，民國 71 年。

36. 賀凱著，張永堂譯，〈明末的東林運動〉，收入：段昌國等譯，《中國思想與制度論集》，臺北，聯經出版社，民國 65 年。

37. 傅樂成，〈西漢的幾個政治集團〉，收入：氏著，《漢唐史論集》，臺北，聯經出版社，民國 66 年。

38. 傅樂成，〈唐型文化與宋型文化〉，收入：氏著，《漢唐史論集》，臺北，聯經出版社，民國 66 年。

39. 瑞特著，段昌國譯，〈隋代思想意識的形成〉，收入：段昌國等譯，《中國思想與制度論集》，臺北，聯經出版社，民國 65 年。

40. 楊慶堃著，段昌國譯，〈儒家思想與中國宗教之間的功能關係〉，收入：段昌國等譯，《中國思想與制度論集》，臺北，聯經出版社，民國 65 年。

41. 楊聯陞著，段昌國譯，〈報──中國社會關係的一個基礎〉，收入：段昌國等譯，《中國思想與制度論集》，臺北，聯經出版社，民國 65 年。

42. 劉子健，〈王安石曾布與北宋晚期官僚的類型〉，《清華學報》，新二卷，第 1 期，民國 49 年。

43. 劉子健，〈包容政治的特點──南宋政治簡論之二〉，《中國學人》，第 5 期，民國 62 年。

44. 劉子健著，劉紉尼譯，〈宋初改革家──范仲淹〉，收入：段昌國等譯，《中國思想與制度論集》，臺北，聯經出版社，民國 65 年。

45. 劉紀曜，〈公與私──忠的倫理內涵〉，收入：黃俊傑編，《中國文化新論》，〈思想篇（二）──天道與人道〉，臺北，聯經出版社，民國 71 年。

46. 錢穆，〈論宋代相權〉，《中國文化研究彙刊》，第 2 期，1942 年。

47. 錢穆，〈略論魏晉南北朝學術文化與當時門第之關係〉，收入：氏著，《中國學術思想史論叢》（三），臺北，東大圖書公司，民國 66 年。

48. 薩孟武，〈由丞相集權到三省分權〉，《臺大社會科學論叢》第二期，民國 40 年。

49. 羅香林，〈唐代三教講論考〉，收入：氏著，《唐代文化史》，臺北，臺灣商務印書館，民國 63 年。

50. 嚴耕望，〈論唐代尚書省之職權與地位〉，《中央研究院歷史語言研究所集刊》，第二十四本，民國 42 年。

乙、英文部分

1. Balazs, Etienne. tr. by H. M. Wright, *Chinese Civilizatioin and Bureaucracy: Variations on a Theme*. New Haven: Yale University Press, 1964.

2. Balazs, "Political Philosophy and Social Crisis at the end of the Han Dynasty," in Balazs, op. cit.

3. Blau, Peter M. and Scott, W. Richard. *Formal Organizations: A Comparative Approach*. San Francisco : Chandler Publishing Company, 1962.

4. Bodde, Derk. "Harmony and Conflict in Chinese Philosophy," in Arthur F. Wright, ed., *Studies in Chinese Thought*, Chicago, 1953.

5. Bodde, Derk and Morris, Clarence. *Law in Imperical China*. 臺北：新月書局影印本，1971。

6. Deutsch, Karl W. *The Nerves of Government: Models of Political Communication and Control*. The Free Press, 1966.

7. Eisenstadt, S. N. *The Political Systems of Empires: The Rise and Fall of the Historical Bureaucratic Societies*. New York: The Free Press, 1969.

8. Fitzgerad, C. P. *Son of Heaven: A Biography of Li Shin-min, Founder of the T'ang Dynasty*. Cambridge University Press, 1933.

9. Graham, A. C. "The Place of Reason in the Chinese Philosophical Tradition," in Raymond Dawson ed., *The Legacy of China*, Oxford University Press, 1964.

10. Hsiao, Kung-chuan. "Legalism and Autocracy in Traditional China,"《清華學報》，新四卷，第 2 期，1964。

11. Bucker, Charles O. "Confucianism and the Chinese Censorial System," in David S. Nivison, Arthur F. Wright, eds., *Confucianism in Action*, Stanford: Stanford University Press, 1959.

12. Johnson, David G. *The Medieval Chinese Oligarchy*. Boulder: Westview Press, 1977.

13. Kracke, E. A., Jr. "Sung Society : Change Within Tradition," *Far Eastern Quarterly*, XIV, No. 4, 1955.

14. Kracke, "The Chinese and the Art of Government," in Raymond Dawson, ed., *The Legacy of China*, Oxford University Press, 1964.

15. Kracke, "Family Vs. Merit in Chinese Civil Service Examinations Under the Empire," *HJAS.*, Vol. 10, No. 2, 1947.

16. Lasswell, Harold D. *Power and Personality*. New York: Murray, 1966.

17. Liu, James T. C. "Integrative Factors Through Chinese History : There Interaction," in James T. C. Liu, Wei-ming Tu, eds., *Traditional China*, Englewood : Prentice-Hall, Inc., 1970.

18. Liu, James T. C. "Some Classifications of Bureaucrats in Chinese Historiography," in D. S. Nivison, A. F. Wright, eds., *Confucianism in Action*, Stanford : Stanford University Press, 1959.

19. Merton, Robert K. "Bureaucratic Structure and Personality," in Merton, *Social Theory and Personality*, The Free Press, 1957.

20. Meskill, John T. ed., *The Pattern of Chinese History : Cycles, Development, or Stagnation*? Boston, 1965.

21. Munro, Donald J. *The Concept of Man in Early China*. Stanfords : Stanford University Press, 1969.

22. Nivison, David S. and Wright, Arthur F., eds., *Confucianism in Action*, Stanford : Stanford University Press, 1959.

23. Poe, Dison Hsueh-feng. "Imperial Succession and Attendant Crisis in Dynastic China-An Analytic-quantitative Study through the Five-element Approach," 《清華學報》，新八卷，第 2 期，1970。

24. Reischauer, Edwin O. and Fairbank, John K. *East Asia : the Great Tradition*. Boston : Houghton Mifflin Company, 1960.

25. Schwartz, Benjamin. "Some Polarities in Confucian Thought," in A. F. Wright, ed., *Confucianism and Chinese Civilization*, 臺北：玄彬書局影印本，1964。

26. Twitchett, Denis ed., *The Cambridge History of China, Vol. 3, sui and T'ang China*, 589～906, Part I, Cambridge University Press, 1979.

27. Weber, Max. *From Max Weber : Essays in Sociology*. trs. by H. H. Gerth and C. W. Mills, 臺北：虹橋書局影印本，1969。

28. Wechsler, Howard J. *Mirror to the Son of Heaven : Wei Cheng at the Court of T'ang T'ai-tsung*. New Haven : Yale University Press, 1974.

29. Wechsler, "The Confucian Impact on Early T'ang Decision-making," *T'oung Pao*, LXVI, 1～3, 1980.

30. Wechsler, "Factionalism in Early T'ang Government," in Arthur F. Wright, Denis Twitchett, eds., *Perspectives on the T'ang*, 臺北：虹橋書局影印本，1973。

31. Wittfogel, Karl A. "Public Office in the Liao Dynasty and the Chinese Examination System," *HJAS.*, Vol. 10, No. 1, 1947.

32. Wright, Arthur F. ed., *Confucianism and Chinese Civilization*, 臺北：玄彬書局影印本，1964.

33. Wright, "Values, Roles, and Personalities," in A. F. wright, Denis Twitchett, eds., *Confucian Personalities*, Stanford University Press, 1962.

34. Wright, Arthur F. and Twitchett, Denis, eds., *Perspectives on the T'ang*, 臺北：虹橋書局影印本，1973。

35. Wright, Arthur F.eds., *Confucian Personalities*. Standford University Press, 1962.

36. Young, C. K. "Some Characteristics of Chinese Bureaucratic Behavior," in D. S. Nivison, A. F. Wright, eds., *Confucianism in Action*, Stanford: Stanford University Press, 1959.

後　記

　　《貞觀之治與儒家思想》原是本人的碩士論文，民國七十二年承蒙師範大學歷史研究所出版為專刊。去年接到花木蘭文化出版社的邀約，擬重新出版該書。是書係二十餘年前的初學之作，雖然青澀，猶是當年的心血結晶。此次翻看，不免又沉浸到昔日的思維中，幾經考慮後，覺得它還有可讓學界參考之處，故而應允重新出版該書。

　　本叢刊專門出版學位論文，本書為保留師大專刊碩士論文的原貌，所以未作任何修改。非常感謝師大歷史研究所允許本書重新出版，也要感謝花木蘭文化出版社促進學術交流的苦心。

羅彤華
誌於民國九十八年中秋節

唐代的縣與縣令

傅安良　著

作者簡介

傅安良，東海大學歷史系學士、中國文化大學史學研究所碩士、中國文化大學史學研究所博士生，現為清雲科技大學通識教育中心講師。研究領域為隋唐地方行政制度史，目前從事唐代安史之亂後河北藩鎮與中央政治關係之研究。

提　要

　　自從西元前 221 年秦始皇「廢封建、行郡縣」後，二千年來，縣一直是個相對穩定的地方行政基層單位，具有重要的地位。

　　唐縣奠基於隋縣，而後逐漸發展出屬於自己的特色。但是安史之亂的爆發，相當影響唐縣的發展。安史之亂前，縣單純聽命於中央，受制於州府；安史之亂後，則是受制於藩鎮。

　　唐縣的數目一直維持在一千五百縣左右。有七等縣、八等縣及十等縣等不同的等級。縣令與佐吏如縣丞、縣主簿、縣尉及其他屬吏組成縣廷，執行大小繁瑣的業務。

　　縣令是縣廷的核心人物，也是與民眾密切接觸的「親民官」，地位重要。就縣令的職權而言，大約可分為教化、訴訟、社會救濟、農業、地政、賦稅、戶口、傳驛、倉庫、治安、防洪、水利、交通等項，相當廣泛。

　　縣令的選任上，任官資格的取得有生徒、貢舉、制舉、門蔭、薦舉、君主之寵任、特徵、藩鎮奏售等途徑。資格取得後，再經吏部銓選，而後分發任官。安史之亂後由於吏部選授縣令的權力為藩鎮所奪，自辟縣令的情形日漸普遍，顯示中央政府控制力的消褪。

　　唐代縣令的品級以京畿縣令較高，一般地區的縣令較低。俸祿上，安史之亂前京畿縣令的俸祿較為優裕，安史之亂後則不如外州縣令。

　　考課方面，縣令的治績良好會獲得獎賞，反之，受到懲處。至於遷轉，分析兩唐書所載縣令的遷轉情形，有下列結論：（一）京赤縣令的遷入與遷出官都是以中央官為主，是晉身中央的好跳板。畿縣令的遷入官多屬州、府級的地方官，遷出官中中央官和地方官相當平均，但中央官的機率較大。（二）一般縣令不論是遷入官或遷出官，還是以地方官作為遷轉的主要對象。（三）以時間區分，中唐時期縣令的遷轉最為正常，管道最為暢通。（四）縣令的遷轉受到許多外來因素的影響。一般縣令的遷轉受到州道及中央政府權貴勢家力量的影響，京畿縣令則受到中央政局變動的影響。

目次

第一章　緒　論

　　自從西元前 221 年，秦始皇廢除封建，實行郡縣制度以來，「縣」一直是中國地方行政制度中相對穩定的基層單位。縱然縣的起源眾說紛紜，莫衷一是。可以肯定的是，縣的發展由秦入漢已是巍然可觀，頗具規模。其後經歷了魏晉南北朝的演變，「秦漢型」的縣已經蛻化成「隋唐型」的縣，而這二類型的縣正是中國縣的兩大典型。〔註1〕

　　唐代的縣奠立於隋縣原有的基礎上，然後逐漸發展出屬於自己的風格。不過安祿山叛亂的爆發，使得這種承繼關係起了很大的變化。玄宗天寶十四載（755）爆發的安祿山叛亂，令輝煌繁華的唐帝國趨於沒落，即使安史之亂在代宗廣德元年（763）被弭平，但是唐帝國的元氣大傷，杜甫詩中的開元盛況「稻米流脂粟米白，公私倉廩俱豐實，九州道路無豺虎，遠行不勞吉日

〔註 1〕嚴耕望分析中國地方行政制度的類型爲「秦漢型」及「隋唐型」，單就縣的項
　　　　目來說，「秦漢型」的縣有如下幾個特點：（一）縣廷內部組織極爲嚴密。（二）
　　　　縣長官皆遣自中朝，例避本籍。（三）任用之佐官，由縣長官自辟，且必用本
　　　　籍人。四、縣長官及其佐官，可以憑藉優異的表現，晉身中央官職。「隋唐型」
　　　　的縣也有以下幾個特點：（一）縣廷內部組織比起秦漢時期大爲簡化，但是官
　　　　佐過簡，造成幕賓吏役之制乘隙而起。（二）佐官之任用，全出中央，與府主
　　　　只有行政統屬之關係，而無秦漢時期長官與佐史之間的君臣之份。（三）政治
　　　　重心偏在中央，任宦之家重內任輕外職，因此，州縣職位倍受重視，以致憑
　　　　治民的良好成績躋身中央者爲數不多，地方吏治也趕不上秦漢時期。從以上
　　　　的敘述中可以得知「秦漢型」與「隋唐型」的差異處，不過二者間也有其一
　　　　貫性，例如都是「長官元首制」和「俸祿供給制」，同時縣也一直是最低級的
　　　　行政單位。關於「秦漢型」與「隋唐型」縣的詳細內容，可參閱嚴耕望著，《中
　　　　國地方行政制度史甲部──秦漢地方行政制度》（台北：中央研究院歷史語言
　　　　研究所，民國 79 年 5 月三版），頁 1～15。

出。」〔註2〕已不復可見，取而代之的是元結口中的悲涼景象「當今三河膏壤、淮泗沃野，皆荊棘已老，則耕可知。太倉空虛，雀鼠猶餓，至于百姓，朝暮不足。」〔註3〕中央政府的權威日形隳墜，相對地，地方藩鎮的勢力愈益擴張，影響所及，原本地方行政制度中的州縣二級制，隱然轉爲道州縣三級制，州縣受制於藩鎮，比之安史亂前單純聽命於中央的情形，可說是有著相當大的差別。

　　本文以唐代縣的發展作爲研究的主題，試圖透過縣的建置與縣令的制度來分析整個唐代縣的發展情形，然而由於本文橫跨時間久長，兼之史料繁複，所以在論述上以安史之亂前爲主，安史之亂後爲輔，至於安史之亂後縣的發展，則留待日後再作進一步的研究。

　　本文共分爲五章，除第一章和第五章分別爲緒論及結論外，從第二章起，依次爲中國歷代縣制概說，唐代縣的建置與唐代的縣令制度，希望透過對這幾章的探討，能夠大致上明瞭唐代縣的發展情形。〔註4〕

〔註2〕杜甫，《分別集註杜工部詩》，收入《四部叢刊正編》（台北：台灣商務印書館，民國68年11月台一版），頁246～247，憶昔。

〔註3〕元結，《元次山文集》，收入《四部叢刊正編》（台北：台灣商務印書館，民國68年11月台一版），頁18。

〔註4〕對於唐代縣與縣令的研究，雖然史料繁多，提供了相當可觀的研究素材，不過對於某些課題，例如縣與鄉村間的關係，安史亂後縣令的俸祿內容等，又有資料不足的情形發生，因之，本文雖努力在呈現整個唐代縣的發展情形，但是受限於資料的不足，只能根據現在資料作粗略的探討，如上述之課題，則有待資料較豐富時再作深入的研究。

第二章　中國歷代縣制概說

　　西元前 221 年，秦國政統一六國，「廢封建，行郡縣」後，數千年來，縣一直是中國最基層的地方行政單位。儘管縣的上級單位在名稱、大小及數量上時有變動，縣卻依舊保持著相當地穩定性〔註1〕，所以今人嚴耕望在談到縣的穩定性時，認為縣是中國地方行政制度史上的一大奇蹟。

> 縣為中國最原始之地方行政單位，其後加郡為二級制，或加州為三級制，或加都督區為四級制。凡此上級政區之名目、大小、數量隨時變異，而此最原始最低級之行政單位曰縣者，迄無變動，其數額亦惟東晉時代南北縣數曾一度增至約近三千，其餘時期均約在一千四五百間，不但隋唐以前為然，即宋元以後，以迄今日，仍存此縣制為地方最低級之行政單位，大小數額略如二千年前之制。此實為中國地方行政制度史上之一大奇蹟矣。〔註2〕

數千年來，縣上承中央命令，下轄境內眾民，其重要性不言可喻。追溯起縣的起源，則是人言人殊，說法各異。歷來史家研究縣的起源，結論大約可分為起於西周說、起於春秋說及起於始皇說等三派〔註3〕，其內容分述如下：

〔註1〕關於縣的穩定性，大陸學者李孔懷認為中國封建社會政體中，中間一級政區變化較大，而縣及縣以下的基層組織相對穩定，在中國封建社會中起著獨特的作用。見李孔懷撰，〈中國封建社會地方政體芻議〉，《復旦學報・社會科學版》第五期（1987 年 9 月出版），頁 56。

〔註2〕見嚴耕望，《中國地方行政制度史甲部，秦漢地方行政制度》（台北：中央研究院歷史語言研究所，民國 79 年 5 月三版），頁 14。

〔註3〕廖從雲，《中國歷代縣制考》（台北：台灣中華書局，民國 58 年 2 月初版），頁 19。

（1）起於西周說

起於西周說以杜佑爲代表，所持的理由是「周官有縣正，各掌其縣之政令而賞罰之。」〔註4〕

（2）起於春秋說：以趙翼爲代表

若侯國之置縣，則實自秦始而非列國先有此制也。《史記》，秦武公十年伐邽、冀戎，初縣之。十一年，初縣杜、鄭。按秦武公十年乃周莊王九年，魯莊公六年，其事在周敬王前一百七十八年，則列國之置縣莫先於此。〔註5〕

（3）始於始皇說：以劉昫爲代表

《唐書·地理志》：「自秦變古，王制亡，始郡縣天下。」〔註6〕

以上三種說法始於春秋說是較爲可信的，理由是創於西周說者，史不足徵，唯有存疑，始於始皇之說，爲時未免太遲〔註7〕。或者可以綜合三種說法，即以西周之世爲縣的雛型時期，春秋戰國之世爲縣的發展時期，秦始皇之世爲縣的長成時期〔註8〕，作爲縣的起源這個問題的說明。

秦始皇雖然廢除封建，施行郡縣制，因爲秦國祚短暫，施行時間不長，郡縣制的成效並不顯著，倒是承繼秦朝的漢朝，將縣的作用予以發揮。嚴耕望歸納中國地方行政制度爲兩大類型，隋唐類型外，便是秦漢類型。以後中國縣制的發展大致是依循此兩大類型的規模而稍加變化，例如縣地位的變動〔註9〕、縣政地位的變易（表一）、縣體系的變化（縣廷組織、佐官任用）（表二）、縣的數額（表三）、縣的等級（表四）及縣官的品秩（表五）等，屢有更迭。不過這些變化是和緩的、漸進的，新中有舊，舊中有新，假如說是在

〔註4〕 杜佑，《通典》（北京：中華書局，1988年12月第一版第一刷），卷三十三，《職官十五·縣令條》，頁917。

〔註5〕 趙翼，《陔餘叢考》（台北：世界書局，民國67年4月4版），頁10。

〔註6〕 劉昫，《舊唐書》（台北：鼎文書局，民國74年3月四版），頁959。

〔註7〕 廖從雲，前引書，頁19。廖從雲認爲西周雖有縣的雛型，史多缺失，王畿之外，是否有縣，其內容如何？均無可考。故西周之說未敢遽爲定論，唯有存疑而已。是若始於始皇之說，則爲時未已遲，比之始於春秋之說，立論甚難成立。而春秋時雖已成爲地方行政制度，與國邑相錯處，與當時裂土分封之制不同，縣官只有守土之責，無專土之權，和秦始皇時的縣制又有差異。所以三說中以始於春秋說較可信。

〔註8〕 廖從雲，前引書，頁19。

〔註9〕 我國歷代縣的地位，因爲中央權力的集中或分散，時有變化。參見陳奇，《中國歷代縣制》（台北：中國文化大學政治研究所碩士論文，民國62年），頁20。

舊瓶中裝新酒，應該說是恰當的比喻。〔註10〕

表一：中國歷代各朝政制地位簡表（引自陳奇，《中國歷代縣制》）

政制地位	政治地位	朝　　　　　　代
極　高	極　高	秦
高	高	漢、隋（文帝時期）
低	高	唐（前期）、明（前期）清（前期）
低	低	隋（煬帝時期）唐（後期）宋、明（後期）
高	極　低	晉
低	極　低	南北朝、五代、清（後期）
極　低	極　低	元

表二：縣之佐吏表（以唐朝爲典型）（引自陳奇，《中國歷代縣制》）

縣等級／職稱	赤（京）縣 員額	備註	畿縣 員額	備註	上縣 員額	備註	中縣 員額	備註	中下縣 員額	備註	下縣 員額	備註
錄事	2人	從九品下	2人		2人		1人		1人		1人	
佐	2人											
史	2人		3人		3人		2人					
司功佐	3人		3人									
史	6人		5人									
司倉佐	4人		4人									
史	8人		7人									
司戶佐	5人		4人		4人		3人		2人		2人	
史	10人		7人		7人		5人		4人		4人	
帳史			1人		1人		1人		1人		1人	
司兵佐	3人											
史	6人											
司法佐	5人		4人		4人		2人		2人		2人	
史	10人		8人		8人		6人		4人		4人	
司士佐	4人		4人	《舊唐書》無								
史	8人		8人									
典獄	14人		14人		10人		8人		6人		6人	
問事	8人		4人		4人		4人		4人		4人	
白直	18人		10人		10人		8人		8人		8人	

〔註10〕陳奇，前引書，頁225～231。

市　令		1人		1人		1人		1人		1人	
佐		1人		1人		1人		1人		1人	
史		1人		1人		1人		1人		1人	
帥		2人		2人		2人		2人		2人	
倉　督				2人		1人				

表三：中國歷代各朝面積、戶數、縣數比較表（引自陳奇，《中國歷代縣制》）

朝別	年代	總面積（單位里）	總　戶　數	縣　總　額	資　料　依　據
秦				約一千左右	嚴耕望教授，《秦漢地方行政制度史》上
西漢	元始二年	東西九千三百零二 南北一萬二千六十八	一千二百二十三萬三千零六十二	一千五百八十七	《漢書‧地理志下》
東漢	順帝		九百六十九萬八千六百三十	一千一百八十	《後漢書‧郡國志五》
西晉	太康元年		二百四十五萬九千八百四十	一千二百三十二	《晉書‧地理志上》
東晉	義熙十三年			實縣九百八十六 僑縣一百八十一	《東晉南北朝輿地表》卷四
隋	大業五年	東西九千三百 南北一萬四千八百十五	八百九十萬七千五百四十六	一千二百五十五	《隋書‧地理志上》
唐	開元二十八年	東西九千五百一十一 南北一萬六千九百十八	八百四十一萬二千八百七十一	一千五百七十三	《新唐書‧地理志一》
北宋	宣和四年	東西六千四百八十五 南北一萬一千六百二十	二千八百八十八萬二千二百五十八（大觀四年）	一千二百三十四	《宋史‧地理志序》
南宋	紹興十六年		一千三百六十六萬九千六百八十四（嘉定十一年）	七百零三	戶數全右 縣數《歷代疆域表》
元	至順元年	東西萬餘里 南北幾二萬里	一千三百四十萬零六百九十九	一千一百二十七	面積《歷代疆域表》其餘《元史‧地理志序》
明	嘉靖	東西一萬一千七百五十 南北一萬零九百零四	一千六百二萬一千四百三十六（萬曆六年）	一千一百三十八	《明史‧地理志序》《食貨志一》
清	宣統三年	與民國大致相同	六千九百二十四萬六千三百七十四	一千三百五十八	《清史‧地理志序》《職官志三》

表四：中國歷代各朝縣之等級簡表（引自陳奇，《中國歷代縣制》）

朝別	等級數	各　等　名　稱	備　　　　　　註
秦	二　等	萬戶以上、減萬戶	
西漢	二等四級	仝右（因令長之秩分為四級）	元朔二年以後令長之秩改為千石、六百石、四百石、三百石
東漢	二等三級	仝右（因令長之秩分為三級）	據《後漢書‧百官志五》《通典》三十六則有四級

晉	三等五級	京縣（特別縣）大（次縣）小	京縣指洛陽、江左之建康，特別縣指鄴、長安
隋	五　　等	特別縣、上、中、中下、下	特別縣有大興、長安，煬帝時又添河南、洛陽
唐	八　　等	京、畿、望、緊、上、中、中下、下	
宋	八　　等	京、畿、望、緊、上、中、中下、下	三京有次赤、次畿二等，地位大約與望、緊同
元	四　　等	特別縣、上、中、中下、下	特別縣指開平、大興、宛平
明	不分等		大興、宛平近輦下，知縣秩較優
清	不分等		京師例外

表五：中國歷代各朝縣長官品秩表（引自陳奇，《中國歷代縣制》）

朝　代	官　　名	品（秩）	備　　考	資料來源
漢陽朔二年	令	千石、六百石		《漢書·百官公卿表》、《漢舊儀》
	長	四百石、三百石		
魏	千石令	六　品		《通典》卷三十三、《官品》
	六百石令	七　品		
	三百石長	八　品		
晉	千石長	六　品		《通典》卷三十三、《官品》
	六百石令	七　品		
	長	八　品		
隋開皇十四年	大興、長安令	從五品	煬帝時又增河南、洛陽、大興、長安四縣令為正五品	《隋書》卷二十八《百官志》、《中國社會政治史》第三冊二八六附表
	上縣令	從六品		
	中縣令	從七品		
	下縣令	從八品		
唐	京縣令	正五品上		《舊唐書》卷四十四《職官志》、《中國社會政治史》第三冊二八六附表
	畿縣令	正六品上		
	上縣令	從六品上		
	中縣令	正六品上		
	中下縣令	從七品上		
	下縣令	從七品下		
宋	赤縣令	正七品	三京赤畿縣令（次赤、次畿）同畿縣令均為正八品	《宋史》卷一六八《職官八·合班之制》
	畿縣令	正八品		
	上縣令	正九品		
	中縣令	正九品		
	下縣令	正九品		

元	開平大興宛平達魯花赤	正六品		《元史》卷九十、《百官志》卷九、十一《百官志》
	開平大興宛平縣尹			
	上縣達魯花赤	從六品		
元	上縣尹			
	中縣尹魯花赤	正七品		
	中縣尹			
	下縣尹魯花赤	從七品		
	下縣尹			
明	大興、宛平知縣	正六品	吳元年曾分爲三等，旋省併。大興、宛平以近位輦下，品秩特優	《明史》卷七十四、《職官志》七十五、《職官志》
	知　縣	正七品		
清	京縣知縣	正六品	京縣指大興、宛平及承德	《清朝文獻通考》卷八十九
	知　縣	正七品		

　　綜觀數千年來中國縣制的發展情形，有優點，也有缺點，優點如縣制體系嚴密完備、縣爲實際行動單位、縣長官享有完整之權力、官員任用嚴行迴避、避免武人出長縣政、富有濃厚的地方自治氣氛、行政司法充分配合等。缺點則是地方行政區劃層次漸趨複雜，隋以後，佐治吏員略嫌不足，濃厚的人治主義氣息，縣長官任用未盡理想等〔註 11〕。然而缺點雖有，優點更多，秦始皇廢封建、行郡縣以來，兩千年來縣制行之不墜，在中國政治制度中最具特色，是中國政治制度中的一項偉大成就〔註 12〕，稱縣爲中國政治的基礎，殆不爲過。

〔註11〕同註10。
〔註12〕同註10。

第三章　唐代縣的建置

　　自從春秋時期列國開始設縣後，歷經戰國、秦、漢及魏晉南北朝，縣的
發展已經相當完備。隋唐時期的縣，和秦漢時期的縣在內容上有所差異，兩
者同時是中國地方行政制度的兩大類型。〔註1〕

　　隋文帝開皇九年（589），中國結束自晉懷帝永嘉之亂（307～311）以來
的分裂再度統一，其後，隋朝在文帝的勵精圖治下，無論文治武功堪稱極
盛：

> 七德既敷，九歌已洽，要荒咸暨，尉侯無警。於是躬節儉，平徭
> 賦，倉廩實，法令行，君子咸樂其生，小人各安其業，強無陵弱，
> 眾不暴寡，人物殷阜，朝野歡娛，二十年間，天下無事，區宇之內
> 晏如也。考之前王，足以參蹤盛烈。〔註2〕

然而，隋朝日後的滅亡，竟也是肇因於文帝：

> 但素無術學，不能盡下，無寬仁之度，有刻薄之資，暨乎暮年，此
> 風逾扇，又雅好符瑞，暗於大道，建彼雄域，權侔宗室，皆同帝
> 制，靡所適從，聽哲婦之言，惑邪臣之說，溺寵廢嫡，託付失所。
> 滅父子之道，開昆弟之隙，縱其尋斧，翦伐本枝。墳土未乾，子孫
> 繼踵屠戮，松檟纔列，天下已非隋有。惜哉！這起衰怠之源，稽起

〔註 1〕嚴耕望將秦漢和隋唐時期的地方行政制度列為中國地方行政制度的二大類
　　　型，後世只是依據此二大題型加以變化而已。見嚴耕望，《中國地方行政制度
　　　史甲部——秦漢地方行政制度》（台北：中央研究院歷史語言研究所，民國79
　　　年5月三版），頁5。
〔註 2〕魏徵，《隋書》卷二，《帝紀二》、《高祖下》（台北：洪氏出版社，民國63年7
　　　月1日初版），頁55。

亂亡之兆，起自高祖，成於煬帝。〔註3〕

煬帝繼承大統，荒淫嬉戲的結果是斷送隋文帝所建立的一片江山：

> 煬帝……踐峻極之崇基，永丕顯之休命。地廣三代，威震八紘，單
> 于頓顙，越裳重譯。赤仄之泉，流溢于都內，紅腐之粟，委積於塞
> 下。負其富強之資，思逞無厭之欲（中略）遂以萬乘之尊，死于一
> 夫之手，億兆靡感恩之士，九牧無勤王之師，子弟同就誅夷，骸骨
> 棄而莫掩，社稷顛隕，本枝殄絕，自肇有書契以迄于茲，宇宙崩
> 離，生靈塗炭，喪身滅國，未有若斯之甚也。〔註4〕

隋朝傾覆之後，天下大亂，群雄競起，逐鹿於中原。李淵歷經艱苦奮鬥，終
於擊敗諸豪，建立唐朝。開國之初，典章制度大多襲自隋朝「高祖發跡太原，
官名稱位，皆依隋舊。及登極之初，未遑改作，隨時署置，務從省便。」〔註5〕
就縣來說，和隋時差異不大。這種因襲隋朝舊制的情形，到了唐玄宗天寶十
四載（755）時，有了很大的改變。這一年所爆發的安史之亂，對於整個唐朝
產生鉅大而深遠的影響，除了帶給當時極大的震撼外，並且改變了唐朝的命
運，從此之後，唐朝的國勢，由原本的極盛而日趨衰弱，終致滅亡。同時安
史之亂也影響到原來的政治制度，使得唐朝後期的政治制度，不再完全沿續
隋朝的舊制，而呈現出不同的風貌。

　　本章將就唐代縣的建置作一番探討，除了縣的等級，數額等項外，也要
說明縣的組織與其職權，藉此了解唐代縣的建置情形。

第一節　唐代縣的等級

一、唐代縣的數目

　　隋縣的數目大約有一千二百五十五個「及隋氏平陳，寰區一統，大業三
年，改州爲郡，亦如漢制（中略）大凡隋簿，郡百九十，縣一千二百五十
五。」〔註6〕唐代縣的數目各個時期都有不同，略有出入，但是從太宗貞觀十

〔註3〕魏徵，前引書，卷二，《帝紀二》、《高祖下》，頁55～56。

〔註4〕魏徵，前引書，卷四，《帝紀》第四，《煬帝下》，頁95～96。

〔註5〕劉昫，《舊唐書》，卷四十二，《志》第二十二，《職官一》（台北：鼎文書局，
　　　民國74年3月四版），頁1783。

〔註6〕劉昫，前引書，卷三十八，《志》第十八，《地理一》，頁1384。另外《隋書》
　　　卷二十九，《志》第二十四，《地理志上》，頁808，所載縣的數目亦同。

三年（639）定簿到憲宗元和六年止（811），唐縣的數目大致上維持在一千五百縣左右，現依據新、舊《唐書》、《地理志》、《通典》、《通志》及《資治通鑑》等書的記載，將唐代縣的數目列表如後：

表六：唐代縣數目表

時　　　間	縣數	資　料　來　源	備　　　　　註
太宗貞觀十三年（639）	1551	《舊唐書》卷三十八，《地理志一》《新唐書》卷三十七，《地理志一》	
太宗貞觀十三年（639）	1551	《通鑑》卷一九五，《唐紀》十一貞觀十三年條	
太宗貞觀十四年（640）	1573	《舊唐書》卷三十八，《地理志一》	
玄宗開元二十八年（740）	1573	《新唐書》卷三十七，《地理志一》	《通鑑》卷二一五，《唐紀》三十，開元二十八年十一條同
玄宗天寶元年（742）	1528	《舊唐書》卷九，《本紀》第九《玄宗下》	《通鑑》卷二一五，《唐紀》三十一，天寶元年條同
玄宗天寶初	1573	《通典》卷一七二，《州郡二》	《通志》卷三十二，《職官六》同
玄宗天寶十三載（754）	1538	《通鑑》卷二一七，《唐紀》三十三	
憲宗元和二年（807）	1453	《舊唐書》卷十四，《本紀》第十四《憲宗上》	

其中必須說明的是：（一）高德武德初年，因為創業伊始，權置州郡的情形可說非常普遍「群盜初附，權置州郡，倍於開皇、大業之間。」〔註7〕（二）安史亂後縣的數目難以確切的估算「永泰之後，河朔、隴西淪於寇盜。元和掌計之臣，嘗為版簿，二方不進戶口，莫可詳知。」〔註8〕（三）唐末大亂，無法記載「乾符之後，天下亂離，禮樂征伐，不自朝廷，禹跡九州，瓜分蘗剖，或併或析，不可備書。」〔註9〕這三個時期，縣的數額的估算，是難以確切的進行的。

二、唐代縣的等級

隋文帝登極後，官制大都承襲前代「高祖既受命，改周之六官，其所制名，多依前代之法。」〔註10〕隋代縣的等級可以區分為上上、上中、上下、

〔註7〕劉昫，前引書，卷三十八，《志》第十八，《地理一》，頁1384。
〔註8〕劉昫，前引書，頁1393。
〔註9〕同註8。
〔註10〕魏徵，前引書，卷二十八，《志》第二十三，《百官下》，頁773。

中上、中中、中下、下上、下中、下下九等〔註 11〕，開皇十四年（594），將原先的九等縣更動爲上、中、中下及下四等〔註 12〕，而以「所管閑劇及衝要」作爲縣等級區分的依據〔註 13〕。唐代則無論是在縣的名稱，等級以至於區分的標準上都遠比隋代來得複雜。依照新、舊《唐書》、《大唐六典》、《唐會要》、《通典》、《通志》、《文獻通考》、《冊府元龜》、《文苑英華》、《通鑑》及《全唐文》中有關唐代縣的名稱、等級、區分的標準的記載列表如後：

表七：唐代縣等級表

縣的等級	區　分　標　準	資　料　來　源	備　　註
京縣、畿縣、望縣、緊縣、上縣、中縣、中下縣、下縣	京縣：三都（京兆、河南、太原）之縣在內爲京縣（長安、萬年、河南、洛陽、太原、晉陽爲京縣）。 畿縣：三都（京兆、河南、太原）之縣城外曰畿縣。 上縣：六千戶已上。 中縣：二千戶已上。 中下縣：一千戶已上。 下縣：不滿一千戶。	《舊唐書》卷四十三，《職官志二》 《舊唐書》卷四十四，《職官志三》	望縣有八十五縣
京縣、畿縣、上縣、中縣、中下縣、下縣		《新唐書》卷四十九下，《百官下》	
京縣、畿縣、望縣、上縣、中縣、中下縣、下縣	京縣：京兆、河南、太原爲三都，三都之縣在城內爲京縣。 畿縣：三都之縣在城外爲畿縣。 上縣：六千戶已上。 中縣：二千戶已上。 中下縣：一千戶已上。 下縣：一滿一千戶。	《唐六典》卷三，《尚書省・戶部》	望縣有八十五縣，《六典》所載爲開元二十二年時數目
赤縣、畿縣、望縣、緊縣、上縣、中縣、下縣		《文苑英華》卷八〇六歐陽詹：《同州韓城縣西尉廳壁記》	
赤縣、畿縣、望縣、緊縣、上縣、中縣、中下縣、下縣		《冊府元龜》卷七〇一，《令長部・總序》	其後有次赤縣次畿縣
赤縣、畿縣、望縣、緊縣、上縣、中縣、下縣	赤縣：京都所治爲赤縣（三府共有六縣）。 畿縣：京之旁邑爲畿縣。 其餘以戶口多少，資地美惡爲差。	《通典》卷三十三，《職官十五》	《通典》卷十五《選舉三》註中說明自赤至下有七等之差。開元十八年敕以六千戶以上爲上縣，三千戶以上爲中縣，不滿三千戶爲下縣《通典》卷十五《選舉三》註中則記載唐縣自赤至下共八等，但並未註明八等縣的名稱。
	初州縣混同，無等級之差。其後選人既多，敘用不給，遂累增郡縣等級之差。	《通典》卷十五，《選舉三》	

〔註 11〕魏徵，前引書，頁 784。
〔註 12〕魏徵，前引書，頁 793。
〔註 13〕魏徵，前引書，頁 802。

| 赤縣、畿縣、望縣、緊縣、上縣、中縣、中下縣 | 赤縣、畿縣、望縣、緊縣等縣不限戶數，並爲上縣。
上縣：六千戶以上。
中縣：三千戶以上。
中下縣：不滿三千戶。 | 《唐會要》卷七十，《量戶口定州縣等第例》 | 上述爲開元十八年所定標準。武德令則規定五千戶以上爲上縣，三千戶以上爲中縣一千戶以上爲下縣 |
| | 京縣：長安、萬年、河南、洛陽、太原、晉陽。
赤縣：萬年、長安。
京都屬縣爲赤、次赤，餘爲畿縣。 | 《通鑑》卷一九九高宗永徽六年八月條通鑑卷二二三，代宗廣德元年十月條註、《通鑑》卷三二三，代宗永泰元年十月條註 | |

由上表大略可以歸納出幾點結論：

（1）就縣的等級而言：

唐代的縣可以區分爲六等縣（京縣、畿縣、上縣、中縣、中下縣、下縣）、七等縣（赤縣、畿縣、望縣、緊縣、上縣、中縣、下縣）（京縣、畿縣、望縣、上縣、中縣、中下縣、下縣）（赤縣、畿縣、望縣、緊縣、上縣、中縣、中下縣）、八等縣（京縣、畿縣、望縣、緊縣、上縣、中縣、中下縣、下縣）（赤縣、畿縣、望縣、緊縣、上縣、中縣、中下縣、下縣）、十等縣（赤縣、次赤縣、畿縣、次畿縣、望縣、緊縣、上縣、中縣、中下縣、下縣）。

（2）就縣的區分標準而言：

唐縣的區分標準如：

1. 京縣同赤縣，京縣（赤縣）與次赤縣，都是唐京都屬縣中附城之縣，畿縣則是城外之縣。

2. 除京都屬縣之外，縣以戶口多少、資地美惡及官吏敘用等作爲區分的標準和理由。但是戶口之依據數目是隨著時代、環境的不同而有所更動。

3. 各等級縣的數目及其等級常常調整。

不過諸如次赤、次畿、望縣等的定義並沒在上表中得知，以下分別加以探討。

次赤縣僅知是京都屬縣附城之縣，在安史之亂發生前的唐朝前期，奉先縣是唯一的次赤縣〔註14〕，後期因爲岐州升爲鳳翔府、蜀郡升爲成都府、荊

〔註14〕據《新唐書》卷三十七，《地理志一》及《唐會要》卷七十，州縣分望道所記，奉先縣原爲次赤縣，但在唐玄宗開元十七年十一月十日升爲赤縣，原因是境內有皇帝陵寢，必須加以供應。因此，此處所述唐朝前期唯一的次赤縣，指的是玄宗開元十七年十一月以前的情形。參見歐陽修、宋祁，《新唐書》卷三十七，《地理志一》（台北：鼎文書局，民國74年3月四版），頁965；王溥，

州升爲江陵府及新升的河中府、興元府，於是次赤縣大爲增加，另外還與皇帝陵寢的增加有關，陵寢的增加使得次赤縣也隨之增加。〔註15〕

　　次畿，唐朝前期並無次畿縣，唐後期隨增設五府而出現了一些次畿縣。由於新升五府地位次於唐前期三府，故其轄區，除個別爲次赤之外，餘縣都是次畿縣，唐朝後期新升五府的次畿縣如下：

　　　　鳳翔府：岐山、扶風、麟遊、普潤、寶雞、虢、郿。

　　　　成都府：新都、犀浦、新繁、雙流、廣都、郫縣、溫江、靈池。

　　　　河中府：臨晉、猗氏、虞鄉、永樂、寶升、龍門、安邑、寶鼎。

　　　　江陵府：枝江、當陽、長林、石首、松滋、公安、荊門。

　　　　興元府：褒城、城固、西縣、三泉。〔註16〕

望縣，唐朝前期望縣八十五，北方占總數的四分之三，南方占四分之一〔註17〕，唐後期望縣數增加六十三縣〔註18〕，其中新升望縣以江南道最多，說明了唐後期江南道的社會經濟有了突飛猛進的發展。〔註19〕

　　綜合上述討論，對於唐代縣的等級大概可以得到如下的了解：

1. 縣的等級依照地區的衝要與否、戶口多寡之差、資地的美惡之分、政務的閑劇之別作爲劃分的標準。

2. 州縣等級的劃分，不僅保證了有才幹、閱歷深的官員擔任較高或高等州縣的官員，而且它還是逐步豐富官員的閱歷和提高其才幹的階梯，對於地方的治理、發展地方經濟是有積極作用的。

3. 從唐朝前後期縣等級的變化中，可以看出長江流域在唐朝後期的地位日益重要。〔註20〕

　　不過，例如望縣，緊縣的標準如何分等問題，將有待於資料更加豐富時

　　《唐會要》，卷七十，《州縣分望道》（台北：世界書局，民國 78 年 4 月五版），頁 1233。

〔註15〕翁俊雄，〈唐代的州縣等級制度〉，《北京師範學院學報・社會科學版》1991年第一期（1991 年 2 月出版），頁 15。

〔註16〕歐陽修、宋祁，《新唐書》卷三十七～四十三下，《地理志》（台北：鼎文書局，民國 74 年 3 月四版），頁 959～1159。

〔註17〕見李林甫，《大唐六典》卷三，《尚書省戶部》（台北：文海出版社，民國 63年 6 月四版），頁 64。

〔註18〕《新唐書・地理志》中記望縣共一四八個，前期八十五個，後期爲六十三縣。見歐陽修、宋祁，前引書，頁 959～1159。

〔註19〕見翁俊雄，前引文，頁 15。

〔註20〕見翁俊雄，前引文，頁 16～17。

再作研究。

第二節　唐代縣的組織與職權

　　唐代縣是地方行政制度的基層單位，上承中央命令，下轄境內眾民，重
要而且是不可或缺的。白居易曾在對策中提到了縣的作用：

> 蓋以君之命行於左右，左右頒於方鎮，方鎮布于州牧，州牧達于縣
> 宰，縣宰下於鄉吏，鄉吏傳於村胥，然後至於人焉。〔註21〕

陳子昂視州縣爲天子之手足

> 臣伏惟陛下當今所共理天下，欲致太平者，豈非宰相與諸州刺史縣
> 令邪！陛下若重此而治天下乎，臣見天下理也。宰相，陛下之腹
> 心，刺史縣令，陛下之手足，未有無腹心手足而能獨理者也。〔註22〕

以手足爲喻，可見縣的重要。

　　縣的施政中心在於縣廷，唐代的縣廷由縣長官及其屬下所組成，如表八
〔註23〕，縣的長官縣令可以說是「官小任還重」〔註24〕，和地方民眾接觸最
多，是所謂的「親民官」，縣令人選的良窳，施政的好壞都直接影響到人民
的生活。因之，張九齡上封事時指陳「今六合之間，元元之眾，莫不懸命於
縣令，宅生於刺史（中略）是以親人之任，宜得其賢，用才之道，宜重其選。」
〔註25〕白居易則認爲如能夠舉能選賢，就可以去除盜賊，安業厚生：

> 由是觀之，則俗之貪廉，盜之有無，繫於人之勞逸，吏之賢否也。
> 今禁科雖嚴，桴鼓未靜，敓攘者時聞於道路，穿窬者或縱於鄉閭，
> 無乃陛下之人也，多窮困凍餒者乎？無乃陛下之吏，有非循良明白
> 者乎！〔註26〕

〔註21〕白居易，《白氏長慶集》，《四部叢刊初編縮本》，卷四十五，《策林二十一》（台
　　　　北：台灣商務印書館，民國64年6月台三版），頁245。

〔註22〕陳子昂，《陳伯玉集》，《四部叢刊初編縮本》，卷八十一，《牧宰》（台北：台
　　　　灣商務印書館，民國64年6月台三版），頁71。

〔註23〕本表引自王壽南，《隋唐史》第十三章政治制度（台北：三民書局，民國75
　　　　年12月初版），頁534～537。

〔註24〕李昉，《文苑英華》卷二八三，裴說，《送人邑宰》，原詩爲「官小任還重，命
　　　　官難偶然，皇恩輕一邑，赤子病三年，瘦馬稀食粟，羸童不識錢，如君清苦
　　　　節，到處有人傳。」（台北：大化書局，民國74年5月初版），頁653。

〔註25〕張九齡，《曲江集》，《四部叢刊初編縮本》，卷十，《上封事》（台北：台灣商
　　　　務印書館，民國64年6月台三版），頁4。

〔註26〕白居易，前引書，卷六十五，《議封建論郡縣》，頁259。

表八：唐縣廷組織表

縣等 職稱級	赤(京)縣 員額	品秩	畿縣 員額	品秩	上縣 員額	品秩	中縣 員額	品秩	中下縣 員額	品秩	下縣 員額	品秩
令	1人	正五品上	1人	正六品上	1人	從六品上	1人	正七品上	1人	從七品上	1人	從七品下
丞	2人	從七品上	1人	正八品下	1人	從八品下	1人	從八品下	1人	正九品上	1人	正九品下
主簿	2人	從八品上	1人	正九品上	1人	正九品下	1人	從九品上	1人	從九品上	1人	從九品上
尉	6人	從八品下	2人	正九品下	2人	從九品上	1人	從九品下	1人	從九品下	1人	從九品下
錄事	2人	從九品下	2人		2人		1人		1人		1人	
佐	2人											
史	2人		3人		3人		2人					
司功佐	3人		3人									
史	6人		5人									
司倉佐	4人		4人									
史	8人		7人									
司戶佐	5人		4人		4人		3人		2人		2人	
史	10人		7人		7人		5人		4人		4人	
帳史			1人		1人		1人		1人		1人	
司兵佐	4人											
史	6人											
司法佐	5人		4人		4人		3人		2人		2人	
史	10人		8人		8人		6人		4人		4人	
司士佐	4人		4人									
史	8人		8人									
經學博士	1人		1人		1人		1人		1人		1人	
助教	1人		1人		1人		1人		1人		1人	
學生	50人		40人		40人		25人		25人		20人	
典獄	14人		10人		10人		8人		6人		6人	
問事	8人		4人		4人		4人		4人		4人	
白直	18人		10人		10人		8人		8人		8人	
市令			1人		1人		1人		1人		1人	
佐			1人		1人		1人		1人		1人	
史			1人		1人		1人		1人		1人	
帥			2人		2人		2人		2人		2人	
倉督					2人		1人					

由此看來，一個縣令的好壞良窳和人民有莫大的關係，好的縣令能服務人群，造福鄉梓，壞的縣令不僅擾民，甚至會成為人民生活中不安的來源，所以縣令的選任是非常重要，不能輕忽隨便的。

縣廷中其他成員是縣令的屬下，聽受縣令的命令，接受縣令的指揮，並輔佐縣令執行中央所交賦的任務。主要的官員有丞、主簿及尉。關於縣令和其屬下所要合力執行的任務實際上是十分廣泛的，縣令和其屬下的地位也很重要。

> 唐制有赤縣、畿縣、望縣、緊縣、上縣、中縣、中下縣、下縣之差。赤令其品正五，畿令其品正六，上縣令其品從六，望緊同之中縣令，其品正七，下縣令其品從七，其後又有次赤、次畿之名。（中略）屬官置錄事、司功、司倉、司兵、司法、司士，略如周制。丞為副貳，如州上佐，主簿，檢轄如州錄事參軍，尉分置諸曹，如州判司。（中略）夫一同之地有社稷焉，有吏民焉，可以事親，可以為政，有督責之令，有刑罰之感，勸課以率下，貢賦以奉上，蓋生命舒慘之所屬，國家休戚之所同，至于丞尉而下皆亦攸助其治，居其任者不可不重乎！〔註27〕

縣廷由縣長官縣令所領導，率領縣廷其他成員執行上級單位所交代的任務。縣令的職權範圍很廣，《舊唐書》卷四十四《職官志》載縣令的職權為：

> 京畿及天下諸縣令之職，皆掌導揚風化，撫字黎甿，敦四人之業，崇五土之利，養鰥寡，恤孤窮，察審冤屈，躬親獄訟，務知百姓之疾苦。〔註28〕

《新唐書》卷四十九百官志則如此敘述：

> 縣令掌導風化，察冤滯，聽獄訟，凡民田收授，縣令給之，每歲季冬，行鄉飲酒禮。籍帳、傳驛、倉庫、盜賊、隄道，雖有專官，皆通知。〔註29〕

比起新、舊《唐書》對於縣令職權的記載，《唐六典》的記敘是較為詳細完整的：

> 京畿及天下諸縣令之職皆掌導揚風化，撫字黎甿，敦四人之業，崇

〔註27〕王欽若，《冊府元龜》卷七〇一，《令長部總序》（台北：大化書局，民國73年10月初版），頁3687。

〔註28〕劉昫，《舊唐書》，卷四十四，《職官志三》，頁1921。

〔註29〕歐陽修、宋祁，《新唐書》，卷四十九下，《百官志四下》，頁1319。

五土之祠，養鰥寡，恤孤窮，察審冤屈，躬親獄訟，務知百姓之疾
苦，所管之戶，量其資產，類其強弱，定為九等。其戶皆三年一定
以入籍帳，若五九、三疾及中丁多少，貧富強弱，蟲霜旱潦，年收
耗實，過良形狀及差科簿皆親自注定，務均齊焉，若應牧受之田，
皆起十月里正勘造簿曆，十一月縣令親自給授，十二月內畢。至於
課役之先後，訴訟之曲直，必盡其情理，每歲季冬之月行鄉飲酒之
禮，六十已上坐堂上，五十已下立待於堂下，使人知尊卑長幼之
節。若籍帳、傳驛、倉庫、盜賊、河隄、道路雖有專當官，皆縣令
兼綜焉。〔註30〕

縣令職權之廣泛，縣務之繁瑣於此可見一斑。

縣令綜理全縣縣務，即使傾全力也勢難親身執行如此複雜瑣碎的業務，
在此情形下，屬下的配合是關係著縣政能否順利推動的重要因素，唐代縣廷
的組織大概是比照州的組織情形而縮小其規模。因此，先敘述州廷中刺史及
其屬下的職權，然後再敘述縣組織中縣令以外其餘主要屬官的職權。

州刺史及其屬下的職權如下：

京兆、河南、太原牧及都督、刺史掌清肅邦畿，考覈官吏，宣布德
化，撫和齊人，勸課農桑，敦敦五教。每歲一巡屬縣，觀風俗，問
百年，錄囚徒，恤鰥寡，閱丁口，務知百姓之疾苦。部內有篤實異
能聞於鄉閭者，舉而進之。有不孝悌，悖禮亂常，不率法令者，糾
而繩之。其吏在官公廉正己，清直守節者，必謹而察之。其貪穢諂
諛，求名徇私者，亦謹而察之。皆附於考課，以為褒貶。若善惡殊
尤者，隨即奏聞，若獄訟疑議，兵甲興造便宜，符瑞尤異，亦以上
聞，其常則申於尚書省而已。若孝子孝孫，義夫節婦，精誠感通，
志行聞於鄉閭者，亦具以申奏，表其門閭。其孝悌力田、頗有詞學
者，率與計偕。其所部有須改更，得以便宜從事。若親王典州，及
邊州都督刺史不可離州局者，應巡屬縣，皆委上佐行焉。尹、少
尹、別駕、長史、司馬掌貳府州之事，以綱紀眾務，通判列曹，歲
終則更入奏記。司錄、錄事參軍掌勾稽、省署鈔目、監符印。功
曹、司功掌官吏考課、祭祀、禎祥、道佛、學校、表疏、醫藥、陳
設之事。倉曹、司倉掌公廨、度量、庖廚、倉庫、租賦、徵收、田

園、市肆之事。户曹、司户掌户籍，計帳、道路、逆旅、婚田之事。兵曹、司兵掌武官選舉、兵甲器仗、門户管鑰、峰候傳驛之事。法曹、司法掌刑法。士曹、司士掌津梁、舟車、舍宅、百工眾藝之事。市令掌市廛交易，禁斥非違之事。經學博士掌五經教授諸生。醫藥博士以百藥救民疾病。下至執刀、白直、典獄、佐史、各有其職，州府之任備焉。〔註31〕

縣的組織類似州的組織，「大唐縣有令，而置七司，一如郡置。丞爲副貳，主簿上輯，尉分理諸曹，錄事省受符歷，佐史行其簿書。」〔註32〕縣廷中除開縣令、丞、主簿及尉外，尚有其他屬官，「屬官置錄事、司功、司倉、司兵、司法、司士略如周制，丞爲副貳，如州上佐，主簿，檢轄如州錄事參軍，尉分治諸曹，如州判司。」〔註33〕如果要簡單說明丞、主簿及尉等的職責，那麼丞的職責應該是通判諸事，主簿則是掌付事句稽，省署鈔目、糾正縣令非違、監印，給紙筆〔註34〕，是所謂的勾官〔註35〕。尉負責親理庶務，分判眾曹，割斷追徵，收率課調〔註36〕。至於主簿、丞、尉的人數及品級則依據縣的等級有所不同（如表七）。其中值得注意的是丞、主簿和尉在隋代以前多是本郡人擔任，隋代才改爲由他郡人任職「漢縣有丞，尉及諸曹掾（原注：多以本郡人爲之，三輔則兼用他郡。及隋氏革選，盡用他郡人）。……主簿（原注：自漢以來，皆令長自調用，至隋始置之）。」〔註37〕唐代繼續隋代的辦法，

〔註31〕劉昫，前引書，頁 1919～1920。

〔註32〕杜佑，《通典》，卷第三十三，《職官十五》、《總論縣佐》，頁 920～922。

〔註33〕同註 27。

〔註34〕同註 33。

〔註35〕依王永興的研究，唐代官制中除機要決策系統、行政管理系統和監察系統外還有勾檢系統。唐代對官吏比較嚴格，行政效率比較快和勾檢系統有密切關係，而勾檢系統上自中央，下到地方普遍施行，主簿即是地方行政機構縣的勾官。見王永興，《唐勾檢制度研究》（上海：上海古籍出版社，1991 年 5 月第一版），頁 2～34。

〔註36〕李林甫，《大唐六典》，卷三十，《三府都護》、《州縣官吏》，頁 515。尉是縣品官中地位最低的官職，是所謂的判官，其品階依縣等級的不同而有區別，關於唐代的縣尉，可參酌日人礪波護《唐代的縣尉》一文，其中對於唐代縣尉的職權、品階與升遷途徑有相當清楚的分析。該文收錄於劉俊文主編，夏日新、韓昇、黃正建等譯，《日本學者研究中國史論著選譯》，第四卷六朝隋唐（北京：中華書局，1992 年 7 月第一版），頁 558～584。

〔註37〕漢縣令長有權辟置僚屬，隋朝盡收辟置權並改由他郡人擔任，爲中央集權，杜防地方權力擴張的措施。

並且自高宗起由吏部選授成爲品官。〔註38〕

　　縣廷中縣令、丞、主簿及尉是流內官，其他成員大多是流外官和雜任。唐代常常將流外官和雜任統稱爲內外雜職掌或職事人、雜色人。杜佑《通典》卷四十《職官典》中詳細地列出內外職掌所含有的對象：

> 內職掌：齊郎、府史、亭長、掌固、主膳、幕士、習馭、駕士、門僕、陵戶、樂士、供膳、獸醫、學生、執御、門事、學生、後士、魚師、監門校尉、直屯、備身、主仗、典食、監門直長、親事、帳內等。外職掌：州縣倉督、錄事、佐史、府史、典獄、門事、執刀、白直、市令、市丞、助教、津吏、里正及岳廟齋郎并折衝府旅帥、隊正、隊副等。〔註39〕

這些流外官和雜任廣義上被歸納在吏的範疇中〔註40〕，他們負責具體處理官府文物的抄錄，官廳官物的看守，儀仗的執持，甲械的保管，公廨、捉錢的經管，租賦、科差的催征，市肆的管理，簿書、計帳的勘造，田畝的耕督，鄉里的監護等〔註41〕，因此，縣令相當地依賴這些吏，可是對他們又抱持著蔑視的態度，縣和吏之間存在著一種複雜的關係，對於這種複雜的關係，Denis C. Twitchett 有很精闢的析論：

> 隋唐時期，刺史不僅是國家官僚體系中的一員，也已逐漸統一、合理化地排除了京師與地方事物間的顯著差異，但當他在地方任職時，無法免除證明他個人與地方的地域勢力之形成太過於接近。由於本州家庭的連繫與個人的關係，往往會造成刺史的貳心，因此，禁止地方官在自己居住的本州任職，同樣的理由，爲了避免他和地方勢力相衝突，也禁止他與治下的州，以及自己本州的家族成員聯姻。同時，爲了避免他形成過高權勢的地方羈絆，在一地方官職的任期也不能超過三年，而且經常予以頻繁的調動。
> 州所屬的縣令身上也產生同樣的限制與束縛，縣令的衙門是最低級的地方分支，而縣令也是官僚體系的成員之一。在這一制度底下，

〔註38〕李林甫，前引書，卷五十，頁515～516。
〔註39〕杜佑，前引書，1106。
〔註40〕張廣達，《論唐代的吏》，《北京大學學報‧哲社科版》1989年第二期（1988年3月出版），頁8。張廣達認爲廣義吏可包含流外和雜任，狹義的吏似指判官和流外行署，流外非行署和流外番官。
〔註41〕張廣達，前引文，頁8。

刺史、縣令以及他們所屬的次級官員，他們經常發現處在一種不穩定的立場，同時身兼中央權威的代表與地方勢力擁護者，他們對此負責，無疑的，也是中央權威下的基本官員。對他們來說，一個地方官職，只是他們仕宦生涯中的臨時性階段。他們的終極效忠還是針對朝廷，而且身為一個官僚，中央政府的一個職位，依然他們所追求的首要目標。

地方行政的實施，以及地方政府裡個人的施政，由刺史與縣令制定的並不太多，反而是由他們的小屬官，即正規的官僚類型之外的「吏」來制定。（中略）他們自己在製造成或影響官僚分支上，擁有真正的權力，對他們來說，一般正式判決起草草案時，他們才是官場上的老手。他們不僅諳熟州衙門的日常例行業務，而且更如同地方知識、地方習俗與小規模地方判例的儲存庫一樣，絕對是不可或缺的。以這觀點來看，絕非誇大他們的重要，唐代習慣法與社會習俗的地方性變動，確實是很大的。在地方上，居民都講特別僻奇的地方方言，縣令往往無法明白他治下人民所說的話，而他們提供了一極為實在的功能。

與他們的擅長不同，他們並非「流內官」，而是「流外官」，一個永遠在同一職位的小官，既不像他們的長官那樣的易於調動，也沒有禁令限制他們在本地任職，或者終生服役，一般稱他們為「雜人」，或為當時的地方官僱用擔任短期工作的「什役」之類。（中略）他們的收入大都是來自於規費，或是在地方貪污而得來，他們永不調動，成為衙門裡穩固恆久的地方環節，這些大部份是基於他們自己的經驗與意見，同時也是透過刺史與縣令自己的直接經驗與權力而來，如此，中央政府的政策，得以針對地方狀況，採取特別的要求。〔註42〕

　　雖然有吏擔任著官府與地方民眾之間的中介人物，可是縣令的權力，還是必須靠得到勢族與見廣大分支血統的地方秀異分子的同意，才能夠運作自如，也唯有藉著縣令與地方上，有權力和影響力家族之間的合作，才能使縣的工作有所推展，而進入地方利益真正中心的鄉村之中，完成中央政府所交

〔註42〕Denis C. Twitchett 著，張榮芳譯，《唐代藩鎮勢力的各種類型》，《大陸雜誌》第六十六卷第一期（民國 72 年 1 月出版），頁 39～40。

賦的任務。〔註43〕

<hr />

〔註43〕唐代縣務推展的順利成功與否，必須依賴縣以下基層組織的配合，唐代縣以
下基層組織包括鄉、里、坊（郊外曰村）、保及鄰。大概說來，坊以上組織的
工作在於督察，例如勸課農桑，調解紛爭、催促徵稅等項。通典卷第三，食
貨三，鄉黨中有所說明：「大唐令，諸戶以百戶爲里，五里爲鄉，四家爲鄰，
五家爲保，每里置正一人，掌按比戶口，課植農桑，檢察非違，催驅賦役。
在邑居者爲坊，別置正一人，掌坊內管鑰，督察姦非，並免其課役。在田野
者爲村，別置村正一人。」鄰、保則是互助互勵的性質，一如《舊唐書》卷
四十三，職官二、戶部中的記載：「凡天下之戶，百戶爲里，五里爲鄉。兩京
及州縣之郭內，分爲坊，郊外爲村（中略）四家爲鄰，五鄰爲保，保有長，
以相禁約。」里正、坊正、村正由縣選拔，通典卷第三，食貨三，鄉黨：「諸
里正，縣司選勳官六品以下白丁清平強幹者充，其次爲坊正。若當里無人，
聽於比鄰里簡用。其村正取白丁充，無人處，里正等並通取十八以上中男、
殘疾等充。」配合縣的命令，負責勸課農桑、催驅賦役等工作，地位頗爲重
要，日人和田清便極力強調縣及其以下基層組織配合的需要性，在其《支那
地方自治發達史》一書中有如此的論述：「中國社會，一方面有從天子以下至
知州知縣由上而下的官僚組織，同時，另一方面有從地方產生的自治的互助
協同組織與之相對立，是相當顯著的現象。」和氏並以爲上從宰相，下至知
州縣的官僚制度，是統轄權幾乎不及縣以下的一般人民，因之，必須仰賴由
耆老父兄專擅獨攬的村落自治體的支持，才能順利將政令推動。見和田清，《支
那地方自治發達史》（東京都：汲古書院，昭和四十九年）序說及第一章，頁
6～15。顧炎武也有相似的主張，並認爲可以達到縣令之職不下侵，小民得安
其業的功效：「隋文帝師心變古，開皇十五年始盡罷州郡縣官，而唐柳宗元之
言曰：『有里胥而後有縣大夫，有縣大夫而後有諸侯，有諸侯而後有方伯連帥，
有方伯連帥而後而天子。』由此論之，則天下之治，始於里胥，終於天子，
其灼然者矣。（中略）蓋縣令之職，猶不下侵，而小民得以安其業。」，見顧
炎武撰，黃汝成集釋，《日知錄集釋》，卷八，鄉亭之職（台北：世界書局，
民國80年5月八版），頁181～182。可見得縣以下基層組織地位的重要。另
外關於中國的鄉村，可參閱日人松本善海所著，《中國村落制度の史的研究》
（東京都：岩波書店，1977）一書。

第四章　唐代縣令制度

　　縣令是一縣之長，綜理縣務，職權廣泛，地位重要。雖然高祖建國之初承襲隋代制度，但後來建立起屬於唐代自己的規模制度。唐代的縣令制度，沿襲前代的架構，加添自己的特色，無論是在縣令的職權，品級與俸祿，銓選與任用，考課及遷轉上都有相當完備的內容。本章試圖藉對上述課題的討論，一窺唐代制令制度的全貌。

第一節　縣令的職責與權力

　　縣令的職責與權力，曾在第三章第二節稍微述論，本節將作更深入的分析。

　　縣令身為一縣最高行政長官，綜合全縣縣務，職權廣泛。

　　　縣令至於賦稅畢集、判斷不滯、戶口無逃散，田畝守嘗額、養科
　　　均平、廨宇修飾、館驛如法，道路開通，如此之類，皆是尋常職
　　　分。〔註1〕

依照王壽南根據新、舊《唐書》及《大唐六典》對於縣令職權的分析，縣令的職權大約可以歸納為如下幾項：教化、訴訟、社會救濟、農業、地政、賦稅、戶口、傳驛、倉庫、治安、防洪、水利、交通等〔註2〕，以下就其中重要幾項加以敘述。

〔註 1〕王欽若，《冊府元龜》，卷六三六，《銓選部・考課二》，頁 3364。
〔註 2〕王壽南，《論唐代的縣令》，《政大學報》第二十五期（民國 61 年 5 月出版），頁 182。

一、教 化

在縣令的許多工作中，首先要能教化人民，歷來皇帝頗重視人民的教化，時常下詔要求地方官做好對人民的教化工作，如唐玄宗天寶元年（742）正月下詔：

> 如聞百姓之內，或有戶高丁多，苟爲規避父母在，乃別籍異居，且令州縣勘會，其一家之中有十丁已上者放兩丁，征行賦役，五丁已上放乙丁，即令同籍共居以敦風化。〔註3〕

天寶三載（744）十二月制：

> 自古聖王皆以孝理天下，天下五嘗之本，百行莫先行，移於國則忠，於長而爲順，有天下孝行過人，鄉閭欽伏者，宜令所隸長官具以名薦，其有父母見在別籍異居，虧損名教莫斯爲甚。親歿之後亦不得分析，自今已後，如有不孝、不恭、傷財。破產者，宜配隸磧面，用清風教。〔註4〕

縣令因而將做好教化人民的工作視爲當務之急。例如德宗貞元年間（785～804），醴泉令馮伉爲了移風易俗，曾著書向縣民宣揚教化：

> 馮伉，貞元中爲醴泉令，患百姓多昏獷，爲著諭家十四篇，大指明忠孝仁義，勸學務農，每鄉給一卷，俾其傳習。〔註5〕

韋景駿使相訟母子和好如初：

> 韋景駿，開元中爲貴鄉令，縣會有母子相訟者，景駿謂之曰：「吾少孤，每見人養親，自痛終天無分，汝幸在溫清之地，何得如此？錫類不行，今之罪也。」因垂泣嗚咽，乃取孝經與之，令習讀，於母子感悟，自請改悔，遂稱慈孝。〔註6〕

元德秀以誠信感化盜賊：

〔註3〕王欽若，前引書，卷五十九，《帝王部·興教化》，頁292。
〔註4〕同註3。
〔註5〕王欽若，前引書，卷七〇三，《令長部·教化》，頁3698。
〔註6〕依照《冊府元龜》卷七〇三，《令長部·教化》所載，韋景駿開元中爲肥鄉令，但根據《舊唐書》卷一八五上，《韋景駿傳》與《新唐書》卷一九七，《韋景駿傳》所記，韋景駿在中宗神龍年間爲肥鄉令，至玄宗開元年間已轉爲貴鄉令，因此根據新、舊《唐書》將肥鄉令改爲貴鄉令，參見王欽若，《冊府元龜》卷七〇三，《令長部·教化》，頁3698，劉昫，《舊唐書》，卷一八五上，《良吏上》、《韋景駿傳》，頁4797～4798及歐陽修、宋祁，《新唐書》，卷一九七，《循吏》、《韋景駿傳》，頁5626～5628。

> 唐元德秀爲魯山令，部人爲盜，吏捕之繫獄，會縣界有猛獸爲暴，
> 盜自陳曰：「願格殺猛獸以自贖」，德秀許之。猾吏曰：「盜詭計，苟
> 免，擅放官囚無乃累乎！」德秀曰：「吾不欲負約，累則吾坐，必請
> 不及諸君。」即破械出之，翼日格猛獸而還，誠信化人，大率此
> 類。〔註7〕

二、訴　訟

　　審察冤屈，躬親獄訟是縣令另一個重大的職責，「古者懸法示人，欲使人
從善遠罪，至於不犯，以致刑措。」〔註8〕但是，即使法令昭明，仍不能免人
犯罪，縣令必須留心訴訟之曲直，而且不能耽於宴樂，否則會造成不公及冤
屈：

> 州縣官比聞縱情杯酒之間，施刑喜樂之際，致使簿書停廢，獄訟滯
> 冤。〔註9〕

此外，身爲縣令假使不明習法律，也會造成冤獄

> 其天下州縣官等，皆罕悉律令，莫知重輕，唯任胥徒，因多枉濫……
> 永言冤滯，豈不由斯。〔註10〕

冤曲獄訟的後果，可能會逼民反爲盜賊，戕害良民。

> 結爲仇讎，聚爲盜賊，冤憤之氣，上達於九天，激怒之威，橫行於
> 千里，虔劉郡邑屠戮生靈。〔註11〕

如何謹愼處理獄訟工作，懲奸罰惡，對縣令而言是一大挑戰。

三、農　業

　　中國是以農立國的國家，政府很重視農產的豐歉，能否增加農業生產的
數量是唐代縣令職責中的一項，也是被列入考課的一項，一如教化工作，一
般皇帝屢次下詔要求縣令達成使農產豐收的目標。成績好的先優予獎勵，不
盡力、成績欠佳的則嚴予處分。如玄宗天寶三年制中所宣布的：

> 凡諸郡縣，仍令太守縣令勸課農桑，其先處分太守縣令在任有有增

〔註 7〕 王欽若，前引書，頁 3699。
〔註 8〕 劉昫，前引書，頁 627。
〔註 9〕 董誥，《全唐文》及《拾遺》卷六十七，《武宗皇帝》、《戒官僚宴會詔》（台北：
　　　　 大化書局，民國 76 年初版），頁 355。
〔註10〕 董誥，前引書，卷八十五，《德宗皇帝》，頁 398。
〔註11〕 董誥，前引書，卷八十九，《僖宗皇帝四》、《車駕還京師德音》，頁 411。

減戶口成分者，所司量爲殿最，自今已後，太守縣令兼能勾當租庸，每載加數成分者，特賜以中上考。〔註12〕

又如代宗改元永泰赦：

刺史縣令，與朕分憂，凋瘵之人，切須撫字，一夫不獲，情甚納隍，有能招緝逃亡、平均賦稅、增多戶口、廣闢田疇、清節有聞、課效尤著者，宜委所在節度觀察具名聞奏，即令按覆超資擢授。〔註13〕

又如代宗改元大曆赦：

其刺史縣令，宜以招輯戶口，墾田多少，用爲殿最，每年終本道觀察節度等使按覆聞奏，如課績尤異，當加超擢。〔註14〕

高祖時，李大亮以致力農務受到嘉評，是「優與獎勵」政策下的具體例子。

李大亮，雍州涇陽人……薛兵入關，大亮自東都歸國，授土門令。屬百姓飢荒，勸以墾田，歲因大稔。……時太宗在藩，巡撫此境，聞而嗟歎，下書勞之，賜馬一匹，帛五十段。〔註15〕

代宗時，劉藻因不注意農田歉收，並且欺瞞皇帝，於是受到處罰：

（代宗）永泰十二年冬十月乙巳……京北尹黎幹奏水損田三萬一千頃，度支使韓滉奏所損不多。兼渭南令劉藻曲附滉亦云部內田不損，差御史趙計檢渭南田，亦附滉云不損。上曰：「水旱咸均，不宜渭南獨免。」復命御史朱敖檢之，渭南損田三千頃。上歎息曰：「縣令在字人，不損亦宜稱損，損而不聞，豈有卹隱之意邪！」劉藻、趙計皆貶官。〔註16〕

四、戶　口

農事之外，戶口的增減也被列入考課的範圍之內，首先，縣令必須編戶口、造戶籍。

凡天下人戶，量其資產，定爲九等，每三年，縣司注定，州司覆之，百戶爲里，五里爲鄉，四家爲鄰，五家爲保，在邑居家者爲坊，在田野者爲村……每歲一造計帳，三年一造戶籍，州縣留五比，尚書

〔註12〕宋綬、宋敏求，《唐大詔令集》卷四，《改天寶三年爲載制》（台北：鼎文書局，民國67年4月再版），頁22。

〔註13〕宋綬、宋敏求，前引書，卷四，《改元永泰赦》，頁24。

〔註14〕宋綬、宋敏求，前引書，卷四，《改元大曆赦》，頁25。

〔註15〕劉昫，前引書，卷六十二，《列傳》第十二，《李大亮傳》，頁2386。

〔註16〕劉昫，前引書，卷十一，《本紀》第十一，《代宗》，頁313。

留三比。〔註17〕

> 諸戶籍三年一造，起正月上旬，縣司責手實計帳，赴州依式勘造，
> 鄉別爲卷，總寫三通，其後皆注某州某縣某年某籍，州名用州印，
> 縣名用縣印，三月三十日納訖，並裝潢一通送尚書省。州縣各留一
> 通，所須紙筆裝潢並皆出當戶戶口，內外一錢，其戶每以造籍年預
> 定爲九等，便注籍腳，有折生新附者，於舊戶後，以次編附。〔註18〕

然後，縣令要能增加戶口，成績優良，就有較好的考績：

> 撫字之道，在於縣令……其縣令在任，戶口增益，界內豐稔，清勤
> 著稱，賦役均平者，先與上考，不在當州考額之內也。〔註19〕
> 凡諸郡縣，仍令太守縣令勸課農桑，先處分太守縣令在任有增減戶
> 口成分者。〔註20〕

另外，安史亂後的戶口離散，使得招緝流亡成了縣令戶口工作中新增加的一
項，如代宗大曆元年十一月詔：

> 國以人爲本，人以農事爲業，頃由師旅，征稅殷繁，編戶流離，田
> 疇荒廢……其刺史縣令宜以招緝戶口、墾田多少爲殿最。……如課
> 績尤異，當加超擢，或政理無聞，必寘科貶。逃亡失業，萍泛無
> 依，特加招綏，使安鄉井。其逃戶復業者，宜給復三年，如百姓先
> 貨賣田宅盡者，宜委州縣取逃死戶田宅，量丁口充給，仍仰縣令親
> 至鄉村，安存措置，務從樂業，以贍資糧。〔註21〕

戶口能增加，能招緝流亡，在考課上便會獲得好成績，有益於日後仕途的發
展。

　　賦稅的徵收是另一項職務「凡租、庸、調、資課皆任土所宜，州縣長官
蒞定粗良，其上中下三物之樣輸京都。」〔註22〕

五、社會救濟

　　遇到天災，身爲縣令要立即展開救濟工作，義倉的設置就是用來賑濟災
民。天災發生時，縣令可以開義倉救濟：

〔註17〕歐陽修、宋祁，《新唐書》，卷四十八，《志》第二十八，《食貨上》，頁2059。
〔註18〕董誥，前引書，卷三十五，《玄宗皇帝》，頁166。
〔註19〕董誥，前引書，卷二十七，《玄宗皇帝》、《勤獎縣令詔》，頁132。
〔註20〕董誥，前引書，卷二十，《玄宗皇帝》、《量賞租庸如數制》，頁103。
〔註21〕王欽若，前引書，卷六三五，《銓選部·考課一》，頁3361。
〔註22〕歐陽修、宋祁，前引書，卷五十一，《志》第四十一，《食貨一》，頁1346

（太宗）貞觀二年四月，尚書左丞戴胄上言曰：「水旱凶災，前聖之

所不免。……今請自王公已下，爰及眾庶，計所墾田稼穡頃畝，至

秋熟，準其見在苗以理勸課。盡令出粟，各納所在，爲立義倉。若

年穀不登，百姓飢饉，當所州縣，隨便取給。」可之，自是天下州

縣，始置義倉，每有飢饉，則開倉賑給。〔註23〕

穆宗時曾經爆發飢饉的百姓殺縣令，奪官米的事件「（長慶）二年十二月癸
巳，淮南奏和州飢，烏江百姓殺縣令以取官米。」〔註24〕顯示出及時賑濟的
重要性，否則一旦民怨沸騰，結局難以收拾，因而皇帝關心賑濟的進行，也
責成縣令切實執行，做好恤民的工作。

今年麥不熟處，及遭霜澇之處，並量放雍課，州縣好加檢校，勿使

飢饉……富商大賈衣服過制，喪葬奢侈，損廢生業，州縣相知捉

搦……子恤惇者，州縣給糧安養，征鎮人家，州縣存恤。〔註25〕

六、治　安

天災影響人民生活上糧食的供應，治安則影響人民日常生活上的安定。
縣令能使家戶安居樂業的不二法門，莫屬翦除盜賊這一項

盜賊之作，爲害實深，州縣官人，多求虛譽，苟有盜發，不欲陳告，

鄉村長正，知其此情，遞相勸止，十不言一，假有披論，先勖物主，

爰及鄰伍，久嬰縲綺，有一於斯，甚虧政化，自今已後，勿使更然，

所司明加採察，隨事繩糾。〔註26〕

唐初，李大亮因擊盜有功獲得昇遷「唐李大亮，高祖武德初爲土門令，躬
捕寇盜，所擊輒平，……高祖聞而奇之，起拜員外散騎侍郎。」〔註27〕算是
對於縣令執行平盜有績效的一種具體鼓勵。

然而盜賊不僅在於用強力手段對付，加以翦除，還必須招撫使其回歸良
民的生活：

如聞巴南道州，自頃年以來，其有結眾或攻陷城邑者，申明朝旨，

曉諭令歸，各許自新，一切不問，……如刺史縣令有能政，字人民，

〔註23〕劉昫，前引書，卷四十九，《志》二十九，《食貨下》，頁2122。

〔註24〕劉昫，前引書，卷十六，《本紀》第十六，《穆宗》，頁501。

〔註25〕宋綬、宋敏求，前引書，頁19。

〔註26〕董誥，前引書，卷六，《禁諱盜詔》，頁29。

〔註27〕王欽若，前引書，卷七○五，《令長部·屏盜四》，頁3705。

使流亡日還，戶口歲益，宜委觀察使錄狀聞奏，當別加超獎，宣示士庶，令知朕意。〔註28〕

文宗開成二年三月詔：

（文宗）開成二年三月壬申，詔唐州劫掠縣官捷桂管聚集妖人，或始於討窮，或迷於誘導，嘯集未散伏藏小林者，委本處長吏遣人宣諭，恩旨擇放，令歸鄉貫田里，俾安家業，勿更根尋。〔註29〕

上述職務外，縣令還必得開闢道路「路旻不知何郡人，（憲宗）元和中為（新安）令，鑿武嶺石為盤道。」〔註30〕修城煌、禦外患「（武德）九年正月丙寅，命州縣修城隍，備突厥。」〔註31〕甚至要去除危害人民的猛獸「如聞江淮南諸州大蟲殺人……泗州漣水令李全確，前任宣州秋浦縣令，全確作法遮捕，掃除略盡。」〔註32〕

一般縣令的職責略如上述，另外京兆府領京畿縣令因位處中央政府所在，或多或少沾染若干中央官與地方官兼具的雙重性格，被視為天下表率，其職責與一般縣令差異不大〔註33〕，除了平常理政御民的工作外，還有其他特殊工作，例如修建陵寢時，縣令受陵使督導參與工程，甚至參預政變，也是屢見不鮮，這類臨時性差遣工作的產生，由於京畿縣令身處京師所在，也因此不得擔任執行類似的臨時性的差遣。〔註34〕

縣令的職責至為廣泛，自然擁有相當充分的權力以執行職務，然則所被賦予的權力必須適度，不足或者過份都不恰當。

然縣令之權力不可以過量，亦不可過輕，過重則自恣如段簡之殺陳子昂，此豈可縱，過輕則無以戢奸。〔註35〕

固然縣令必備充分的權力才能行使職務，可是也要隨時警惕自己是親民之官，必須謹慎施政，必須愛民護民。基於對縣令重要性的體認，也是求治心

〔註28〕董誥，前引書，卷四十七，《代宗皇帝》、《委觀察使安輯流亡詔》，頁227。

〔註29〕王欽若，前引書，卷一六五，《帝王部·招懷三》，頁880。

〔註30〕羅願，《新安志》，收入《宋元地方志叢書》卷四（台北：大化書局，民國67年出版），頁550。

〔註31〕劉昫，前引書，卷一，《本紀》第一，《高祖》，頁16。

〔註32〕董誥，卷二十七，《玄宗皇帝》、《命李全確往淮南授捕虎法詔》，頁131。

〔註33〕張榮芳，《唐代京兆府領京畿縣令之分析》，1991年香港隋唐五代史國際研討會論文手稿本，頁9。

〔註34〕同註33。

〔註35〕朱禮，《漢唐事箋後集》，收入《百部叢書集成六四粵雅堂叢書》第三函，卷三（台北：藝文印書館，民國54年出版），頁6～7。

切，唐玄宗特於開元二十四年頒「令長新戒」一篇，贈給天下縣令以為勉勵之用。其內容如下：

> 我求令長，保乂下人，人之不安，必有所因，侵漁浸廣，賦役不均，使夫離散，莫保其身，微諸□理，寄爾良臣，與之某故，政在惟新，調風變俗，皆偽歸真，教先為當，惠恤於貧，無大無小，以躬以親，青旌勸農，其惟在勤，墨綬行令，孰不攸遵，謁云「被之我，澤如春。」〔註36〕

元結與古之奇也分別作縣令箴，充分流露出對縣令的期許。元結云：

> 古今所貴，有土之官，當其選授，何嘗不難，為其動靜，是人禍福，為其噓噏，作人寒燠，煩則人怨，猛則人懼，勿以賞罰，因其喜怒，太寬則慢，豈能行令，太簡則疏，難與為政，既明且斷，直焉無情，清而且惠，果然必行，或曰曰關由上官，事不自我，辭讓而去，有何不可？誰欲字人，贈君此箋，豈獨書紳，可以銘心。〔註37〕

古之奇縣令箴內容則是：

> 咨爾多士，各司厥官，政不欲猛，刑不欲寬，寬則人慢，猛則人殘，寬則不濟，猛則不安，小惡無為，涓流成池，片言可用，毫末將拱，禍既有貽，福豈無種，鏡不自照，祇能鑒物，人不自知，從諫勿咈，慾不可縱，貨不可黷，黷貨生災，慾縱連禍，勿輕小人，蜂蠆有毒，勿輕小道，大事可覆，勿謂剛可長，長則剛亡，無謂柔可履，履柔者恥，剛強有時，柔弱有宜，時宜克念，願在深思，不怒而明，不如不明，不通而清，不如不清，無為惡行，無逆善名，保此中道，過客箴士，冀申同聲，如山之重，如水之清，如石之堅，如松之貞，如劍之利，如鏡之明，如弦之直，如秤之平。〔註38〕

固然，身為縣令應該深自期許，誠如古之奇縣令箴中所言，做到如山之重，如水之清，如石之堅，如松之貞，如劍之利，如鏡之明，如弦之直，可是這或者流於理想，過於求全，其實只要縣令能視民如子，先百姓之憂而憂，後百姓之樂而樂，那就算是盡到應盡的責任了。

〔註36〕陸耀遹，《金石續編》，收入嚴耕望編，《石刻史料叢書甲編二八》，第十七函（台北：藝文印書館，民國55年出版），頁196。

〔註37〕元結，《元次山集》，收入《四部叢刊正編》（台北：台灣商務印書館，民國68年11月台一版），頁56。

〔註38〕董誥，前引書，卷五二六，古之奇，《縣令箴》，頁2401。

第二節　縣令的品級與俸祿

　　唐代縣令的品級依照縣等級的不同而有高低的差距，京畿縣令較高，一般地區的縣令品級較低，俸祿中所包括的四種內容：職分田、永業田、祿米及物料錢也因為品級的高低而有所差異。以下即分成縣令的品級與俸祿兩部份加以探討：

一、縣令的品級

　　唐代縣的等級原有多種不同的區分，在第二章第一節縣的等級中已有討論。按《舊唐書》、《新唐書》、《唐六典》及《通典》所述縣令品級所依據的等級，應該是採用「六等制」，即是分為京（赤）縣、畿縣、上縣、中縣、中下縣、下縣等六級。因之，在討論縣令品級時便以六等縣制作為區分的標準。

　　以第一級的縣令京（赤）縣令來說，由於位處京師重地，縣的地位重要，於是京（赤）縣令的品級自然也較高，其品級為正五品上，雖然在武德七年曾改為從五品上，後來又改為正五品上，第二級的畿縣令則是正六品上〔註39〕。其餘自上縣至下縣依序是從六品上、正七品上、從七品上、從七品下。現依據新、舊《唐書》、《唐六典》及《通典》將縣令的品級列表如後：

表九：唐代縣令品級表

縣等級	京（赤）縣（萬年長安、洛陽、晉陽、會昌、奉先）	畿　　縣	上　　縣	中　　縣	中下縣	下　　縣
舊唐書品　　級	正五品上	正六品上正六品下	從六品上	正七品上	從七品上	從七品下
備　註	武德元年敕萬年、長安令為正五品上，七年改為從五品上貞觀初復舊《舊唐書》卷四十二，《職官志一》加上會昌奉先卷四十四《職官志三》則無	《舊唐書》卷四十二，《職官志一》為正六品上《舊唐書》卷四十四，《職官志三》為正六品下	《舊唐書》卷四十二，《職官志一》卷四十四，《職官志三》	《舊唐書》卷四十二，《職官志一》卷四十四，《職官志三》	《舊唐書》卷四十二，《職官志一》卷四十四，《職官志三》	《舊唐書》卷四十二，《職官志一》卷四十四，《職官志三》
縣等級	京（赤）	畿　　縣	上　　縣	中　　縣	中下縣	下　　縣
新唐書品　　級	正五品上	正六品上	從六品上	正七品上	從七品上	從七品下
備　註	《新唐書》卷四十九下，《百官志四下》	《新唐書》卷四十九下，《百官志四下》	《新唐書》卷四十九下，《百官志四下》	《新唐書》卷四十九下，《百官志四下》	《新唐書》卷四十九下，《百官志四下》	《新唐書》卷四十九下，《百官志四下》
縣等級	京（赤）縣（萬年、長安、洛陽、奉先、太原、晉陽）	畿　　縣	上　　縣	中　　縣	中下縣	下　　縣

〔註39〕《舊唐書・職官志一》為正六品上，《職官志二》則為正六品下。

唐六典 品 級	正五品上	正六品上	從六品上	正七品上	從七品上	從七品下
備 註	《唐六典》卷三十，《州縣官吏》	《唐六典》卷三十，《州縣官吏》	《唐六典》卷三十，《州縣官吏》	《唐六典》卷三十，《州縣官吏》	《唐六典》卷三十，《州縣官吏》	《唐六典》卷三十，《州縣官吏》
縣等級	京（赤）縣（萬年、長安、河南、洛陽、太原、晉陽、奉先）	畿 縣	上 縣	中 縣	中下縣	下 縣
通 典 品 級	正五品上	正六品上	從六品上	正七品上	從七品上	從七品下
備 註	《通典》卷四十《職官二十二》	《通典》卷四十《職官二十二》	《通典》卷四十《職官二十二》	《通典》卷四十《職官二十二》	《通典》卷四十《職官二十二》	《通典》卷四十《職官二十二》

二、縣令的俸祿

唐代官員的俸祿比起隋代來得複雜，以俸祿內容來說，可分爲職分田、永業田、祿米及俸料錢四大項，就俸祿的多寡作一比較，所謂的京官與外官有多少的差異，同時安史之亂前後又有變動，以下就唐代縣令的俸祿這一項試作探討。

（一）安史之亂前縣令的俸祿

安史之亂前縣令的俸祿概分成職分田、永業田、祿米及俸料錢等四大項，因此敘述上先以有關文獻上內外品官的俸祿自一品至九品以表列出，其後再將縣令的俸祿從中劃出，所得之數就是縣令俸祿之數。

1.職分田

所謂的職分田是指唐朝官員按其職位高低分配得的若干田〔註40〕，所收入的地租作爲俸祿的一部份〔註41〕，依據《唐會要》卷九十二《內外官職田》所載，唐代內外官職分田的數目可列表如下：

〔註40〕 職分田或職田的收入在唐代財政收支中占有相當的地位，所謂的「職分田」或「職田」依據鞠清遠的定義爲「將官田按官品指派與官吏，使之收入一定地租，以作祿料之一部分的，稱爲職田。」其作用是供給官吏之俸祿或機關之消耗，可以說是一種「特種收支」。參見鞠清遠，《唐代財政史》（台北：食貨出版社，民國67年10月台灣再版），頁118。

〔註41〕 職分田並不是由官吏自己或家人雇人來經營，而是出租的。《通典》卷第三十五，《職官十七》《俸祿「職田公廨田」》一項註爲「其田亦借民佃植，至秋冬受數而已。」租價大概是由畝二斗至六斗。《唐會要》卷九十二《內外官職田》記載如下「（開元）十九年四月敕下諸州縣并府鎮戍官等職田項畝籍帳，仍依允租價對定，無過六斗，地不毛者，畝給二斗。」至於相關的研究可參考鞠清遠，前引書，頁120。

表十：唐內外官職田數額表

類別＼品級	一品	二品	三品	四品	五品	六品	七　品	八　品	九　品
京　官	12 頃	10 頃	9 頃	7 頃	6 頃	4 頃	3 頃 50 畝	2 頃 50 畝	2 頃
雍州及外州官		12 頃	10 頃	8 頃	7 頃	5 頃	4 頃	3 頃	2 頃 50 畝

備註：以上數目係武德元年所定。

自京（赤）縣令至下縣令的職田數額可依據上表列表如後：

表十一：唐縣令職田數額表

等　級	京縣令	畿縣令	上縣令	中縣令	中下縣令	下縣令
品　級	正五品上	正六品上	從六品上	正七品上	從七品上	從七品下
職田數	6 頃	5 頃	5 頃	4 頃	4 頃	4 頃

備註：《通典》卷三十五《職官十七》《諸州官人職分田條》註中京畿縣六品職分田五頃。

2. 永業田

永業田為授與官員的私田，按《新唐書》卷五十五《食貨志》所載職事官的永業田數額，如表十二。

表十二：唐職事官永業田數額表

品級		永業田數	品級		永業田數	品級		永業田數	品級		永業田數	品級		永業田數
一品	正	60 頃	二品	正		三品	正	25 頃	四品	正	12 頃	五品	正	8 頃
	從	50 頃		從	35 頃		從	20 頃		從			從	5 頃
六品	正	2 頃 50 畝	七品	正	2 頃 50 畝	八品	正	2 頃	九品	正	2 頃			
	從	2 頃 50 畝		從	2 頃 50 畝		從	2 頃		從	2 頃			

備註：正二品從四品缺，不知是否與同品相等。

依據上表，唐代縣令的永業田數如下表：

表十三：唐縣令永業田數表

縣令等級	京　縣　令		畿縣令		上縣令		中縣令	中下縣令、下縣令
品　級	五　品		六　品			七　品		
	正	從	正	從	正	從		
永業田數	8 頃	5 頃	2 頃 50 畝	2 頃 50 畝	2 頃 50 畝	2 頃 50 畝		

3. 祿 米

唐代官員每年可支領祿米,《唐會要》卷九十《內外官祿》記錄唐高祖武德元年(618)因隋制所定的文武官祿米,如表十四。

表十四:唐文武官員祿米數額表(高祖武德九年,西元 618 年)

品 級		祿米數	品 級		祿米數	品 級		祿米數	品 級		祿米數	品 級		祿米數
一品	正	700 石	二品	正	500 石	三品	正	400 石	四品	正	300 石	五品	正	200 石
	從	600 石		從	460 石		從	360 石		從	260 石		從	160 石
六品	正	100 石	七品	正	80 石	八品	正	60 石	九品	正	40 石			
	從	90 石		從	70 石		從	50 石		從	30 石			

備註:外官無祿。

縣令中僅有京縣令及畿縣令有祿米,數額如下表:

表十五:唐京令、畿令祿米數額表(高祖武德九年,西元 618 年)

縣令等級	京 縣 令	畿 縣 令	備 註
品 級	正五品上	正六品上	
祿 米 數	200 石	100 石	

貞觀初年祿米的數額有了變更,《新唐書》卷五十五《食貨志》記述如下:

> 貞觀初,百官得上考者給祿一季,未幾,又詔得上下考給祿一年,出使者稟其家,新至官者計日給糧。中書舍人高季輔言:「外官卑品貧匱,宜給祿養親。」自後以地租春秋給京外,歲凡五十萬一千五百餘斛。外官降京官一等,一品以五十石爲一等,二品、三品以三十石爲一等,四品、五品以二十石爲一等,六品、七品以五石爲一等,八品、九品以二石五斗爲一等,無粟則以鹽爲祿。[註42]

《通典》的記載十分詳細,茲依《通典》卷三十五《職官十七》《俸祿》所載祿米數列表如後:

〔註42〕歐陽修、宋祁,《新唐書》,卷五十五,《食貨志五》,頁 1395。

表十六：唐內外官祿米數額表（太宗貞觀二年，西元 628 年）

品 級		京官祿米數	品 級		京官祿米數	品 級		京官祿米數	品 級		京官祿米數	品 級		京官祿米數
一品	正	700 石	二品	正	500 石	三品	正	400 石	四品	正	300 石	五品	正	200 石
	從	500 石		從	460 石		從	360 石		從	260 石		從	160 石
六品	正	100 石	七品	正	80 石	八品	正	67 石	九品	正	57 石			
	從	90 石		從	70 石		從	62 石		從	52 石			
品 級		外官祿米數	品 級		外官祿米數	品 級		外官祿米數	品 級		外官祿米數	品 級		外官祿米數
一品	正	650 石	二品	正	470 石	三品	正	470 石	四品	正	280 石	五品	正	180 石
	從	550 石		從	430 石		從	330 石		從	240 石		從	140 石
六品	正	95 石	七品	正	75 石	八品	正	64 石 5 斗	九品	正	54 石 5 斗			
	從	85 石		從	65 石		從	59 石 5 斗		從	49 石 5 斗			

備註：貞觀二年在外文武皆降京官一等給貞觀二年在外文武九品以上準官皆降京官一等給。

　　至開元二十四年（736）又重新釐定歲祿，改以斛作爲計算單位。依據《新唐書》卷四十五《食貨志》，玄宗開元二十四年（736）歲祿米發給的標準應如下表：

表十七：唐內外官祿米數額表（玄宗開元二十四年，西元 736 年）

品 級		京官祿米數	品 級		京官祿米數	品 級		京官祿米數	品 級		京官祿米數	品 級		京官祿米數
一品	正	700 斛	二品	正	500 斛	三品	正	400 斛	四品	正	300 斛	五品	正	200 石
	從	600 斛		從	460 斛		從	360 斛		從	250 斛		從	160 石
六品	正	100 斛	七品	正	80 斛	八品	正	67 斛	九品	正	57 斛			
	從	90 斛		從	70 斛		從	62 斛		從	52 斛			
品 級		外官祿米數	品 級		外官祿米數	品 級		外官祿米數	品 級		外官祿米數	品 級		外官祿米數
一品	正	650 斛	二品	正	470 斛	三品	正	370 斛	四品	正	280 斛	五品	正	180 斛
	從	550 斛		從	430 斛		從	330 斛		從	240 斛		從	140 斛
六品	正	95 斛	七品	正	75 斛	八品	正	64 斛 5 斗	九品	正	54 斛 5 斗			
	從	85 斛		從	65 斛		從	59 斛 5 斗		從	49 斛 5 斗			

備註：1. 外官降京官一等。
　　　2. 不知斛是否等於石？

　　比較貞觀二年（628）和開元二十四年（736）所列的內外官祿米數，其中縣令所得的祿米數額並沒有變動，其數額如下表：

表十八：唐代縣令祿米數額表

縣令等級	京縣令	畿縣令	上縣令	中縣令	中下縣令	下縣令
品　　級	正五品上	正六品上	從六品上	正七品上	從七品上	從七品下
祿米數	200 石 （200 斛）	100 石 （100 斛）	85 石 （85 斛）	75 石 （75 斛）	65 石 （65 斛）	65 石 （65 斛）

備註：由於貞觀及開元二期所定祿米數相同，故採用如表數額，但不知石是否等於斛。

4. 俸　料

唐代官員除田，米外另有俸料，俸料包含月俸錢，食料、雜用、防閣、庶僕〔註43〕、公廨本錢等項，其中防閣、庶僕屬於所謂的「色役」〔註44〕，與公廨本錢同被歸納於「特種收支」中〔註45〕，以下是關於唐代縣令俸料的探討。

高祖武德元年（618）所制定文武官俸祿，內容含了祿米、職分田及永業田的數量〔註46〕。到了高宗永徽元年（650）定的京官俸料，項目頗為詳細，列表如後：

〔註43〕防閣、庶僕是政府撥給官員的隨從僕役，但限職事官才有，以後將人數折合錢發給官員，不再撥人，於是防閣及庶僕便成了官員薪俸中的一部份收入。

〔註44〕依照王永興的研究，唐代前期有三種徭役：正役（二十日役）、雜役與色役。唐代前期的色役大約有二十六種，分別是文散官四品已下九品已上當番服役、武散官四品已下九品已上當番服役，勳官服役，三衛服役，親事、帳內，防閣、庶僕，離匠服役，幕士服役，白直，仕身，門夫，執衣，士力，樂人服役，樂工、獸醫、騙馬、調馬、群頭、栽接等服役，番戶雜戶服役。這二十六種色役的共同性為（一）分番服役：服役的內容不同，役期有長有短，但都是輪番服役。（二）不服役者（不論何種原因）要納資（或稱課）：納資數量不同，一般是錢，也有少數納物品，也就是「代役錢」或「代役物」。上述的共同性是色役制的兩個特點，除此之外，色役制的身份性也是特點之一，也就是說一個人擔負何種色役，要以他的身份為定，因此，差科簿上要一一注明每個應服色役或已服色役者的身份。這種色役制源自南北朝，發展到唐天寶年間由於納資代役的情形普遍化，色役制也因而消逝。參見王永興，《唐天寶敦煌差科簿研究——兼論唐代色役制和其他問題》，收入王重民等著，《敦煌吐魯番文獻研究論集》（台北：明文書局，民國75年4月初版），頁104～166。

〔註45〕見鞠清遠，前引書，頁102～126。

〔註46〕歐陽修、宋祁，前引書，頁1393～1394。

表十九：唐京官俸料表（高宗永徽元年，西元 650 年）

品級\項目	一　品	二　品	三　品	四　品	五　品	六　品	七　品	八　品	九　品
月　俸	8000	6500	5100	3500	3000	2000	1750	1300	1050
食　料	1800	1500		700	600	400	350	300	250
雜　用	1200	1000	900	700	600	400	350	250	200

備註：行署月俸一四〇，食料三十《新唐書》卷五十五《食貨志》。

　　歲共十五萬二千七百三十緡。〔註47〕

　　除了月俸、食料及雜用外，職事官又有防閤及庶僕，依品級而有不同的數額，如表二十。

表二十：唐職事官防閤、庶僕數額表〔註48〕

品　級	一　品	二　品	三　品	四　品	五　品	六　品	七　品	八　品	九　品
防閤庶僕數額	防閤96人	防閤72人	防閤48人	防閤32人	防閤24人	庶僕15人	庶僕4人	庶僕3人	庶僕2人

至於外官與京官頗有不同：

> 外官以州、府、縣上中下為差，少尹、長史、司馬及丞減長官之半，參軍、博士減判司三之二、主簿、縣尉減丞三之二，錄事、市令以參軍職田為輕重，京縣錄事以縣尉職田為輕重。〔註49〕

《通典》的記載略有出入：

> 外官則以公廨田收及息錢等常食公用之處分充月料，先以長官定數，其州縣少戶、長史、司馬及丞各減長官之半，尹、大都督府長史、副都督別駕及判司準二佐以職田數為加減，其參軍及博士減判司、主簿，縣尉減縣丞各三分之一。〔註50〕

玄宗開元二十四年（736）令百官防閤、庶僕、俸食、雜用等項合為「月俸」，以月給之，之前，京官或外官有所謂的仗身、封戶，但時有時廢〔註51〕。另外京司文武職事官有防閤、庶僕，相對地州縣官則有白直及執衣：

〔註47〕歐陽修、宋祁，前引書，頁 1395～1396。
〔註48〕歐陽修、宋祁，前引書，頁 1396。
〔註49〕同註48。
〔註50〕杜佑，《通典》，卷第三十五，《職官十七・俸祿》，頁 964。
〔註51〕歐陽修、宋祁，前引書，頁 1397～1398。

凡京司文武職事官皆有防閤，一品九十六人，二品七十三人，三品
三十八人，四品三十二人，五品二十四人，六品給庶僕十二人，七
品八人，八品三人，九品二人（中略）凡州縣官僚皆有白直，二品
四十人，三品三十二人，四品二十四人，五品十六人，六品十人，
七品七人，八品五人，九品四人。凡州縣官及在外監官皆有執衣以
爲驅使。二品十八人，三品十五人，四品十二人，五品九人，六品、
七品各六人，八品、九品各三人。〔註52〕

以上所述俸料之各項在開元二十四年（736）歸併成一項，總稱作「月
俸」：

> （開元）二十四年六月二十三日敕：百官料錢宜合爲一色，都以月
> 俸爲名，各據本官，隨月給付，其貯粟宜令人祿數同申，應合減折
> 及申請時限，並依常式。〔註53〕

理由是爲了求簡便及防杜姦弊的產生：

> 舊制京官有防閤、庶僕、俸食、雜用等。開元二十年敕以爲名目雖
> 多，料數先定，既煩案牘，因此生姦，自今以後，合爲一色，都以
> 月俸爲名，其貯米亦令入祿數同申，遂爲恆式。〔註54〕

所定月俸數額如下表：

表二十一：唐開元二十四年（736）月俸表

資料來源	品級 項目	一品	二品	三品	四品	五品	六品	七品	八品	九品
《新唐書》卷五十五，《食貨志》	月俸	31000	24000	17000	11567	9200	5300	4100	2475	1917
《唐會要》卷九十一，《內外官料錢上》	月俸	31000	24000 (23500)	17000	(12400) (11867)	(9100) 9200	5300	(4050) 4500	2475	1917
	(1)月俸料	8000	6000	5000	4500	3000	2300	1750	1300	1050
	(2)食料	1800	1500	1100	700	600	400	350	300	250
	(3)防閤	20000	15000	10000	6600	5000	庶僕 2200	庶僕 1600	庶僕 625	庶僕 417
	(4)雜用	1200	1000	900	600	500	400	350	250	200

〔註52〕 李林甫，《大唐六典》，卷三，《尚書省・戶部》，頁70。
〔註53〕 王溥，《唐會要》，卷九十一，《內外官料錢上》，頁1654。
〔註54〕 《新唐書》及《唐會要》均爲開元二十四年，《唐六典》則載爲開元二十年。
見《唐六典》，卷三，《尚書省・戶部》，頁74。

《通典》卷三十五《職官十七》、《祿秩》	月　　俸	31000	24000	17000	11567	9200	5300	4050	2550	1900
	(1)月俸料	8000	6000	5000	3500	3000	2000	1750	1350	1050
	(2)食　料	1800	1500	1100	700	600	400	350	300	250
	(3)雜　用	1200	1000	900	700	600	400	350	300	200
	(4)防　閤	20000	15500	10000	6667	5000	2500	1600	庶僕 600	庶僕 400
《冊府元龜》卷三〇五《邦計部俸祿一》	月　　俸	31000	24000	17000	11867	9200	5300	4050	2475	1917
	(1)月俸料	8000	6000	5000	4500	3000	2300	1750	1300	1050
	(2)食　料	1800	1500	1100	700	600	400	350	300	250
	(3)防　閤	20000	15500	10000	6067	5000	庶僕 2200	庶僕 1600	庶僕 625	庶僕 417
	(4)雜　用	1200	1000	900	600	600	400	350	250	200

備註：依照《唐會要》卷九十一《內外官料錢上》所述，二品、四品、五品及七品的月俸數額與各單項合計不符，所以重新計算正確數額，並以括弧加以區分。

而唐代俸錢到了武宗會昌（841～846）之後不再增減，以縣令而言，其數目如同下表：〔註55〕

表二十二：赤畿上縣令俸錢表（武宗會昌年間）

縣令等級	京縣令	畿縣令	上縣令	中縣令	中下縣令	下縣令
月俸餘數額	45000	40000	40000			

備註：中縣令、中下縣令、下縣令數額不明。

至於公廨本錢，原意是在補官員俸料之不足「天下置公廨本錢，以典史主之，收贏十之七，以供佐史以下不賦粟者常食，餘爲百官俸料。」〔註56〕時置時廢，如下表：〔註57〕

表二十三：唐代公廨本錢廢置情形一覽表

唐代公廨本錢廢置情形	資　料　出　處	備　註
（高祖）武德元年，置公廨本錢。	《唐會要》卷九十三《諸司諸色本錢上》	
（太宗）貞觀元年，京師及州縣皆有公廨田，其後因用度不足，諸司置公廨本錢。	《唐會要》卷九十三《諸司諸色本錢上》	

〔註55〕只有京畿上三級縣令有數額。

〔註56〕歐陽修、宋祁，前引書，頁1397。

〔註57〕本表依據馬世長所輯資料編成。見馬世長，《地志中的「本」和唐代公廨本錢——敦博第五八號卷子研究之二》，收入王重民等著，《敦煌吐魯番文獻研究論集》（台北：明文書局，民國75年4月初版），頁467～475。

（太宗）貞觀十一年，罷諸司公廨本錢。	《唐會要》卷九十三《諸司諸色本錢上》	
（太宗）貞觀十二年，復置公廨本錢。褚遂良上疏，陳其弊端，太宗又罷之。	《唐會要》卷九十三《諸司諸色本錢上》，《冊府元龜》卷五〇五《邦計部・俸祿一》	
（太宗）貞觀十五年，復置公廨本錢。	《新唐書》卷五十五《食貨志》	
（太宗）貞觀十八年，京官復給職田，諸司公廨本錢罷除。	《唐會要》卷九十三《諸司諸色本錢上》，《冊府元龜》卷五〇五《邦計部・俸祿一》	
（太宗）貞觀二十一年，令在京諸司依舊置公廨，給錢充本。	《唐會要》卷九十三《諸司諸色本錢上》，《冊府元龜》卷五〇五《邦計部・俸祿一》	《新唐書》卷五十五，《食貨志》謂在貞觀二十二年
（高宗）永徽元年，廢京官諸司提錢員士，其官人俸料以諸州租腳充，其後又薄斂一歲稅，以高戶主之，月收息給俸，尋顧以稅錢給之，又罷。	《唐會要》卷九十三《諸司諸色本錢上》，《冊府元龜》卷五〇五《邦計部・俸祿一》，《新唐書》卷五十五《食貨志》	
（高宗）乾封元年，外官以公廨田牧及息錢等嘗食，公用之外充月料。	《冊府元龜》卷五〇五《邦計部・俸祿一》	
（高宗）儀鳳三年三月詔，公廨出舉迴易，典史因此侵漁，撫字之方，豈合如此。	《冊府元龜》卷五〇五《邦計部・俸祿一》	
（玄宗）開元六年七月，祕書少監崔沔議州、縣官月料錢狀謂，傾以州、縣典史並捉官錢，收利數多，破產者眾。	《唐會要》卷九十一《內外官料錢上》，《冊府元龜》卷五〇五《邦計部・俸祿一》，《全唐文》卷三〇四	
（玄宗）開元十年，中書舍人張嘉貞又陳其不便，遂罷天下公廨本錢。	《唐會要》卷九十三《諸司諸色本錢上》，《冊府元龜》卷五〇五《邦計部・俸祿一》，《新唐書》卷五十五《食貨志》	
（玄宗）開元十六年二月十六日詔，比來公私舉放，取利頗深，自今已後，天下私舉質宜四分收利，官本五分收利。	《唐會要》卷八十八，《雜錄》；《全唐文》卷三十《禁公私舉放重利詔》	
（玄宗）開元十八年，京官復給職田。州縣籍一歲稅爲本，隨月收利以給外官，置天下公廨本錢。	《唐會要》卷九十三，《冊府元龜》卷五〇五《邦計部・俸祿一》，《新唐書》卷五十五《食貨志》	
（玄宗）開元十九年正月，西州岸頭府到來符帖目中，記錄當府公本錢情況：「一符，爲杜成禮等捉宴設本錢，每月二日徵利送州事。」 「倉曹帖，爲追十二月宴設利錢九百五十文事。」 「一符，爲州縣公廨本錢，具勘申捉錢戶事。」 開元十九年正月～三月，西州天山縣到來符帖目中，也記有公廨本錢：「食曹符，爲毛慎己等公廨本錢，捉刑宴設本利，月二日送納事。」 「（食曹符），爲燒炭兵董承亨等二人糧，清（　　）新抽公廨本錢斛（斗）不（　　）事。」		以上兩件俱是大谷光瑞從新疆劫走的文書。錄文轉引自池田溫，《中國古代籍帳研究》一書

（玄宗）開元二十五年令，謂諸公私每月取利不得過六分。	《宋刑統》卷二十六引	
（玄宗）開元二十六年，長安、萬年二縣，各與本錢一千貫，收利供驛。又河南、雒陽兩縣亦借本一千貫。	《冊府元龜》卷四八四《邦計部・經費》	
（玄宗）天寶年間公廨本錢情況，文獻皆不載。敦煌文書中保存了一點資料，恰好可補天寶之缺載。伯希和劫走之 P2862 和 P2626 號文書，背面爲天寶時期燉煌郡會計帳，其中記有：「宴設廚合同前月日應在及現在，揔壹佰仟文錢。乾薑壹斤。伍口鐺釜，壹伯阡文本錢，准　旨差官典迴易隨月收利應在。」	《敦煌文書》P2862、P2626 號文書	
（肅宗）至德元年，肅宗即位赦謂，諸色勾徵逋租懸調及官錢在百姓腹內，並宜放免。	《唐大詔令集》卷二	
（肅宗）乾元元年，長安、萬年兩縣，各備錢一萬貫，每月收利，以充和雇。	《唐會要》卷九十三《諸司諸色本錢上》	
（肅宗）寶應元年敕，諸色本錢，比來將放與人，或縣府自取，及貧人將捉，非惟積利不納，亦且兼本破除。	《唐會要》卷九十三《諸司諸色本錢上》	
（代宗）永泰元年，代宗詔裴冕等十三人，並特給饔本錢三千貫。	《舊唐書》卷十一《代宗本紀》	
（代宗）永泰二年，貸錢一萬貫，收利供國子監官學生之費。	《舊唐書》卷二十四《禮儀志》	
（代宗）大曆六年三月敕，軍器公廨本錢三千貫，放在人上，取利充使以下食料紙筆。	《唐會要》卷九十三《諸司諸色本錢上》，《冊府元龜》卷五○六《邦計部・俸祿二》	
（德宗）建中二年敕，中書、門下兩省分置待詔官。其廩饌、幹力、什器、館宇之設，以公錢爲之本，收息以贍用。	《冊府元龜》卷四七四《臺省部・奏議五》，《舊唐書》卷一四九《沈傳師傳》	
（德宗）貞元元年敕，自今後應徵息利本錢，準舊徵收，所欠可取當司闕官職田，量事糶貨充填本數。	《唐會要》卷九十三《諸司諸色本錢上》，《冊府元龜》卷五○六《邦計部・俸祿二》	
（德宗）貞元元年，禮部尚書李齊運奏，請取戶部闕職官錢二千貫文，充本收利以助公廚。	《唐會要》卷九十三《諸司諸色本錢上》，《冊府元龜》卷五○六《邦計部・俸祿二》	此事《冊府元龜》五○六又繫於貞元十二年，奏文內容同此
（德宗）貞元二十一年，正月順宗即位制稱，百官及在城諸使，息利本錢徵收多年。其年七月，中書、門下省奏，其本須借錢添填省，計二萬五千九百四十三貫六百九十九文。	《唐會要》卷九十三《諸司諸色本錢上》，《冊府元龜》卷五○七《邦計部・俸祿三》	
（憲宗）元和二年正月，尚書左丞鄭元，請取羨餘錢三千貫，充助都省廚本。同年六月，中書、門下上言稱，兩省納課陪廚戶及捉錢人，揔一百二十四人望令歸府、縣色役。	《唐會要》卷九十三《諸司諸色本錢下》，《冊府元龜》卷五○七《邦計部・俸祿三》	

（憲宗）元和六年四月、五月，御史臺兩奏，謂諸司、諸使應有捉錢戶，如有過犯，任府、縣處置。	《唐會要》卷九十三《諸司諸色本錢下》，《冊府元龜》卷五〇七《邦計部・俸祿三》	
（憲宗）元和九年八月詔及十一月戶部奏文稱：三十二司應管食利本錢爲五萬三千九百五十二貫九百五十五文。	《唐會要》卷九十三《諸司諸色本錢下》，《冊府元龜》卷五〇七《邦計部・俸祿三》	
（憲宗）元和十年正月，御史臺奏，其諸司食利本錢，請改案額爲元和十年新收置公廨本錢。	《唐會要》卷九十三《諸司諸色本錢下》，《冊府元龜》卷五〇七《邦計部・俸祿三》	
（憲宗）元和十一年八月敕，京城百司、諸軍，諸使及諸應差所由，并召人捉本錢。是年右御史中丞崔從奏，請許捉錢添放私本，不得過官本錢。其年九月，東都御史臺奏，請裁減食利本錢。	《唐會要》卷九十三《諸司諸色本錢下》，《冊府元龜》卷五〇七《邦計部・俸祿三》	
（憲宗）元和十二年正月，門下省奏，應管食利本錢總三千四百九十八貫三百二十一文。中書省奏，當省食利本錢共五千貫文。	《唐會要》卷九十三《諸司諸色本錢下》，《冊府元龜》卷五〇七《邦計部・俸祿三》	
（憲宗）元和十四年七月赦文，十月御史中丞蕭俛奏文稱，納利已至十倍者，展轉攤保至五倍者，本利並放。	《唐會要》卷九十三《諸司諸色本錢下》，《冊府元龜》卷五〇七《邦計部・俸祿三》	
（憲宗）元和十五年二月詔，內外百官食利錢十倍至五倍以上，節級放免。每經十年內外百司各賜錢一萬貫充本。	《冊府元龜》卷五〇七《邦計部・俸祿三》，《唐會要》卷九十三《諸司諸色本錢下》	
（憲宗）元和十五年八月，又賜教坊錢五千貫，充本以收息利。	《唐會要》卷九十三《諸司諸色本錢下》，《冊府元龜》卷五〇七《邦計部・俸祿三》	
（穆宗）長慶元年三月敕，添給諸司本錢，共賜錢一萬貫。	《唐會要》卷九十三《諸司諸色本錢下》，《冊府元龜》卷五〇七《邦計部・俸祿三》	
（穆宗）長慶三年十一月，賜內園本錢一萬貫，單器使三千貫。十二月賜五坊使五千貫，賜威遠鎮軍錢一千貫。	《唐會要》卷九十三《諸司諸色本錢下》，《冊府元龜》卷五〇七《邦計部・俸祿三》	
（文宗）太和元年十二月，殿中省奏，請爲尚書局添本錢二千貫文。敕旨，賜一千貫文。	《唐會要》卷九十三《諸司諸色本錢下》，《冊府元龜》卷五〇七《邦計部・俸祿三》	
（文宗）太和七年八月敕，中書、門下省所持本錢，與諸色人給驅使官文牒，宜并勒停。	《唐會要》卷九十三《諸司諸色本錢下》，《冊府元龜》卷五〇七《邦計部・俸祿三》	
（文宗）太和九年正月勅，中書、門下奏，請置捉錢官，敕中書省置三十人，門下省置二十五人。	《冊府元龜》卷五〇七《邦計部・俸祿三》	

（文宗）開成三年七月初敕，尚書省除舊賜本錢征利收及吏部告身錢外，宜每月賜錢一百貫文。	《唐會要》卷九十三《諸司諸色本錢下》，《冊府元龜》卷五〇七《邦計部·俸祿三》
（文宗）開成四年四月，宦臣李珏奏，掌廚食利本錢一千五百貫文，供宰相香油，蠟燭，捉錢官三十人，頗擾百姓。請停捉錢官，其錢及本錢并收。	《唐會要》卷九十三《諸司諸色本錢下》，《冊府元龜》卷五〇七《邦計部·俸祿三》
（武宗）會昌元年正月赦節文，宜委本道觀察使，量縣大小及道路要僻，各置本錢，逐月收利，前任觀察使、前任臺、省官，不乘館驛者，許量事供給。	《唐會要》卷九十三《諸司諸色本錢下》
（武宗）會昌元年四月河南府奏，當府食利本錢，出舉與人。敕旨，改正名額，依舊收利充用。	《唐會要》卷九十三《諸司諸色本錢下》，《冊府元龜》卷五〇八《邦計部·俸祿四》
（武宗）會昌元年六月，河中、晉、絳、慈、隰等州觀察使孫簡奏，晉、慈、隰三州各置本錢訖。絳州申稱無錢置本，令使司貸錢二百貫文充本。	《唐會要》卷九十三《諸司諸色本錢下》，《冊府元龜》卷五〇八《邦計部·俸祿四》
（武宗）會昌元年六月，戶部奏，准正月九日敕文，放免諸司食利本錢，每年別賜三萬貫文，充諸司公用。	《唐會要》卷九十三《諸司諸色本錢下》，《冊府元龜》卷五〇八《邦計部·俸祿四》
（武宗）會昌二年正月敕，去年赦書所放食利，祇是外百司食錢，若先假以食利為先將充公用者，並不在放免。內諸司息利錢，皆以食利為名，百姓亦求觸免，宜各委所司，不在放免之限。	《唐會要》卷九十三《諸司諸色本錢下》，《冊府元龜》卷五〇八《邦計部·俸祿四》
（武宗）會昌六年十二月，中書、門下奏，請為俸薄州府增添俸祿。並請任於軍事雜錢中，方圓置本收利充給。	《冊府元龜》卷五〇八《邦計部·俸祿四》
（懿宗）咸通五年五月詔，潭桂兩道，各賜錢三萬貫文，以助軍錢，以充館驛息利本錢。江陵、江西、鄂州三道准此例與置本錢。	《冊府元龜》卷四八四《邦計部·經費》、《舊唐書》卷十九《懿宗紀》
（懿宗）咸通八年十一月六日，痊復救恤百姓僧尼敕，州縣病坊據元敕各有本利錢。如遇風雪之時，病者不能求乞，即取本坊利錢市朱，均給飢乏。	
（僖宗）光啓元年寫本沙州、伊州地志殘卷載，伊州、伊吾縣、納職縣、柔遠縣，皆置公廨本錢。	《敦煌文書》S367號

但是停廢的時間較短，設置的時間相繼很久，可見公廨本錢是唐代財政收入中不可忽視的一個部份。

　　根據以上對於唐代安史之亂前縣令俸祿的探討，縣令俸祿（安史之亂前）的內容大致如下列幾表：

1. **職分田**：唐代縣令職分田數如表二十四。

表二十四：唐代縣令職分田數額表

等級	正五品上 京 縣 令	正六品上 畿 縣 令	從六品上 上 縣 令	正七品上 中 縣 令	從七品上 中下縣令	從七品下 下 縣 令
數額	6 頃	5 頃	5 頃	4 頃	4 頃	4 頃

備註：1.《通典》六品五頃京縣畿縣準此。
　　　2.武德七年長安洛陽為從五品上，貞觀初復舊。

2. **永業田**：唐代縣令永業田數如表二十五。

表二十五：唐代縣令永業田數額表

京　縣　令		畿縣令，上縣令		中縣令，下縣令		備　　註
五　品		六　品		七　品		《新唐書》卷五十五《食貨志》職事官永業田數。
正	從	正	從	正	從	
8 頃	5 頃	2 頃 50 畝	2 頃 50 畝	2 頃 50 畝	2 頃 50 畝	

3. **祿米**：祿米數如表二十六、表二十七及表二十八。

表二十六：唐代縣令祿米數額表（高祖武德元年，西元 618 年）

品　級	京縣令（正五品上）	畿縣令（正六品上）	備　　　　註
祿米數	200 石	100 石	《唐會要》卷九十《內外官祿》

表二十七：唐代縣令祿米數額表（太宗貞觀二年，西元 628 年）

品　級	正五品上	正六品上	從六品上	正七品上	從七品上	從七品下
等　級	京縣令	畿縣令	上縣令	中縣令	中下縣令	下縣令
祿米數	200 石	100 石	85 石	75 石	65 石	65 石

表二十八：唐代縣令祿米數額表（玄宗開元二十四年，西元 736 年）

品　級	正五品上	正六品上	從六品上	正七品上	從七品上	從七品下
等　級	京縣令	畿縣令	上縣令	中縣令	中下縣令	下縣令
祿米數	200 斛	100 斛	85 斛	75 斛	65 斛	65 斛

備註：量司改為斛。

4.俸料：俸料數如表二十九、表三十、表三十一及表三十二。

表二十九：京縣及畿縣令俸料表（高宗永徽元年，西元 650 年）

項目 ＼ 品級	（正五品上）京縣令	（正六品上）畿縣令	備　註
月　俸	3000	2000	《新唐書》卷五十五《食貨志》
食　料	600	400	
雜　用	600	400	
防　閣	24 人		僅京職官有
庶　僕		15 人	

表三十：唐光宅元年（684）白直執衣數額表

品　級	正五品上	正六品上	從六品上	正七品上	從七品上	從七品下
等　級	京縣令	畿縣令	上縣令	中縣令	中下縣令	下縣令
白　直	16	10	10	7	7	7
執　衣	9	6	6	6	6	6

備註：《新唐書》卷五十五《食貨志》。

表三十一：唐開元十年（722）縣令防閣庶僕白直表

品　級	正五品上	正六品上	從六品上	正七品上	從七品上	從七品下
等　級	京縣令	畿縣令	上縣令	中縣令	中下縣令	下縣令
防　閣	24 人					
庶　僕		5 人				
白　直			12 人	6 人	6 人	6 人

備註：《通典》卷三十五。

表三十二：唐開元二十四年（736）縣令月俸表

資料來源 項目 ＼ 品秩等級	正五品上京縣令	正六品上畿縣令	從六品上上縣令	正七品上中縣令	從七品上中下縣令	從七品下下縣令
《新唐書》卷五十五《食貨志》　月　俸 (1)月俸料 (2)食料 (3)防閣庶僕 (4)雜用	9200	5300	5300	4100	4100	4100

《通典》卷三十五《職官十七·祿秩》	月　　俸	9200	5300	5300	4050	4050	4050
	(1)月俸料	3000	2000	2000	1750	1750	1750
	(2)食　料	600	400	400	350	350	350
	(3)防閤或庶僕	5000					
			2500	2500	1600	1600	1600
	(4)雜　用	600	400	400	350	350	350
《唐會要》卷九十一《內外官料錢上》	月　　俸	9200(9100)*	5300	5300	(4050)4500**	(4050)4500**	(4050)4500**
	(1)月俸料	3000	2300	2300	1750	1750	1750
	(2)食　料	600	400	400	350	350	350
	(3)防閤或庶僕	5000					
			2200	2200	1600	1600	1600
	(4)雜　用	500	400	400	350	350	350
《冊府元龜》卷三〇五《邦計部·俸祿一》	月　　俸	9200	5300	5300	4050	4050	4050
	(1)月俸料	3000	2300	2300	1750	1750	1750
	(2)食　料	600	400	400	350	350	350
	(3)防閤或庶僕	5000					
			2200	2200	1600	1600	1600
	(4)雜　用	600	400	400	350	350	350

備註：*應為9100，**應為4050。

由上述諸表中可以明顯的看出安史之亂前所謂的「京官」與「外官」在俸祿上的差異性。京畿縣令身處京師所在，地位重要，因之，所得到的俸祿多於外州縣令，充分表示了安史之亂前「重內輕外」的政治特色。

（二）安史之亂後縣令的俸祿

玄宗天寶十四載（755）所發生的安祿山叛亂延宕到代宗廣德元年（763）終被弭平，歷經八年的戰亂，唐帝國受到重創，戶口凋零，州縣殘破，中央政府威權淪喪，地方上藩鎮專擅，與安史之亂前的繁盛強勢相去甚遠。

就中央政府威權淪喪這一項來說，其中最明顯的是尚書省職權的被剝奪、分割與轉移，地位的下降，已經不再是全國行政的真正中樞了。對於此，嚴耕望有很深刻的分析：

> 及安史亂後，尚書省各部之職權普遍被剝奪、分割與轉移：吏部所掌銓選之權上為君相所侵奪，下為諸司諸使諸道州府所分割；兵部所掌軍政之權為禁軍中尉及諸道藩鎮所攘奪；戶部所掌財政經濟之

> 權為度支鹽鐵轉運等使所分割與轉移；刑工兩部之權亦見衰落。惟
> 禮部貢舉之權烝隆不替，然其事例由閣下權知，且與宰相中書之關
> 係至切，而與本部尚書及都省僕丞反渺不相涉；然則其職其事形式
> 上雖仍在禮部，事實上，亦不啻一使職矣。各部既失其權，則尚書
> 省徒有軀殼，其在行政系統中所居之地位自大為墜落，不復為全國
> 行政之真正中樞矣。〔註58〕

與官員俸祿有密切關係的，應該是戶部原先掌握的財經大權的被分割與轉移，實際上，財經大權被分割與被轉移的對象並不限於度支鹽鐵轉運使，而是「隨事立名」，重點在權力已由尚書省戶部移轉到諸使。

> 開元已前，事歸尚書省，開元已後，權移他官，由是有轉運使、租
> 庸使、鹽鐵使、度支鹽鐵轉運使、常平鑄鐵鹽鐵使、租庸青苗使、
> 水陸運鹽鐵租庸使、兩稅使，隨事立名，沿革不一。〔註59〕

諸使如得其人則有益於國家，非其才則貽患於黎庶〔註60〕，此外，安史之亂也極度的衝擊到舊有的財政體系，使得承平時期運轉自如的唐朝財政體系陷入收支嚴重失調的紊亂狀態之中，進而導致以租庸調為支柱的舊財政體系的全面崩潰〔註61〕，一直到楊炎提出兩稅法並獲推行之前的過渡期間，唐代在財政上的情形顯得混亂。

> 至德後，天下兵起，因以饑癘，百役並作，人戶凋耗，版圖空虛。
> 軍國之用，仰給於度支、轉運使；四方征鎮，又自給於節度、都團
> 練使。賦斂之司數四，莫相統攝，綱目大壞。朝廷不能覆諸使，諸
> 使不能覆諸州。四方貢獻，悉入內庫，權臣巧吏，因得旁緣，公託
> 進獻，私為贓盜者，動萬萬計。河南、山東、荊襄、劍南重兵處，
> 皆厚自奉養，王賦所入無幾。科斂凡數百名，廢者不削，重者不
> 去，新舊仍積，不知其涯。百姓竭膏血，鬻親愛，旬輸月送，無有
> 休息，吏因其苛，蠶食于人。富人多丁者，以官、學、釋、老得
> 免，貧人無所入則丁存，故課免於上，而賦增於下。是以天下殘

〔註58〕見嚴耕望，《論唐代尚書省之職權與地位》，收入氏著唐史研究叢稿（香港：新亞研究所，民國58年10月初版），頁5～6。

〔註59〕劉昫，前引書，頁2085～2086。

〔註60〕劉昫，前引書，頁2086。

〔註61〕見陳明光，《唐代財政史新論》第六章安史之亂對唐朝舊財政體系的衝擊（北京：中國財政經濟出版社，1991年9月第一版），頁165～183。

瘁，蕩爲浮人，鄉居地著者百不四五。〔註62〕

元結在「春陵行」中沈痛的描述了苛稅重賦下人民的生活景象。

> 軍國多所須，切責在有司，有司臨郡縣，刑法竟欲施，供給豈不憂，
> 微斂又可悲，州小經亂亡，遺人實困疲，大鄉無十家，大族命單羸，
> 朝飡是草根，暮食是木皮，出言氣欲絕，言連行步遲，追呼尚不忍，
> 況及鞭朴之，郵亭傳急符，來往旦相追，更無寬大恩，但有迫促期，
> 欲令鬻兒女，言發恐亂隨。〔註63〕

與人民一般，官吏也遭受到安史之亂所帶給的影響，尤其是俸錄上的影響相當大，結果安史之亂前「重內輕外」的風氣有了轉移，趙翼在論唐代「內重外輕」的問題時便很感慨於世變之速〔註64〕，因爲在玄宗天寶年後的短短三四十年，「內重外輕」的情形已經轉爲「外重內輕」了。

仔細分析這種轉變，安史之亂所造成的財政窘迫是原因之一，原來長安與洛陽因爲是中央政府所在，地位重要，於是京官倍受重視。然而安史之亂後兩京殘破，京官的俸祿便不如安史之亂前的優裕，以下幾條資料充分顯示出安史之亂對京官俸祿的影響：

> （代宗廣德二年）十月，宰臣等奏減百司職田租之半以助軍糧，從之。〔註65〕
>
> （代宗）永泰元年五月，諸道稅地錢（中略）初肅宗乾元已來，屬天下用兵，京司百官俸錢減耗，即帝位推恩庶寮，下議公卿，或以稅畝有苗者，公私咸濟，乃遣憲官稅天下地青苗錢充百司課料。〔註66〕
>
> （代宗）永泰元年十一月詔曰：京諸司官等，自艱難已來，不請祿料，職田苗子又充軍糧，頗聞艱辛，須使均濟。〔註67〕

人爲的壓抑也是京官俸祿減薄的因素之一。

> 元載以仕進者多樂京師，惡其逼已，乃制俸祿，厚外官而薄京官，

〔註62〕歐陽修、宋祁，前引書，頁4723～4724。

〔註63〕元結，《元次山文集》，卷第四，頁18。

〔註64〕趙翼，《陔餘叢考》卷十七，《唐制內外官輕重先後不同條》（台北：世界書局，民國79年11月五版），頁182。

〔註65〕王欽若，《冊府元龜》卷五○六，《邦計部・俸祿二》（台北：大化書局，民國73年10月出版），頁2674。

〔註66〕王欽若，前引書，頁2674。

〔註67〕王欽若，前引書，頁2674～2675。

京官不能自給，常從外官乞貸。〔註68〕

除了上述兩個因素之外，藩鎮勢力的存在與擴張，是造成安史之亂後「重外輕內」風氣一個具有決定性的因素。唐代的藩鎮無論是「跋扈型、叛逆型、恭順型」〔註69〕抑或是「割據型、防遏型、禦邊型、財源型」〔註70〕，其對於唐代中央政權的延續與否，都居於關鍵性的地位「方鎮之強，唐室以弱，方鎮之弱，唐室以亡。」〔註71〕而藩鎮之所以能夠影響唐代存在已久的「重內輕外」的風氣，在於藩鎮掌握地方財政大權，以及用人之權，二者使仕宦者常轉而求外，不再願意擔任俸祿較薄，生活艱苦並且仕途較爲蹇澀的京官。〔註72〕

上述三個因素所引起「重內輕外」風氣的轉變，使得安史之亂後京畿縣令的俸祿，不如外州縣令豐厚，即使京畿縣令依舊是外州縣令躋身中央的跳板〔註73〕，但從經濟層面來看，俸祿寡少，導致的生活不便，多少也影響到京畿縣令的地位，不再像安史之亂前那般受人重視及青睞〔註74〕，這個例子，除了顯示出安史之亂前後的情形有很大的變異外，也說明了安史之亂對唐代的衝擊及影響是既深且鉅的。

第三節　縣令的銓選與任用

縣令的銓選相當重要，因爲縣令是親民之官，施政的好壞關係著治下人民的生活，所以唐代在縣令的銓選及任用上已經發展出相當周密的一套制度。縣令屬於文官系統，因此本節首先介紹唐代文官銓選及任用的情形，其

〔註68〕司馬光，《資治通鑑》卷二一五，《唐紀》四十一，代宗大曆十二年（777）夏四月條（台北：西南書局，民國71年9月再版），頁7243。
〔註69〕參見王壽南，《唐代藩鎮與中央關係之研究》第二章，唐代藩鎮對中央央態度的分類統計（台北：大化書局，民國67年9月景印初版），頁42～44。
〔註70〕見張國剛，《唐代藩鎮研究》（長沙：湖南教育出版社，1987年12月第一版），頁23～25。
〔註71〕吳廷燮，《唐藩鎮年表》，收入《二十五史補編》第六冊（台北：台灣開明書店，民國48年6月台一版），頁7283。
〔註72〕王壽南，前引書，第三章第三節藩鎮對州縣之控制，頁123～141及第九章唐代士人與藩鎮，頁401～425。
〔註73〕關於唐代京畿縣令的遷轉情形參見第四章第五節縣令的遷轉。
〔註74〕《新唐書》卷一三九，《列傳》第六十四《李泌傳》中對於時人求爲外官有下述記載：「是時州刺史月奉至千緡，方鎮所取無藝，而京官祿寡薄，自方鎮入八座，至謂罷權，薛邕由左丞貶歙州刺史，家人恨降之晚。崔祐甫任吏部員外，求爲洪州別駕。」可見當時求爲外官風氣之盛。

次再敘述縣令的銓選與任用。

　　唐代的文官在任用之前必須先取得任用資格，除考試外，尚可因封爵、帝后親戚、勳庸、資蔭等而取得任官資格。《舊唐書》卷四十三《職官志二》記載：

> 凡敘階之法，有以封爵、有以親戚、有以勳舊，有以資蔭、有以秀孝，有以勞考。〔註75〕

其中「勞考」是已任官吏之升階，其他數項則取後任官資格之途徑。唐會要卷八十一，階：

> 舊制，敘階之法，有以封爵（原注：謂嗣王郡王，初出身從四品下敘，親王諸子封郡公者，從五品上，國公縣公侯及伯子男，遞減一等）。有以親戚（原注：謂皇帝緦麻已上，及皇太后周親，正六品上敘，皇太后大功親，皇后周親，從六品上，皇帝袒免，皇太后小功緦麻、皇后大功，正七品上，皇后小功緦麻，皇太子妃周親，從七品上，外戚各依本服降二等敘，娶郡主，正六品上，娶縣主、正七品上，郡主子出身，從七品上，縣主子、從八品上敘）。有以勳庸（原注：謂上柱國正六品上敘，柱國已下遞減一等）。有以資蔭（原注：謂一品子，正七品上敘至從三品子，遞減一等。四品五品各有正從之差，亦遞減一等，從五品並國公子，八品下敘，五品已下蔭曾孫，五品已下蔭孫，孫降子一等，曾孫降孫一等，贈官降正官一等，散官同職事，若三品帶勳官，即依勳官品，同職事蔭，四品降一等，五品降二等，郡縣公子准從五品，縣男已上子，降一等，勳官二品子，又降一等，二王後子孫，准正三品蔭）。有以秀孝（原注：謂秀才上第，正八品上敘，已下遞減一等，至中上第，從八品下，明經降秀才上等，進士明法甲第，從九品上，乙第降一等，若本蔭高，在秀才明經上第加本蔭，四階已下，遞降一等，明經通二經已上，每一經加一階，及官人通經後敘加階亦如之，凡孝義旌表門閭者，出身從九品上敘）。〔註76〕

除了封爵、帝后親戚、勳庸、資蔭、秀孝之外，任官途徑尚有君主之寵任、流外，輸財、藩鎮奏授、特徵、薦舉及制舉等。〔註77〕

〔註75〕劉昫，《舊唐書》，卷四十三，《志》第二十三，《職官二》，頁1819。

〔註76〕王溥，《唐會要》，卷八十一，《階》，頁1493。

〔註77〕見王壽南，《唐代文官任用制度之研究》，收於《唐代政治史論集》（台北：台

　　經由任官途徑取得任官資格後，接著是通過任官的程序獲得官職。五品以上官由宰臣擬議，呈皇帝批核，六品以下文官由吏部，武官則由兵部擬議，不過，皇帝左右的供奉官如起居，補闕、拾遺等及員外郎、御史等並不由吏部注擬，《通典》卷十五《選舉三》：

> 凡諸五及職事正三品以上，若文武散官二品以上及都督、都護、上州刺史之在京師者，冊授（原注：諸王及職事二品以上，若文武散官一品，並臨軒冊授；其職正三品，散官二品以上及都督、都護、上州刺史，並朝堂冊。訖，皆拜廟。冊用竹簡，書用漆）。五品以上皆制授。六品以下，守五品以上及視五品以上皆敕授。凡制、勅授及冊拜，皆宰司進擬。自六品以上旨授。其視品及流外官，皆判補之。凡旨授官，悉由於尚書，文官屬吏部，武官屬兵部，謂之銓選。唯員外郎、御史及供奉之官，則否（原注：供奉官，若起居、補闕、拾遺之類，雖是六品以下官，而皆敕授，不屬選司。開元四年，始有此制）。〔註78〕

《舊唐書》卷四十二《職官一》：

> 五品已上，舊制吏部尚書進用。自隋已後，則中書門下知政事官訪擇聞奏，然後下制授之。三品已上，德高望重者，亦有臨軒冊授。自神龍之後，冊禮廢而不用，朝廷命官，制敕而已，六品已上，吏部選擬錄奏，書旨授之。〔註79〕

《陸宣公翰苑集》卷十七《請許臺省長官舉薦屬吏狀》：

> 國朝之制，庶官五品已上，制敕命之。六品已下，則並旨授。制敕所命者蓋宰相商議奏可而除拜之也，旨授者蓋吏部銓材署職然後上言，詔旨但劃聞以從之而不可否者也。〔註80〕

灣商務印書館，民國72年4月二版），頁48～54。關於藩領奏授，王壽南解釋爲中唐以後，藩鎮勢張，有自辟奏官之權，爲任官另闢一途徑。大陸學者劉海峰則認爲藩鎮自辟屬官之盛行，在很大程度上成爲銓選制度的變通補充措施，凡是現任官員，登第未釋褐入仕者、隱逸白衣人士皆可受辟入幕。見劉海峰，《唐後期銓選制度的演進》，《廈門大學學報》1991年第一期（1991年1月出版），頁85。

〔註78〕杜佑，《通典》，卷十五，《選舉三》，頁359。

〔註79〕劉昫，前引書，頁1804。

〔註80〕陸贄，《陸宣公翰苑集》，收入《四部叢刊正編》（台北：台灣商務印書館，民國68年11月台一版），頁127。

五品以上既由宰相凝奏經皇帝任命，程序簡單，但六品以下由吏部注擬，則程序複雜。吏部掌任官之權者爲尚書與侍部，號爲「三銓」，「凡選有文、武，文選吏部主之，武選兵部主之，皆爲三銓，尚書、侍郎分主之。」〔註81〕「吏部尚書、侍郎之職，掌天下官吏選授、勳封、考課之政令，凡職官銓綜之典，封爵策勳之制，權衡殿最之法悉以咨之。……以三銓分其選，一曰尚書銓，二曰中銓，三曰東銓。」〔註82〕《冊府元龜》卷六二九《銓選部·總序》：

> 尚書掌其一，侍郎分其二（原注：尚書所掌謂之尚書銓，侍郎所掌爲中銓，一爲東銓，各有印）。其尚書掌六品七品選，侍郎掌八品九品官選。〔註83〕

《通典》卷二十三《職官五》，《吏部尚書》：

> 貞觀以前，尚書掌五品選事，至景龍中，尚書掌七品以上選，侍郎掌八品以下選，至景雲元年宋璟爲尚書，始通其選而分掌之，因爲常例。〔註84〕

開元十三年（725），玄宗以吏部選試不公，乃置十銓試人，以禮部尚書蘇頲、刑部尚書韋抗、工部尚書盧從愿，左常侍徐堅、御史中丞宇文融，朝集使蒲州刺史崔琳、魏州刺史崔沔、荊州長史韋虛心、鄭州刺史賈曾、懷州刺史王邱各掌一銓，吏部尚書，侍郎不得參與銓選之事〔註85〕。左庶子吳兢上書以爲十銓乃侵越，不可令吏部失職：

> 易稱君子思不出其位，言各止其所，不侵官也。此實百王準的。伏見敕旨令韋抗等十人分掌吏部銓選，及試判將畢，遽召入禁中次定，雖有吏部尚書及侍部，皆不得參其事。議者皆以爲陛下曲受讒言，不信於有可也。（中略）故上自天子，至於卿士，守其職分而不可輒有侵越也，況我大唐萬乘之君，卓絕千古之上，豈得下行選事，頓取怪於朝野乎！凡是選人書判並請委之有司，仍停此十銓分選，復以三銓還有司。〔註86〕

第二年銓選復歸吏部。

〔註81〕歐陽修，宋祁，《新唐書》，卷四十五，《選舉志下》，頁1171。
〔註82〕李林甫，《大唐六典》，卷二，《吏部尚書》，頁24～25。
〔註83〕王欽若，《冊府元龜》，卷六二九，《銓選部·總序》，頁3323。
〔註84〕杜佑，前引書，頁631。
〔註85〕杜佑，前引書，頁364。
〔註86〕同註85。

　　赴吏部候選者有二種人，已有任官資格而尚未得官者，及罷任的官吏。吏部每年五月先頒「格」於州縣，「格」就是規定當年選人的資格，合於資格，可送吏部候選，並須有保人，《新唐書》卷四十五《選舉志》：

> 每歲五月，頒格于州縣，選人應格，則本屬或故任取選解，列其罷免、善惡之狀，以十月會于省，過其時者不敘。其以時至者，乃考其功過，同流者，五五爲聯，京官五人保之，一人識之。刑家之子、工異類及假名承僞，隱冒升降者有罰。文書粟鍇，隱倖者駁放之，非隱倖則不。〔註87〕

選格頒後，假如選人合於選格，則至州縣取選解，選解須有解狀，解狀內列明履歷及任官情形，《通典》卷十五《選舉三》，《唐制》條內註文：

> 先時，五月頒格於郡縣，示人科限而集之，初，皆投狀於本郡或故任所，述罷免之繇，而上尚書省，限十月至省。乃考覈資緒，郡縣鄉里名籍，父祖官名，內外族姻，年齒形狀，優劣課最，譴負刑犯，必具焉。〔註88〕

解狀內除履歷外，任官考績是銓選的重要依據。

　　解狀經送至吏部後，先由南曹依據所在人事檔案對比勘驗，《唐六典》卷二「員外郎一人掌選院，謂之南曹。」〔註89〕《舊唐書》卷四十三《職官志二》，《吏部》有更詳細的解釋：

> 員外郎一人，掌判南曹（原注：曹在選曹之南，故謂之南曹。）每歲選人有解狀、簿書，資歷、考課，必由之，以覈其實，乃上三銓，其三銓進甲則墨焉。〔註90〕

歷經南曹對比勘驗無誤後，乃上三銓銓選。

　　三銓如前所述即由吏部尚書與二侍郎分主之，尚書稱尚書銓，掌六品、七品選事，侍郎二人，稱東銓與中銓，分掌八品、九品選事。

　　三銓取人之標準爲身、言、書、判四事，《新唐書》卷四十五《選舉志》：

> 凡擇人之法有四：一曰身，體貌豐偉；二曰言，言辭辯正；三曰書，楷法遒美；四曰判，文理優長。四事皆可取，則先德行，德均以才，才均以勞，得者爲留，不得者爲放。五品以上不試，上其名中書門

〔註87〕歐陽修，宋祁，《新唐書》，卷四十五，《選舉志下》，頁1171。
〔註88〕杜佑，前引書，頁360。
〔註89〕李林甫，前引書，頁38。
〔註90〕劉昫，前引書，頁1819。

下，六品以下始集而試，觀其書，已試而詮，察其身言。〔註91〕

四事之中，身言是口試，書爲楷法，判爲文理，書判在先，身言在後，書判顯得更爲重要。

三銓既畢，然後注官，注官之程序先由吏部擬其官，然後徵求選人之同意，選人如不同意，可由吏部另擬，如又不同意，可由吏部第三度擬官，如選人又不同意，則等候冬集，如同意吏部所擬之官，則列入考第表，報告尚書僕射，轉門下省，門下省審查後如認爲不合便可駁下，如果審察通過，便奏呈皇帝給旨作命，任命狀即所謂「告身」，《通典》卷十五《選舉三》：

> 已銓而注，詢其便利而擬其官，已注而唱示之，不厭者得反通其辭，他日更其官而告之如之，三唱而不厭，聽冬集，厭者以類相從，攢之爲甲，先簡僕射，乃上門下省，給事中讀之，黃門侍郎省之，侍中審之，不審者皆得駁下，既審然後上聞，主者受旨而奉行焉。各給以符而印其上，謂之告身，其文曰：「尚書吏部告身之印」。自出身之人至於公卿皆給之。〔註92〕

以上所論係「常選」，至於官吏罷官後應等候多少年才能再次任官？則視其官品與功過而有異。《新唐書》卷四十五《選舉志》：

> 凡一歲爲一選，自一選至十二選，視官品高下以定其數，因其功過而增損之。〔註93〕

每一官員罷任後須候若干選，但所候之選數各人不同，且可以減少選數以提前任官，關於減選之例甚多，任舉數例如下：

> （開元）十七年三月敕：邊遠判官，多有老弱，宜令吏部於每年選人內，簡擇強幹堪邊任者，隨缺補授，秩滿，量減三兩選與留，仍加優獎。〔註94〕

> 貞元二年六月詔：其明經舉人者有能習律一部以爾雅者，如帖義俱通，於本色減兩選。〔註95〕

除了選滿注官之常選外，常有「科目選」。所謂科目選，據《通典》卷十五《選舉三》解釋爲：

〔註91〕歐陽修、宋祁，前引書，頁 1171。
〔註92〕杜佑，前引書，頁 360。
〔註93〕歐陽修、宋祁，前引書，頁 1174。
〔註94〕王溥，《唐會要》，卷七十五，《選部·雜處置》，頁 1361。
〔註95〕王欽若，前引書，頁 3385。

（貞元）五年十月敕……自今以後，諸色人中有習三禮者，前資及

出身人，依科目選例，吏部考試，白身依貢舉例，禮部考試。〔註96〕

可知科目選與貢舉相對等，貢舉之應試者爲普通平民，科目選爲已有出身者（如進士及第）與曾任官而罷（前資）者，科目選之目的在拔擢人才，低級官員由於選數過多，等候年數太久，許多有才能者可以不及選數而應科目選，如《通典》卷十七《選舉五》：

爲官擇人，唯人是待，今選司並格之以年數，合格者雖下劣，一切

皆收，如未合格而應科目選，纔有小疵，莫不見棄。〔註97〕

可見科目選頗爲嚴格，不易通過。

除科目選外，尚有宏詞及拔萃，《通典》卷十五《選舉三》：

選人有格限未至而能試文三篇，謂之宏詞，試判三條，謂之拔萃，

亦曰超絕。〔註98〕

宏詞、拔萃與科目選均爲選限未至者而設，其差別乃在考試內容之差異，宏詞考試重在試文，拔萃考試重在試判，而科目選考試重在試經。

在吏部的任官程序中，有不經過上述程序而得官者，如「斜封墨敕」即是不經吏部注擬，門下過官，皇帝旨授之程序。所謂斜封，《舊唐書》卷七《睿宗紀》，景雲元年八月：

先是中宗時，官爵渝濫，因依妃主墨敕而授官，謂之斜封。〔註99〕

墨敕乃是與赤牒相對之稱，《新唐書》卷一〇六《劉祥道傳》：「始天下初定，州府乃詔使以赤牒授官。」〔註100〕吏部注官之狀應是赤寫，門下省駁覆以墨塗之，《唐會要》卷五十四《中書省》：

（建中）四年六月……又准開元十九年四月敕，應加階并授及勳封甲，並諸色闕等進畫，出至門下省重加詳覆駁正者，宜便注簿，落

下以墨記，仍於甲上具注事由牒中書省。〔註101〕

斜封墨敕均不經正式任官程序，因此斜封墨敕之官均非正員官。

此外，尚有流外選，流外官之選任稱爲流外選，亦稱流外銓，唐六典卷

〔註96〕杜佑，前引書，頁358～359。

〔註97〕杜佑，前引書，頁420。

〔註98〕杜佑，前引書，頁361～362。

〔註99〕劉昫，前引書，頁155。

〔註100〕歐陽修、宋祁，前引書，頁4049。

〔註101〕王溥，前引書，頁928。

二、吏部尚書：

> 郎中一人，掌小選，凡未入仕而吏京司者，復分爲九品，通謂之行
> 署，其應選之人以其未入九流，故謂二流外銓。〔註102〕

流外銓亦稱小銓〔註103〕，參與流外銓者以京師諸吏爲主，另外，下列三種身份者亦可參與：（一）正官六品以下九品以上之子。（二）州縣佐吏。（三）庶人經本州校勘者。流外選不必過門下省，亦不由皇帝旨授，而逕由吏部判補之。〔註104〕

　　一般銓選均在京師進行，然而有時中央亦派員至地方辦理銓選，其最著者即爲東都選與南選。就理論上言，唐代官員之任命無論是中央官或地方官均由中央任命，然而，疆域遼闊，交通不便，爲了適應選人之方便，乃有東都選與南選制置，不過東都選與南選並非常置，乃視實際需要而決定，或置或停，因時置宜。

　　東都選約始於貞觀元年，該年京師米貴，分人於洛州置選，至永徽元年兩都置選，東都選乃成爲較固定的形式，至大曆十二年停。《唐會要》卷七十五《東都選》：

> 貞觀元年，京師米貴，始分人于洛州置選。
> 永徽元年，始置兩都舉，禮部侍郎官號，皆以兩都爲名。每歲兩地
> 別放及第。自大曆十二年，停東都舉，是後不置。〔註105〕

實際上東都選事在大曆十二年後仍有，如上引同書同卷，元和二年九月詔東都留守趙宗儒權知吏部，令掌東都選，大和二年九月敕河南尹王播權知東都選事。

　　南選係派人至南方行銓選之事，南選之區域一爲黔中，一爲嶺南。南選始於高宗時，《新唐書》卷四十五《選舉志》：

> 高宗上元二年，以嶺南五管、黔中都督府即任土人而官，或非其才，
> 乃遣郎官御史爲選補使，謂之南選。〔註106〕

南選一般是四年一行之，《冊府元龜》卷六二九《銓選部・條制一》：

〔註102〕李林甫，前引書，頁38。
〔註103〕同註102。
〔註104〕《唐六典》卷二，吏部郎中條註：「謂六品已下，九品已上子及州縣佐吏，若庶人參流外選者，本州量其所堪送尚書省。」頁38。
〔註105〕王溥，前引書，頁1368。
〔註106〕歐陽修、宋祁，前引書，頁1180。

以京官五品以上一人充使就補，御史一人監之，四歲一往，謂之南

選。〔註107〕

《舊唐書》卷五十五《高宗紀》則以上元三年八月任寅置南選使，「簡補廣交
黔等州官吏」，《唐會要》卷七十五《南選》：

上元三年八月七日敕，桂管交黔等州都督，比來所奏凝土人首領，

任官簡擇，未甚得所，自今已後，宜准舊制，四年一度，差強明清

正五品以上官，充使選補，仍令御史同往注擬，其有應任五品以上

官者，委使人共所管督府，相知具條景行藝能政術堪稱所職之狀奏

聞。〔註108〕

南選往往時停時辦，其目的乃在就地選才，選補使代表中央給予任管。除黔
中、嶺南之外、江南、福建、淮南如遇水旱災時，也依照南選之例，派選補
使前往辦理銓選，不過，江南、福建、淮南等地也是偶一為之，不似南選之
成為定制。〔註109〕

以上所述為唐代文官銓選之一般狀況，至於縣令的銓選敘述於後。

縣令身為「親人之官」，人選的良窳好壞影響地方民眾的程度相當的大，
為此，縣令的選任不可不慎，《冊府元龜》卷七○一《令長部‧選任》。

令長，參五等之列，布一同之政，苟非選任，曷補風化，所以蘊幹

才而有聲，因篤行而辟召，若非務其幹蠱，守以廉勤，恕察民情，

精深理道，則曷能與於此哉？故曰：「政理之本，必在乎親人，親人

之官，莫切于令長。」斯之謂哉！〔註110〕

如同其他官員，在成為縣令之前必須經過銓選，唐代取得任官資格的途
徑非常多，如前所述，除了封爵、帝后親戚、勳庸、資蔭、秀孝外還有君王
之寵任、流外、輸財、藩鎮奏授、特徵，薦舉及制舉等不一而足。而縣令取
得任官資格的途徑大概不出上述範圍，然而其中各種途徑所佔比例如何？還
有安史之亂前後有沒有變化？這些都是值得注意的問題，現以兩《唐書》中
所載縣令為資料〔註111〕，以玄宗天寶十四載（755）所爆發的安史之亂作為劃

〔註107〕 王欽若，前引書，頁3381～3382。

〔註108〕 王溥，前引書，頁1369。

〔註109〕 同註106。

〔註110〕 王欽若，《冊府元龜》，卷七○一，《令長部‧選任》，頁3687～3688。

〔註111〕 縣令人數眾多，於是以兩唐書中所出現的縣令為基本資料，但僅限於除表以
外的範圍（表指《新唐書》中所列宰相、方鎮、宗室世系及宰相世系諸表），
表中所載縣令人數眾多，可是大都難以考據，範圍過大，故不予以列入。

分前後期的依據，分析唐代縣令取得任官的途徑及所佔的比重。

　　計算兩《唐書》中縣令取得任官資格的次數共三七六人次（如表三十三），其中可考者共一五七人次（如表三十四），依據表三十三所顯示，唐代縣令取得任官的途徑分別是生徒、貢舉、制舉、門蔭、薦舉、君主之寵任、特徵、藩鎮奏授及其他。以安史之亂前及後分別統計，安史之亂前取得任官之途徑以貢舉最多，佔 60.9%，其次制舉，佔 19.54%，再其次為門蔭，佔 5.74%。安史之亂後仍然以貢舉最多，佔 49.76%，其次是門蔭，佔 22.85%，再其次是制舉，佔 21.42%。綜合整個唐代，貢舉居第一位，佔 56.03%，貢舉之中則以進士最多；其次是制舉，佔 20.38%，再其次是門蔭，共 13.37%。由此可以得到以下簡單的結論：（一）兩唐書中縣令取得任官資格的途徑有生徒、貢舉、制舉、門蔭、薦舉、君主之寵任、特徵、藩鎮奏授及其他。（二）任官途徑中以貢舉為最平常、最多。其次是制舉或門蔭。（三）貢舉項目中以進士科最熱門，明經科其次，和唐代重進士的風氣相符。

　　表三十三：唐代縣令出身類別表

姓　名	出　身	安史之亂	前	後	史　料　依　據	備　註
于處忠	不　詳			✓	《舊唐書》卷一〇〇，《解琬傳》；《新唐書》卷一三〇，《解琬傳》。	
于默成	不　詳			✓	《舊唐書》卷一四九，《于休烈傳》。	
尹元貞	不　詳		✓		《舊唐書》卷一八七，《忠義傳上》、《尹貞傳》；《新唐書》卷七十八，《后妃傳上》、《則天武皇后傳》；《新唐書》卷一一二，《韓思彥傳附韓琬傳》；《通典》卷第七，《食貨七》、《歷代盛衰戶口》。	
尹知章	薦　舉		✓		《舊唐書》卷一八九下，《儒學傳下》、《尹知章傳》；《新唐書》卷一九九，《儒學傳中》、《尹知章傳》。	
尹思貞	貢　舉（明經）		✓		《舊唐書》卷一〇〇，《尹思貞傳》；《新唐書卷》一二八，《尹思貞傳》。	
元仁基	君主之寵任		✓		《新唐書》卷一四三，《元結傳附元仁基傳》。	
元行沖	貢　舉（進士）			✓	《舊唐書》卷一〇三，《元行沖傳》；《舊唐書》卷一九一，《方伎傳》、《裴知古傳》；《新唐書》，卷二〇〇《儒學傳下》、《元行沖傳》。	
元德秀	貢　舉（進士）			✓	《舊唐書》卷一九〇下，《文苑傳下》、《元德秀傳》；《新唐書》卷一九四，《卓行傳》、《元德秀傳》；《全唐文》卷三二〇，李華撰《元魯山墓碣銘并序》。	

王友貞	不　詳		✓	《新唐書》卷一九六，《隱逸傳》、《王友貞傳》。	
王方翼	不　詳		✓	《舊唐書》卷一八五上，《良吏傳上》、《王方翼傳》；《新唐書》卷一一一，《王方翼傳》。	
王晙	貢　舉（明經）		✓	《舊唐書》卷九十三，《王晙傳》；《新唐書》卷一一一，《王晙傳》。	
王珣（伯玉）	貢　舉（進士）		✓	《舊唐書》卷一〇五，《王鉷傳》；《新唐書》卷一一一，《王方翼傳附王珣傳》。	
王珣（伯玉）	制　舉		✓	《舊唐書》卷一〇五，《王鉷傳》；《新唐書》卷一一一，《王方翼傳附王珣傳》。	
王福畤	不　詳		✓	《舊唐書》卷一九〇上，《文苑傳上》、《王勃傳》。	
王澤從	貢　舉（進士）		✓	《舊唐書》卷一七八，《王徽傳》；《新唐書》卷二〇〇，《儒學傳下》、《褚无量傳》。	
王澤從	制　舉		✓	《舊唐書》卷一七八，《王徽傳》；《新唐書》卷二〇〇，《儒學傳下》、《褚无量傳》。	
古玄應	不　詳		✓	《舊唐書》卷一九三，《列女傳》、《古玄應妻高氏傳》；《新唐書》卷二〇五，《列女傳》、《楊烈婦傳》。	
白令言	不　詳		✓	《新唐書》卷四，《則天皇后本紀》。	
令狐潮	不　詳		✓	《舊唐書》卷一八七下，《忠義傳下》、《張巡傳》；《新唐書》卷一九二，《忠義傳中》、《張巡傳》。	
任知古	不　詳		✓	《新唐書》卷四，《則天順聖武皇后本紀》。	
狄仁傑	貢　舉（明經）		✓	《舊唐書》卷八十九，《狄仁傑傳》；《新唐書》卷一一五，《狄仁傑傳》。	
岑仲休	不　詳		✓	《新唐書》卷一〇二，《岑文本傳附岑羲傳》。	
岑仲翔	不　詳		✓	《新唐書》卷一〇二，《岑文本傳附岑羲傳》。	
岑　羲（伯華）	貢　舉（進士）		✓	《舊唐書》卷七十，《岑文本傳附岑羲傳》；《新唐書》卷一〇二，《岑文本傳附岑羲傳》。	
杜　璡	不　詳		✓	《新唐書》卷二二三上，《姦臣傳上》、《李林甫傳》；《資治通鑑》卷二一四，《唐紀》三十，玄宗開元二十四年（736），十一月，戊戌條。	
杜求仁	不　詳		✓	《新唐書》卷九十三，《李勣傳附李敬業傳》；《新唐書》卷一〇六，《杜正倫傳附杜求仁傳》。	
杜希望	不　詳		✓	《舊唐書》卷一四七，《杜佑傳》；《新唐書》卷一六六，《杜佑傳》。	
杜依藝	不　詳		✓	《舊唐書》卷一九〇下，《文苑傳下》、《杜甫傳》。	
杜承志	不　詳		✓	《舊唐書》卷九十八，《杜暹傳》；《新唐書》卷一二六，《杜暹傳》。	
杜　閑	不　詳		✓	《舊唐書》卷一九〇下，《文苑傳下》、《杜甫傳》。	
杜楚客	不　詳		✓	《舊唐書》卷六十六，《杜如晦傳附杜楚客傳》；《新唐書》卷九十六，《杜如晦傳附楚客傳》。	

杜徽	不　詳		✓	《新唐書》卷一一九，《賈曾傳附賈至傳》。	
呂太一	制　舉		✓	《舊唐書》卷九十八，《魏知古傳》；《新唐書》卷一二六，《魏知古傳》。	
李大亮	其　他		✓	《舊唐書》卷六十二，《李大亮傳》；《新唐書》卷九十九，《李大亮傳》。	曾爲隋官，唐高祖授土門令
李元紘	不　詳		✓	《舊唐書》卷九十八，《李元紘傳》；《新唐書》卷一二六，《李元紘傳》。	
李玄植	不　詳		✓	《舊唐書》卷一八九上，《儒學傳上》、《賈公彥傳附李玄植傳》；《新唐書》卷一九八，《儒學傳上》、《張士衡傳附賈大隱傳》。	
李休烈	不　詳		✓	《新唐書》卷一九七，《循吏傳》、《李素立傳附李至遠傳》。	
李守一	不　詳		✓	《舊唐書》卷一七三，《李紳傳》；《新唐書》卷一〇六，《李敬玄傳》。	
李孝節	不　詳		✓	《舊唐書》卷八十一，《李敬玄傳》。	
李叔明 （晉）	貢　舉 （明經）		✓	《舊唐書》卷一二二，《李叔明傳》；《新唐書》卷一四七，《李叔明傳》。	
李知本	不　詳		✓	《舊唐書》卷一八八，《孝友傳》、《李知本傳》；《新唐書》卷一九五，《孝友傳》、《李知本傳》。	
李尙隱	貢　舉 （明經）		✓	《舊唐書》卷一八五下，《良吏傳下》、《李尙隱傳》；《新唐書》卷一三〇，《李尙隱傳》。	
李思訓	制　舉		✓	《舊唐書》卷六十，《長平王（李）叔良傳》；《新唐書》卷七十八，《長平王（李）叔良傳》。	
李　師	不　詳		✓	《舊唐書》卷一八五下，《良吏傳下》、《李尙隱傳》；《新唐書》卷一三〇，《李尙隱傳》。	李師旦
李　邕	不　詳		✓	《舊唐書》卷一九〇中，《文苑傳中》、《李邕傳》；《新唐書》卷二〇二，《文藝傳中》、《李邕傳》。	
李國貞	不　詳		✓	《舊唐書》卷一一二，《李國貞傳》；《新唐書》卷七十八，《淮安王（李）神通傳附李國貞傳》。	
李乾祐	不　詳		✓	《舊唐書》卷八十七，《李昭德傳》；《新唐書》卷一一二，《韓思彥傳》；《新唐書》卷一一七，《李昭德傳》；《唐代墓誌銘彙編附考》第六六二號，《李爽誌》。	
李陽冰	不　詳		✓	《新唐書》卷二〇二，《文藝傳中》、《李白傳》。	
李　善	不　詳		✓	《舊唐書》卷一八九上，《儒學傳上》、《曹憲傳附李善傳》；《新唐書》卷二〇二，《文藝傳中》、《李邕傳》。	
李朝隱 （光國）	貢　舉 （明經）		✓	《舊唐書》卷一〇〇，《李朝隱傳》；《新唐書》卷一二九，《李朝隱傳》。	
李嗣眞	貢　舉 （明經）		✓	《舊唐書》卷一九一，《方伎傳》、《李嗣眞傳》；《新唐書》卷九十一，《李嗣眞傳》。	

李萼 （伯高）	制　舉		✓	《新唐書》卷一九四，《卓行傳》、《元德秀傳附李萼傳》。	
李敬猷	不　詳		✓	《舊唐書》卷六十七，《李勣傳附李敬業傳》；《新唐書》卷九十三，《李勣傳附李敬業傳》。	
李義琰	貢　舉 （進士）		✓	《舊唐書》卷八十一，《李義琰傳》；《新唐書》卷一○五，《李義琰傳》。	
李綰	不　詳		✓	《新唐書》卷一○五，《李義琰傳附李義琛傳》。	
李憕	貢　舉 （明經）		✓	《舊唐書》卷一八七下，《忠義傳下》、《李憕傳》；《新唐書》卷一九一，《忠義傳上》、《李憕傳》。	
李德武	不　詳		✓	《舊唐書》卷一九三，《列女傳》、《李德武妻裴氏傳》。	
李濟	不　詳		✓	《新唐書》卷一五二，《張鎰傳》。	
李鎮惡	不　詳		✓	《舊唐書》卷九十四，《李嶠傳》。	
李懷讓	不　詳		✓	《舊唐書》卷一八五下，《良吏傳下李尚隱傳》。	
李鵬	不　詳		✓	《新唐書》卷二○四，《方伎傳》、《桑道茂傳》。	
李瀾	不　詳		✓	《舊唐書》卷一九三，《列女傳》、《盧甫妻李氏傳》；《新唐書》卷二○五，《列女傳》、《盧甫妻李氏傳》。	
周待選	不　詳		✓	《新唐書》卷一八六，《周寶傳》。	
周興	不　詳		✓	《舊唐書》卷一八六上，《酷吏傳上》、《周興傳》；《新唐書》卷一一七，《魏玄同傳》；《新唐書》卷二○九，《酷吏傳》、《來俊臣傳附周興傳》。	
邵說	貢　舉 （進士）		✓	《舊唐書》卷一三七，《邵說傳》；《新唐書》卷二○三，《文藝傳下》、《邵說傳》。	
武平一 （甄）	不　詳		✓	《新唐書》卷一一九，《武平一傳》；《新唐書》卷一五二，《武元衡傳》。	
房琯	門　蔭		✓	《舊唐書》卷一一一，《房琯傳》；《新唐書》卷一三九，《房琯傳》。	
房琯	制　舉		✓	《舊唐書》卷一一一，《房琯傳》；《新唐書》卷一三九，《房琯傳》。	
孟神爽	不　詳		✓	《舊唐書》卷一○一，《韋湊傳》；《新唐書》卷一一八，《韋湊傳》。	
明恪	不　詳		✓	《舊唐書》卷一九一，《方伎傳》、《明崇儼傳》；《新唐書》卷二○四，《方伎傳》、《明崇儼傳》。	
來俊臣	不　詳		✓	《舊唐書》卷一八六上，《酷吏傳上》、《來俊臣傳》；《新唐書》卷二○九，《酷吏傳》、《來俊臣傳》。	
林披 （茂彥）	貢　舉 （進士）		✓	《新唐書》卷二○○，《儒學傳下》、《林蘊傳》。	
韋冰	不　詳		✓	《舊唐書》卷一○五，《韋堅傳》。	
韋安石	貢　舉 （明經）		✓	《舊唐書》卷九十二，《韋安石傳》；《新唐書》卷一二二，《韋安石傳》。	

韋 抗	貢 舉 （明經）		✓	《舊唐書》卷九十二，《韋安石傳附韋抗傳》；《新唐書》卷一二二，《韋安石傳附韋抗傳》。	
韋承慶	貢 舉 （進士）		✓	《舊唐書》卷八十八，《韋思謙傳附韋承慶傳》；《新唐書》卷一一六，《韋思謙附韋承慶傳》。	
韋思謙	貢 舉 （進士）		✓	《舊唐書》卷八十八，《韋思謙傳》；《新唐書卷》一一六，《韋思謙傳》。	
韋 拯	不 詳		✓	《舊唐書》卷九十二，《韋安石傳附韋抗傳》；《新唐書》卷一二二，《韋安石傳附韋抗傳》。	
韋 恆	不 詳		✓	《舊唐書》卷八十八，《韋思謙傳附韋嗣立傳》；《新唐書》卷一一六，《韋思謙附韋嗣立傳》。	
韋 陟	門 蔭		✓	《舊唐書》卷九十二，《韋安石傳附韋陟傳》；《新唐書》卷一二二，《韋安石傳附韋陟傳》。	
韋 堅	不 詳		✓	《舊唐書》卷一〇五，《韋堅傳》；《新唐書》卷五十三，《食貨志三》；《新唐書》卷一三四，《韋堅傳》。	
韋景駿	貢 舉 （明經）		✓	《舊唐書》卷一〇二，《韋述傳》；《舊唐書》卷一八五上，《良吏傳上》、《韋機傳附韋景駿傳》；《新唐書》卷一九七，《韋景駿傳》。	
韋嗣立	貢 舉 （進士）		✓	《舊唐書》卷八十八，《韋思謙傳附韋嗣立傳》；《新唐書》卷一一六，《韋思謙附韋嗣立傳》。	
韋 維 （子紀）	貢 舉 （進士）		✓	《舊唐書》卷一〇一，《韋湊傳附韋虛心傳》；《新唐書》卷一一八，《韋湊傳附韋維傳》。	
韋 濟	不 詳		✓	《舊唐書》卷八十八，《韋思謙傳附韋嗣立傳》；《新唐書》卷一一六，《韋思謙附韋濟傳》。	
韋懷質	不 詳		✓	《舊唐書》卷七十七，《韋挺傳》；《新唐書》卷九十八，《韋挺傳》。	
姚紹之	不 詳		✓	《舊唐書》卷一八六下，《酷吏傳下》、《姚紹之傳》；《新唐書》卷二〇九，《酷吏傳》、《姚紹之傳》。	
姜師度	貢 舉 （明經）		✓	《舊唐書》卷一八五下，《良吏傳下》、《姜師度傳》；《新唐書》卷一〇〇，《姜師度傳》。	
姜 晦	不 詳		✓	《舊唐書》卷五十九，《姜謩傳附姜皎傳》；《新唐書》卷九十一，《姜謩傳附姜晦傳》。	
郎餘慶	不 詳		✓	《舊唐書》卷一八九下，《儒學傳下》、《郎餘令傳》；《新唐書》卷一九九，《儒學傳中》、《郎餘令傳附郎餘慶傳》。	
柳 升	不 詳		✓	《舊唐書》卷一〇五，《王鉷傳》。	
咸廙業	制 舉		✓	《新唐書》卷二〇〇，《儒學傳下》、《趙冬曦傳》。	
皇甫曾	貢 舉 （進士）		✓	《舊唐書》卷一九〇下，《文苑傳下》、《蕭穎士傳附李翰傳》；《新唐書》卷二〇二，《文藝傳中》、《皇甫冉傳》。	
段 簡	不 詳		✓	《舊唐書》卷一九〇中，《文苑傳中》、《陳子昂傳》。	

高君狀	君主之寵任		✓	《新唐書》卷八十，《太宗諸子》、《庶人祐傳》。	
高智周	貢舉（進士）		✓	《舊唐書》卷一八五上，《良吏傳上》、《高智周傳》；《新唐書》卷一〇六，《高智傳》。	
高叡	貢舉（明經）		✓	《舊唐書》卷一八七上，《忠義傳上》、《高叡傳》；《新唐書》卷一九一，《忠義傳上》、《高叡傳》。	
孫承景	不詳		✓	《舊唐書》卷九十三，《張仁愿傳》；《新唐書》卷一一一，《張仁愿傳》。	
孫嘉之	貢舉（進士）		✓	《舊唐書》卷一九〇中，《文苑傳中》、《孫逖傳》；《新唐書》卷二〇二，《文藝傳中》、《孫逖傳》。	
孫嘉之	制舉		✓	《舊唐書》卷一九〇中，《文苑傳中》、《孫逖傳》；《新唐書》卷二〇二，《文藝傳中》、《孫逖傳》。	
徐仁紀	不詳		✓	《舊唐書》卷一九二，《隱逸傳》、《徐仁紀傳》。	
徐浩（季海）	貢舉（明經）		✓	《舊唐書》卷一三七，《徐浩傳》；《新唐書》卷一六〇，《徐浩傳》。	
徐齊聃（將道）	生徒（弘文生）		✓	《舊唐書》卷一九〇上，《文苑傳上》、《徐齊聃傳》；《新唐書》卷一九九，《儒學傳中》、《徐齊聃傳》。	
唐之奇	不詳		✓	《舊唐書》卷六十七，《李勣傳附李敬業傳》；《舊唐書》卷八十五，《唐臨傳》；《新唐書》卷七十六，《后妃傳上》、《則天武皇后傳》。	
唐觀	不詳		✓	《舊唐書》卷五十八，《唐儉傳》；《新唐書》卷八十九，《唐儉傳》。	
席豫（建侯）	貢舉（進士）		✓	《舊唐書》卷一九〇中，《文苑傳中》、《席豫傳》；《新唐書》卷一二八，《席豫傳》。	
席豫	制舉		✓	《舊唐書》卷一九〇中，《文苑傳中》、《席豫傳》；《新唐書》卷一二八，《席豫傳》。	
班宏	貢舉（進士）		✓	《舊唐書》卷一二三，《班宏傳》；《新唐書》卷一四九，《班宏傳》。	
袁天綱	其他		✓	《舊唐書》卷一九一，《方伎傳》、《袁天綱傳》；《新唐書》卷二〇四，《方伎傳》、《袁天綱傳》。	隋令唐初以赤牒授火井令
袁承序	其他		✓	《舊唐書》卷一九〇上，《文苑傳上》、《袁朗傳附袁承序傳》；《新唐書》卷二〇一，《文藝傳上》、《袁朗傳附袁承序傳》。	由齊王元吉召為學士
馬玄素	不詳		✓	《舊唐書》卷七十六，《越王（李）貞傳附琅邪王（李）沖傳》；《新唐書》卷八十，《越王（李）貞傳附琅邪王（李）沖傳》。	
馬利徵	不詳		✓	《新唐書》卷一九九，《儒學傳中》、《馬懷素傳》。	
馬構	不詳		✓	《新唐書》卷二〇六，《外戚傳》、《武士彠傳附武三思傳》。	
崔元彥	不詳		✓	《舊唐書》卷一八五下，《良吏傳下》、《崔隱甫傳》。	

崔文康	不 詳		✓	《新唐書》卷一九八,《儒學傳上》、《朱子奢傳》。	
崔光遠	不 詳		✓	《舊唐書》卷一一一,《崔光遠傳》;《新唐書》卷一四一,《崔光遠傳》。	
崔行功	制 舉		✓	《舊唐書》卷一○九上,《文苑傳上》、《崔行功傳》;《新唐書》卷二○一,《文藝傳上》、《崔行功傳》。	
崔季友	不 詳		✓	《舊唐書》卷一八八,《孝友傳》、《崔衍傳》。	
崔信明	不 詳		✓	《舊唐書》卷一九○上,《文苑傳上》、《崔信明傳》;《新唐書》卷二○一,《文藝傳上》、《崔信明傳》。	
崔倫（敍）	貢 舉（進士）		✓	《新唐書》卷一六四,《崔衍傳》。	
崔珪	不 詳		✓	《舊唐書》卷九十六,《宋璟傳》。	
崔賢	不 詳		✓	《新唐書》卷九十八,《馬周傳》。	
崔器	貢 舉（進士）		✓	《舊唐書》卷一一五,《崔器傳》;《新唐書》卷二○九,《酷吏傳》、《崔器傳》。	
崔隱甫	不 詳		✓	《舊唐書》卷一八五下,《良吏傳下》、《崔隱甫傳》;《新唐書》卷一三○,《崔隱甫傳》。	
崔嬰甫	不 詳		✓	《新唐書》卷一四二,《崔祐甫傳》。	
張文瓘	貢 舉（明經）		✓	《舊唐書》卷八十五,《張文瓘傳》;《新唐書》卷一一三,《張文瓘傳》。	
張 巡	貢 舉（進士）		✓	《舊唐書》卷一八七下,《忠義傳下》、《張巡傳》;《新唐書》卷一九二,《忠義傳中》、《張巡傳》。	
張 巡	制 舉		✓	《舊唐書》卷一八七下,《忠義傳下》、《張巡傳》;《新唐書》卷一九二,《忠義傳中》、《張巡傳》。	
張 拯	不 詳		✓	《舊唐書》卷九十九,《張九齡傳》;《新唐書》卷一二六,《張九齡傳附張拯傳》。	
張洛克	不 詳		✓	《舊唐書》卷七十八,《張行成傳》。	
張俳	不 詳		✓	《新唐書》卷一九九,《儒學傳中》、《馬懷素傳》。	
張通幽	不 詳		✓	《新唐書》卷一九二,《忠義傳中》、《顏杲卿傳》。	
張景儋	不 詳		✓	《舊唐書》卷一八七下,《忠義傳下》、《顏杲卿傳附顏泉明傳》。	
張嗣明	不 詳		✓	《舊唐書》卷九十,《豆盧欽望傳附張光輔傳》。	
張暐	不 詳		✓	《舊唐書》卷一○六,《張暐傳》;《新唐書》卷一二一,《王琚傳附張暐傳》。	
張敬業	不 詳		✓	《舊唐書》卷八十二,《李義府傳》。	
張擅	不 詳		✓	《舊唐書》卷一九一,《方伎傳》、《一行傳》。	
康暐	不 詳		✓	《新唐書》卷二○九,《酷吏傳》、《周利貞傳》。	
郭務悌	不 詳		✓	《舊唐書》卷七十六,《越王（李）貞傳附琅邪王（李）沖傳》。	

陸景融	門　蔭		✓	《舊唐書》卷八十八，《陸元方傳附陸象先傳》；《新唐書》卷一一六，《陸元方傳附陸景融傳》。	
陸景裔	不　詳		✓	《舊唐書》卷八十八，《陸元方傳附陸象先傳》。	
畢　坰	貢　舉（明經）		✓	《新唐書》卷一二八，《畢構傳附畢栩傳》。	
許　昂	不　詳		✓	《舊唐書》卷八十二，《許敬宗傳》。	
傅延慶	不　詳		✓	《舊唐書》卷七十六，《越王（李）貞傳》。	
馮元淑	不　詳		✓	《舊唐書》卷一八五上，《良吏傳上》、《馮元常傳附馮元淑傳》；《新唐書》卷一一二，《馮元常傳附馮元淑傳》。	
溫大有（彥將）	其　他		✓	《舊唐書》卷六十一，《溫大雅傳附溫大有傳》；《新唐書》卷六十一，《溫大雅傳附溫大有傳》。	曾爲隋將唐高祖引爲太原令
喬　備	不　詳		✓	《舊唐書》卷一九〇中，《喬知之傳附喬備傳》。	
喬　琳	貢　舉（進士）		✓	《舊唐書》卷一二七，《喬琳傳》；《新唐書》卷二二四下，《叛臣傳下》、《喬琳傳》。	
程名振	其　他		✓	《舊唐書》卷八十三，《程務挺傳》；《新唐書》卷一一一，《程務挺傳》。	曾爲竇建德善樂令唐高祖授永樂令
楊大寶	不　詳		✓	《舊唐書》卷一一八，《楊炎傳》；《新唐書》卷一四五，《楊炎傳》。	
楊元琰	不　詳		✓	《舊唐書》卷一八五下，《良吏傳下》、《楊元琰傳》；《新唐書》卷一二〇，《桓彥範傳附楊元琰傳》。	
楊仲昌（蔓）	生徒（脩文生）		✓	《舊唐書》卷一八五下，《良吏傳下》、《楊元琰傳》；《新唐書》卷一二〇，《桓彥範傳附楊仲昌傳》。	
楊仲昌（蔓）	制　舉		✓	《舊唐書》卷一八五下，《良吏傳下》、《楊元琰傳》；《新唐書》卷一二〇，《桓彥範傳附楊仲昌傳》。	
楊　侃	不　詳		✓	《舊唐書》卷一一九，《楊綰傳》。	
楊茂謙	制　舉		✓	《舊唐書》卷一八五下，《良吏傳下》、《楊茂謙傳》；《新唐書》卷一九七，《循吏傳》、《韋景駿傳》。	
楊　炯	制　舉		✓	《舊唐書》卷一九〇上，《文苑傳上》、《楊炯傳》；《新唐書》卷二〇一，《文藝傳上》、《王勃傳附楊炯傳》。	
楊　瑒	不　詳		✓	《舊唐書》卷一八五下，《良吏傳下》、《楊瑒傳》；《新唐書》卷一三〇，《楊瑒傳》。	
楊愼名	不　詳		✓	《舊唐書》卷一〇五，《楊愼矜傳》；《新唐書》卷一三四，《楊愼矜傳》。	
楊愼矜	不　詳		✓	《舊唐書》卷一〇五，《楊愼矜傳》；《新唐書》卷一三四，《楊愼矜傳》。	

楊德幹	不　詳		✓		《舊唐書》卷一八五上,《良吏傳上》、《權懷恩傳》;《舊唐書》卷一九〇上,《文苑傳中》、《楊炯傳》;《新唐書》卷一九七,《循吏傳》、《賈敦頤傳附楊德幹傳》。	
楊纂 (續卿)	貢　舉 (進士)		✓		《舊唐書》卷七十七,《楊纂傳》;《新唐書》卷一〇六,《楊弘禮傳附楊纂傳》。	
齊　融	不　詳		✓		《舊唐書》卷一九〇中,《文苑傳中》、《賀知章傳附齊融傳》。	
賈師順	不　詳		✓		《舊唐書》卷一〇三,《王君㚟傳附賈師順傳》;《新唐書》卷一三三,《王君㚟傳》。	
賈　深	不　詳		✓		《新唐書》卷一九二,《忠義傳中》、《顏杲卿傳》。	
賈敦實	不　詳		✓		《舊唐書》卷一八五上,《良吏傳上》、《賈敦頤傳附賈敦實傳》;《新唐書》卷一九七,《循吏傳》、《賈敦頤傳賈敦實傳》。	
路敬潛	不　詳		✓		《舊唐書》卷一八九下,《儒學傳下》、《路敬淳傳》;《新唐書》卷一九九,《儒學傳中》、《路敬淳傳附路敬潛傳》。	
榮　靜	不　詳		✓		《舊唐書》卷一八三,《外戚傳》、《獨孤懷恩傳》;《新唐書》卷二〇六,《外戚傳》、《獨孤懷恩傳》。	
裴行儉	門　蔭		✓		《舊唐書》卷八十四,《裴行儉傳》;《新唐書》卷一〇八,《裴行儉傳》。	
裴行儉	貢　舉 (進士)		✓		《舊唐書》卷八十四,《裴行儉傳》;《新唐書》卷一〇八,《裴行儉傳》。	
裴　眘	不　詳		✓		《舊唐書》卷一八八,《裴守真傳》;《新唐書》卷一二九,《裴守真傳》。	
裴　倦	不　詳		✓		《舊唐書》卷七十,《岑文本傳附岑羲傳》。	
裴琰之	不　詳		✓		《舊唐書》卷一〇〇,《裴漼傳》;《新唐書》卷一三〇,《裴漼傳》。	
裴景仙	不　詳		✓		《舊唐書》卷一〇〇,《李朝隱傳》;《新唐書》卷一二九,《李朝隱傳》。	
裴耀卿	制　舉		✓		《舊唐書》卷九十八,《裴耀卿傳》;《新唐書》卷一二七,《裴耀卿傳》。	
劉仁軌	其　他		✓		《舊唐書》卷八十四,《劉仁軌傳》;《新唐書》卷一〇八,《劉仁軌傳》。	武德初赤牒補授息州參軍
劉守悌	不　詳		✓		《舊唐書》卷七十,《岑文本傳附岑羲傳》。	
劉胤之	不　詳		✓		《舊唐書》卷一九〇上,《文苑傳上》、《劉胤之傳》;《新唐書》卷二〇一,《文藝傳上》、《劉延祐傳》。	
劉　晏	制　舉		✓		《舊唐書》卷一二三,《劉晏傳》;《新唐書》卷一四九,《劉晏傳》。	
劉　憲	貢　舉 (進士)		✓		《舊唐書》卷一九〇中,《文苑傳中》、《劉憲傳》;《新唐書》卷二〇二,《文藝傳中》、《劉憲傳》。	

劉鑿	貢舉 （進士）		✓	《舊唐書》卷一七九，《劉崇望傳》。	
樊文	不詳		✓	《新唐書》卷一一二，《馮元常傳》。	
潘好禮	貢舉 （明經）		✓	《舊唐書》卷一八五下，《良吏傳下》、《潘好禮傳》；《新唐書》卷一二八，《潘好禮傳》。	
鄭回	貢舉 （明經）		✓	《舊唐書》卷一九七，《南詔蠻傳》；《新唐書》卷二二二上，《南詔傳上》。	
鄭延祚	貢舉 （進士）		✓	《新唐書》卷一五三，《顏真卿傳》。	
鄭延祚	制舉		✓	《新唐書》卷一五三，《顏真卿傳》。	
鄭遠	不詳		✓	《新唐書》卷一二八，《齊澣傳》。	
鄧玄挺	不詳		✓	《舊唐書》卷一九○九，《文苑傳上》、《鄧玄挺傳》。	
蔣沈	貢舉 （孝廉）		✓	《舊唐書》卷一八五下，《良吏傳下》、《蔣沈傳》；《新唐書》卷一一二，《蔣欽緒傳附蔣沈傳》。	
盧方慶	不詳		✓	《新唐書》卷一二○，《盧襲秀傳》。	
盧奕	不詳		✓	《舊唐書》卷一三五，《盧杞傳》；《舊唐書》卷一八七下，《忠義傳下》、《盧奕傳》；《新唐書》卷一九一，《忠義傳上》、《盧奕傳》。	
盧綸	貢舉 （進士）		✓	《舊唐書》卷一六三，《盧簡辭傳》；《新唐書》卷二○三，《文藝傳下》、《盧綸傳》。	
盧葉	不詳		✓	《新唐書》卷一九二，《忠義傳中》、《張巡傳》。	
盧藏用	貢舉 （進士）		✓	《舊唐書》卷九十四，《盧藏用傳》；《新唐書》卷一二三，《盧藏用傳》。	
盧藏用	制舉		✓	《舊唐書》卷九十四，《盧藏用傳》；《新唐書》卷一二三，《盧藏用傳》。	
盧獻	不詳		✓	《舊唐書》卷一九三，《列女傳》、《崔繪妻盧氏傳》。	
霍晏	不詳		✓	《新唐書》卷一五二，《張鎰傳》。	
穆元休	不詳		✓	《舊唐書》卷一五五，《穆寧傳》。	
獨孤懷恩	其他		✓	《舊唐書》卷一八三，《外戚傳》、《獨孤懷恩傳》；《新唐書》卷二○六，《外戚傳》、《獨孤懷恩傳》。	曾為隋官後拜為唐官
戴令言	貢舉 （明經）		✓	《新唐書》卷一○九，《楊再思傳》。	
薛元暉	貢舉 （進士）		✓	《舊唐書》卷一四六，《薛播傳》。	
薛訥	不詳		✓	《舊唐書》卷九十三，《薛訥傳》；《新唐書》卷十二，《薛仁貴附薛訥傳》。	
薛景仙	不詳		✓	《舊唐書》卷五十一，《后妃傳上》、《玄宗楊貴妃傳》。	

薛播	貢舉 （進士）		✓	《舊唐書》卷一四六，《薛播傳》；《新唐書》卷一五九，《薛播傳》。	
謝夷甫	不詳		✓	《新唐書》卷一三一，《李峴傳》。	
謝偃	制舉		✓	《舊唐書》卷一九○上，《文苑傳上》、《謝偃傳》；《新唐書》卷二○一，《文藝傳上》、《謝偃傳》。	
魏元忠	生徒（太學生）		✓	《舊唐書》卷九十二，《魏元忠傳》；《新唐書》卷一二二，《魏元忠傳》。	
魏玄同 （和初）	貢舉 （進士）		✓	《舊唐書》卷八十七，《魏玄同傳》；《新唐書》卷一一七，《魏玄同傳》。	
羅立言	貢舉 （進士）		✓	《舊唐書》卷一六九，《羅立言傳》；《新唐書》卷一七九，《王璠傳附羅立言傳》。	
羅珦	君主之寵任		✓	《舊唐書》卷一八八，《孝友傳》、《羅讓傳》；《新唐書》卷一九七，《循吏傳》、《羅珦傳》。	
竇懷貞	不詳		✓	《舊唐書》卷一八三，《外戚傳》、《竇德明傳附竇懷貞傳》；《新唐書》卷一○九，《竇懷貞傳》。	
竇兢 （思慎）	貢舉 （進士）		✓	《新唐書》卷一○九，《竇懷貞傳附竇兢傳》。	
權懷恩	門蔭		✓	《舊唐書》卷一八五上，《良吏傳上》、《權懷恩傳》；《新唐書》卷一○○，《權萬紀傳附權懷恩傳》。	
蘇孝慍	不詳		✓	《舊唐書》卷一一三，《苗晉卿傳》；《冊府元龜》卷一五二，《帝王部·明罰一》。	
蘇震	門蔭		✓	《舊唐書》卷一一一，《崔光遠傳》；《新唐書》卷一二五，《蘇瓌傳附蘇震傳》；《新唐書》卷一四一，《崔光遠傳》。	
于頔	門蔭			✓	《舊唐書》卷一五五，《于頔傳》；《新唐書》卷一七二，《于頔傳》；《新唐書》卷一六七，《王播傳》。
于翬	不詳			✓	《新唐書》卷一六六，《令狐楚傳》。
孔齊參	不詳			✓	《舊唐書》卷一九二，《隱逸傳》、《孔述睿傳》。
王正雅 （光謙）	不詳			✓	《舊唐書》卷一六五，《王正雅傳》；《新唐書》卷一四三，《王翊傳附王正雅傳》。
王昇	不詳			✓	《舊唐書》卷一六四，《王播傳》；《全唐文》卷七一四，《李宗閔撰》、《故丞相尚書左僕射贈太尉王公神道碑銘并序》。
王重	不詳			✓	《舊唐書》卷一六五，《王正雅傳》。
王勉	貢舉 （進士）			✓	《舊唐書》卷一六三，《王質傳》。
王郢	不詳			✓	《新唐書》卷一七七，《錢徽傳》。
王晬	不詳			✓	《舊唐書》卷一三一，《李勉傳》；《新唐書》卷一三一，《李勉傳》。
王遘	不詳			✓	《舊唐書》卷一四八，《權德輿傳》；《新唐書》卷一九四，《卓行傳》、《權皋傳》。

王徽 (昭文)	貢舉 (進士)			✓	《舊唐書》卷一七八，《王徽傳》；《新唐書》卷一八五，《王徽傳》。	
王播	貢舉 (進士)			✓	《舊唐書》卷一三五，《李實傳》；《舊唐書》卷一六四，《王播傳》；《新唐書》卷一六七，《王播傳》。	
王播	制舉			✓	《舊唐書》卷一三五，《李實傳》；《舊唐書》卷一六四，《王播傳》；《新唐書》卷一六七，《王播傳》。	
王曄	不詳			✓	《新唐書》卷一九○，《王潮傳》。	
王凝	貢舉 (孝廉)			✓	《舊唐書》卷一六五，《王正雅傳附王凝傳》。	
王凝	貢舉 (明經)			✓	《舊唐書》卷一六五，《王正雅傳附王凝傳》。	
王凝	貢舉 (進士)			✓	《舊唐書》卷一六五，《王正雅傳附王凝傳》。	
王譜	不詳			✓	《新唐書》卷一一九，《白居易傳附白敏中傳》。	
白季庚	貢舉 (明經)			✓	《舊唐書》卷一六六，《白居易傳》；《新唐書》卷一一九，《白居易傳》。	
白季康	不詳			✓	《舊唐書》卷一六六，《白居易傳》。	
白鍠	貢舉 (明經)			✓	《舊唐書》卷一六六，《白居易傳》。	
田佐元	特徵			✓	《舊唐書》卷一三五，《皇甫鏄傳》。 《新唐書》卷二○八，《宦者傳下》、《王守澄傳》。	憲宗時以奇術授號縣令
田廷玠	不詳			✓	《舊唐書》卷一四一，《田弘正傳》；《新唐書》卷一四八，《田弘正傳》。	
令狐崇亮	不詳			✓	《舊唐書》卷一七二，《令狐楚傳》。	
吳通微	不詳			✓	《舊唐書》卷一九○下，《文苑傳下》、《吳通玄傳附吳通微傳》；《新唐書》卷一四五，《吳通玄傳》。	
吳憑	不詳			✓	《舊唐書》卷一四七，《杜黃裳傳》。	
杜正元	不詳			✓	《舊唐書》卷一八九下，《儒學傳下》、《蘇弁傳》。	
杜式方 (考元)	門蔭			✓	《舊唐書》卷一四七，《杜佑傳附杜式方傳》；《新唐書》卷一六六，《杜佑傳附杜式方傳》。	
杜羔	貢舉 (進士)			✓	《新唐書》卷一七二，《杜兼傳附杜羔傳》；《文苑英華》卷三九○，《中書制誥》卷十一，《授許季同刑部郎中》、《杜羔戶部郎中制》。	
呂渭 (君載)	貢舉 (進士)			✓	《舊唐書》卷一三七，《呂渭傳》；《新唐書》卷一六○，《呂渭傳》。	
李大簡	不詳			✓	《舊唐書》卷一一八，《楊炎傳》；《新唐書》卷一四五，《楊炎傳》。	
李元素	不詳			✓	《舊唐書》卷八十一，《李敬玄傳》；《新唐書》卷一○六，《李敬玄傳附李元素傳》。	
李光序	不詳			✓	《舊唐書》卷二十下，《哀帝本紀》。	

姓名	出身				資料來源	
李叔恆	貢舉 （進士）			✓	《舊唐書》卷一九〇下，《文苑傳下》、《李商隱傳》。	
李 侃	不 詳			✓	《新唐書》卷二〇五，《列女傳》、《楊烈婦傳》。	
李 承	貢舉 （明經）			✓	《舊唐書》卷一一五，《李承傳》；《新唐書》卷一四三，《李承傳》。	
李若初	不 詳			✓	《舊唐書》卷一四六，《李若初傳》；《新唐書》卷一四九，《李若初傳》。	
李 珏	貢舉 （明經）			✓	《舊唐書》卷一七三，《李珏傳》；《新唐書》卷一八二，《李珏傳》。	
李 珏	貢舉 （進士）			✓	《舊唐書》卷一七三，《李珏傳》；《新唐書》卷一八二，《李珏傳》。	
李 珏	制 舉			✓	《舊唐書》卷一七三，《李珏傳》；《新唐書》卷一八二，《李珏傳》。	
李師晦	藩鎮奏授			✓	《新唐書》卷二一四，《劉悟傳附李師晦傳》。	
李 峴	門 蔭			✓	《舊唐書》卷一一二，《李峴傳附李峴傳》；《新唐書》卷一三一，《宗室宰相傳》、《李峴傳》。	
李 康	不 詳			✓	《新唐書》卷一八五，《張濬傳》。	
李 晤	不 詳			✓	《舊唐書》卷一七三，《李紳傳》。	
李 眾	不 詳			✓	《舊唐書》卷一三五，《李實傳》；《新唐書》卷一六七，《李實傳》。	
李 復 （初陽）	門 蔭			✓	《舊唐書》卷一一二，《李暠傳附李復傳》；《新唐書》卷七十八，《淮安王（李）神通傳附李復傳》。	
李嗣昭	不 詳			✓	《舊唐書》卷一八二，《王重榮傳王珂傳》。	
李 達	不 詳			✓	《新唐書》卷一二九，《嚴挺之傳附嚴綬傳》。	
李齊運	不 詳			✓	《舊唐書》卷一三五，《李齊運傳》；《新唐書》卷一六七，《李齊運傳》。	
李 模	不 詳			✓	《新唐書》卷七十八，《襄邑王（李）神符傳附李從晦傳》。	
李 頻 （德新）	貢舉 （進士）			✓	《新唐書》卷二〇三，《文藝傳下》、《李頻傳》。	
李 邁	不 詳			✓	《新唐書》卷二一四，《劉玄佐傳》。	
武元衡	貢舉 （進士）			✓	《舊唐書》卷一五八，《武元衡傳》；《新唐書》卷一五二，《武元衡傳》。	
房 啓	門 蔭			✓	《新唐書》卷一三九，《房琯傳附房啓傳》。	
孟 琯	不 詳			✓	《舊唐書》卷一六九，《羅立言傳》；《冊府元龜》卷七〇七，《令長部・黜責》。	
長孫鈞	不 詳			✓	《新唐書》卷一〇五，《長孫无忌傳》。	
長孫演	不 詳			✓	《舊唐書》卷一一四，《來瑱傳》。	
韋 丹 （文明）	貢舉 （明經）			✓	《新唐書》卷一九七，《循吏傳》、《韋丹傳》。	

韋　丹 (文明)	制　舉			✓	《新唐書》卷一九七，《循吏傳》、《韋丹傳》。	
韋　彤	不　詳			✓	《新唐書》卷二○○，《儒學傳下》、《韋彤傳》。	
韋保衡 (蘊用)	貢　舉 (進士)			✓	《舊唐書》卷一七七，《韋保衡傳》；《新唐書》卷一八四，《路巖傳附韋保衡傳》。	
韋　恪	不　詳			✓	《舊唐書》卷一二五，《蕭復傳》；《舊唐書》卷一八五上，《良吏傳上》、《韋機傳》。	
韋夏卿 (雲客)	制　舉			✓	《舊唐書》卷一六五，《韋夏卿傳》；《新唐書》卷一六二，《韋夏卿傳》。	
韋　堯	不　詳			✓	《舊唐書》卷一五七，《韋弘景傳》。	
韋　當	不　詳			✓	《舊唐書》卷一二九，《韓滉傳》；《新唐書》卷一二六，《韓休傳附韓滉傳》。	
韋　奧	不　詳			✓	《新唐書》卷一一六，《韋思謙傳附韋濟傳》。	
韋　綬 (文章)	不　詳			✓	《舊唐書》卷一六二，《韋綬傳》；《新唐書》卷一六○，《崔元略傳附韋綬傳》。	
姚中立	不　詳			✓	《舊唐書》卷一六九，《羅立言傳》；《冊府元龜》卷七○七，《令長部・黜責》。	
姚南仲	制　舉			✓	《舊唐書》卷一五三，《姚南仲傳》；《新唐書》卷一六二，《姚南仲傳》。	
姚　闇	不　詳			✓	《舊唐書》卷一八七下，《忠義傳下》、《張巡傳附姚闇傳》；《新唐書》卷一九二，《忠義傳中》、《許遠傳附姚闇傳》。	
柳子華	不　詳			✓	《舊唐書》卷一六五，《柳公綽傳附柳子華傳》；《舊唐書》卷一七九，《柳粲傳》；《新唐書》卷一六三，《柳公綽傳附柳子華傳》；《文苑英華》卷四○七，《中書制誥》卷二十八，《授柳子華昭應縣令制》。	
柳　澗	貢　舉 (進士)			✓	《舊唐書》卷一六○，《韓愈傳》；《新唐書》卷一七六，《韓愈傳》。	
范東護	不　詳			✓	《舊唐書》卷一二八，《顏眞卿傳》。	
皇甫鏞	貢　舉 (進士)			✓	《舊唐書》卷一三五，《皇甫鏄傳附皇甫鏞傳》；《新唐書》卷一六七，《皇甫鏄附皇甫鏞傳》。	
皇甫鏞	制　舉			✓	《舊唐書》卷一三五，《皇甫鏄傳附皇甫鏞傳》；《新唐書》卷一六七，《皇甫鏄附皇甫鏞傳》。	
高　湘 (濬之)	貢　舉 (進士)			✓	《舊唐書》卷一六八，《高鈇傳》；《新唐書》卷一七七，《高鈇傳附高湘傳》。	
孫　成 (退思)	門　蔭			✓	《舊唐書》卷一九○中，《文苑傳中》、《孫逖傳附孫成傳》；《新唐書》卷二○二，《文藝傳中》、《孫逖傳附孫成傳》。	
孫　澥	不　詳			✓	《新唐書》卷一七四，《元稹傳》。	
唐漢賓	不　詳			✓	《新唐書》卷二一四，《劉悟傳附李師晦傳》。	
殷子良	不　詳			✓	《舊唐書》卷一九○中，《文苑傳中》、《員半千傳》，《新唐書》卷一一二，《員半千傳》。	

崔仁略	不　詳			✓	《舊唐書》卷二十下，《哀帝本紀》。	
崔　孚	門　蔭			✓	《舊唐書》卷一六三，《崔弘禮傳》。	
崔　育	不　詳			✓	《舊唐書》卷一六三，《崔弘禮傳》。	
崔　朗	不　詳			✓	《舊唐書》卷十九上，《懿宗本紀》。	
崔　發	不　詳			✓	《舊唐書》卷十七上，《敬宗本紀》；《新唐書》卷一二六，《張九齡傳附張仲方傳》；《新唐書》卷一六二，《獨孤及傳附獨孤朗傳》。	
崔漢衡	不　詳			✓	《舊唐書》卷一二二，《崔漢衡傳》；《新唐書》卷一四三，《崔漢衡傳》。	
崔　碣（東標）	貢　舉（進士）			✓	《新唐書》卷一二〇，《崔玄暐傳附崔碣傳》。	
崔　縱	門　蔭			✓	《舊唐書》卷一〇八，《崔渙傳附崔縱傳》；《新唐書》卷一二〇，《崔玄暐傳附崔縱傳》。	
張文規	不　詳			✓	《舊唐書》卷一二九，《張延賞傳附張文規傳》；《新唐書》卷一二七，《張嘉貞傳附張文規傳》。	
張仁範	不　詳			✓	《舊唐書》卷一四〇，《張建封傳》。	
張仲端	不　詳			✓	《舊唐書》卷一七一，《張仲方傳》。	
張　遜	不　詳			✓	《新唐書》卷一九三，《忠義傳下》、《黃碣傳》。	
張　鎰（秀權）	門　蔭			✓	《舊唐書》卷一二五，《張鎰傳》；《新唐書》卷一五二，《張鎰傳》。	
陳元眾	不　詳			✓	《舊唐書》卷一三三，《李晟傳》。	
陳少遊	貢　舉（進士）			✓	《舊唐書》卷一二六，《陳少遊傳》；《新唐書》卷二二四上，《叛臣傳上》、《陳少遊傳》。	
陳璠叟	不　詳			✓	《舊唐書》卷一三三，《李晟傳》。	
陸　侃	不　詳			✓	《舊唐書》卷一三九，《陸贄傳》。	
陸　璪	不　詳			✓	《舊唐書》卷一七九，《陸扆傳》。	
許季同	貢　舉（進士）			✓	《新唐書》卷一六二，《許孟容傳附許季同傳》；《文苑英華》卷三九〇；《中書制誥》、《授許季同刑部郎中》、《杜羔戶部郎中制》。	
許季同	制　舉			✓	《新唐書》卷一六二，《許孟容傳附許季同傳》；《文苑英華》卷三九〇；《中書制誥》、《授許季同刑部郎中》、《杜羔戶部郎中制》。	
許　鐸	不　詳			✓	《新唐書》卷一一四，《崔融傳附崔彥曾傳》。	
馮　伉	貢　舉（進士）			✓	《舊唐書》卷一八九下，《儒學傳下》、《馮伉傳》；《新唐書》卷一六一，《馮伉傳》。	
馮　伉	制　舉			✓	《舊唐書》卷一八九下，《儒學傳下》、《馮伉傳》；《新唐書》卷一六一，《馮伉傳》。	
溫景倩	不　詳			✓	《舊唐書》卷一六五，《溫造傳》。	
梁　鎮	不　詳			✓	《舊唐書》卷一三〇；《新唐書》卷二〇二，《文藝傳中》、《梁肅傳》。	

楊汝士	貢舉（進士）		✓	《舊唐書》卷一七六,《楊虞卿傳附楊汝士傳》;《新唐書》卷一七五,《楊虞卿傳附楊汝士傳》。
楊汝士	制舉		✓	《舊唐書》卷一七六,《楊虞卿傳附楊汝士傳》;《新唐書》卷一七五,《楊虞卿傳附楊汝士傳》。
楊收（藏之）	貢舉（進士）		✓	《舊唐書》卷一七七,《楊收傳》;《新唐書》卷一八四,《楊收傳》。
楊授（得符）	貢舉（進士）		✓	《舊唐書》卷一七六,《楊嗣復傳附楊授傳》;《新唐書》卷一七四,《楊嗣復傳附楊授傳》。
楊寓	不詳		✓	《舊唐書》卷一六一,《楊元卿傳》。
楊損（子默）	門蔭		✓	《舊唐書》卷一七六,《楊嗣復傳附楊損傳》;《新唐書》卷一七四,《楊嗣復傳附楊損傳》。
路嗣恭（懿範）	門蔭		✓	《舊唐書》卷一二二,《路嗣恭傳》;《新唐書》卷一三八,《路嗣恭傳》。
裴向（傪仁）	門蔭		✓	《舊唐書》卷一一三,《裴遵慶傳附裴向傳》;《新唐書》卷一四〇,《裴遵慶傳附裴向傳》。
裴延齡	不詳		✓	《舊唐書》卷一三五,《裴延齡傳》;《新唐書》卷一六七,《裴延齡傳》。
裴潾	門蔭		✓	《舊唐書》卷一七一,《裴潾傳》;《新唐書》卷一一八,《裴潾傳》。
裴寰	不詳		✓	《舊唐書》卷一七〇,《裴度傳》;《新唐書》卷一七三,《裴度傳》。
裴練	不詳		✓	《舊唐書》卷二十下,《哀帝本紀》。
劉仁恭	不詳		✓	《新唐書》卷二一二,《李全忠傳附劉仁恭傳》。
劉滋（公茂）	門蔭		✓	《舊唐書》卷一三六,《劉滋傳》;《新唐書》卷一三二,《劉子玄傳附劉滋傳》;《冊府元龜》卷四六八,《臺省部‧薦舉》。
劉蛻	貢舉（進士）		✓	《舊唐書》卷一七二,《令狐楚傳附令狐滈傳》;《新唐書》卷一六六,《令狐楚傳附令狐滈傳》。
劉藻	不詳		✓	《舊唐書》卷一七九,《劉崇望傳》。
樊澤	制舉		✓	《舊唐書》卷一二二,《樊澤傳》;《新唐書》卷一五九,《樊澤傳》。
鄭珣瑜（元伯）	制舉		✓	《新唐書》卷一六五,《鄭珣瑜傳》。
鄭鋒	不詳		✓	《舊唐書》卷一二九,《韓滉傳附韓皋傳》;《新唐書》卷一二六,《韓滉皋傳》。
蔣郎	不詳		✓	《新唐書》卷一一二,《蔣欽緒傳附蔣清傳》。
董溪	貢舉（明經）		✓	《新唐書》卷一五一,《董晉傳附董溪傳》。
董昌齡	不詳		✓	《舊唐書》卷一九三,《列女傳》、《董昌齡母楊氏傳》;《新唐書》卷二〇五,《列女傳》、《董昌齡母楊傳》。

蕭遘	不詳			✓	《舊唐書》卷一七九,《蕭遘傳》;《新唐書》卷一〇一,《蕭瑀傳附蕭遘傳》。	
盧商 (爲臣)	貢舉 (進士)			✓	《舊唐書》卷一七六,《盧商傳》;《新唐書》卷一八二,《鄭肅傳附盧商傳》。	
盧商 (爲臣)	制舉			✓	《舊唐書》卷一七六,《盧商傳》;《新唐書》卷一八二,《鄭肅傳附盧商傳》。	
盧坦 (保衡)	不詳			✓	《舊唐書》卷一五三,《盧坦傳》;《新唐書》卷一五九,《盧坦傳》。	
盧縱	不詳			✓	《舊唐書》卷一二五,《張鎰傳》;《新唐書》卷一五二,《張鎰傳》。	
盧攜 (子升)	貢舉 (進士)			✓	《舊唐書》卷一七八,《盧攜傳》,《新唐書》卷一八四,《盧攜傳》。	
獨孤韜	不詳			✓	《舊唐書》卷二十下,《哀帝本紀》。	
薛戎 (元夫)	不詳			✓	《新唐書》卷一六四,《薛戎傳》。	
薛廷老	貢舉 (進士)			✓	《舊唐書》卷一五三,《薛存誠傳附薛廷老傳》;《新唐書》卷一六二,《薛存誠傳附薛廷老傳》。	
薛苹	不詳			✓	《舊唐書》卷一八五下,《良吏傳下》、《薛苹傳》;《新唐書》卷一六四,《薛苹傳》。	
薛珏 (溫如)	門蔭			✓	《舊唐書》卷一八五下,《良吏傳下》、《薛珏傳》;《新唐書》卷一四三,《薛珏傳》。	
薛榮光	不詳			✓	《新唐書》卷二二五上,《逆臣傳上》、《安祿山傳附安慶緒傳》。	
韓忠	不詳			✓	《舊唐書》卷一七六,《魏暮傳》。	
韓愈 (退士)	貢舉 (進士)			✓	《舊唐書》卷一六〇,《韓愈傳》;《新唐書》卷一七六,《韓愈傳》。	
韓遼				✓	《舊唐書》卷一七二,《李石傳》;《新唐書》卷五十三,《食貨志三》;《新唐書》卷一七九,《鄭注傳》。	
顏泉明	不詳			✓	《舊唐書》卷一八七下,《顏杲卿傳附顏泉明傳》;《新唐書》卷一九二,《忠義傳中》、《顏杲卿傳》。	
顧縣	不詳			✓	《新唐書》卷一四五,《元載傳》。	
何易于	不詳				《新唐書》卷一九七,《循吏傳》、《何易于傳》。	不詳時間
吳鐐	不詳				《新唐書》卷一九三,《忠義傳下》、《黃碣傳》。	不詳時間
李令質	不詳				《新唐書》卷二〇六,《外戚傳》、《韋溫傳》。	不詳時間
李玄德	不詳				《舊唐書》卷八十一,《李義琰傳》。	不詳時間
韋上伋	不詳				《舊唐書》卷一三三,《李晟傳》。	不詳時間
高鄭賓	不詳				《舊唐書》卷一六八,《高釴傳》。	不詳時間
崔行謹	不詳				《舊唐書》卷九十一,《崔玄暐傳》。	不詳時間

傅文靜	不　詳			《舊唐書》卷一○三，《牛仙客傳》。	不詳時間
裴有鄰	不　詳			《舊唐書》卷一七○，《裴度傳》。	不詳時間
裴智周	不　詳			《舊唐書》卷一八八，《孝友傳》、《裴敬彝傳》；《新唐書》卷一九五，《孝友傳》、《裴敬彝傳》。	不詳時間
劉愼知（希徒）	不　詳			《舊唐書》卷一七九，《劉崇望傳》。	不詳時間
盧彥卿	不　詳			《舊唐書》卷一八九下，《儒學傳下》、《盧粲傳》。	不詳時間
盧恕	不　詳			《新唐書》卷一二六，《盧懷愼傳》。	不詳時間
魏仲光	不　詳			《新唐書》卷二○五，《列女傳》、《饒娥傳》。	不詳時間
魏　明	不　詳			《舊唐書》卷一七六，《魏謩傳》。	不詳時間
魏　殷	不　詳			《舊唐書》卷一七六，《魏謩傳》。	不詳時間
寶元昌	不　詳			《舊唐書》卷八十一，《寶易直傳》。	不詳時間

表三十四：唐代縣令出身類別統計表

出身類別		安　史　之　亂　前			安　史　之　亂　後			唐　　　　代		
		人次數	總人次數	百分比%	人次數	總人次數	百分比%	人次數	總人次數	百分比%
生　　　徒		2		2.29	1		1.42	3		1.91
舉貢	進士	32		36.78	27		38.5	59		37.57
	明經	20		22.98	7		8.04	27		17.19
	孝廉	1		1.14	1		1.42	2		1.27
制　　　舉		17	87	19.54	15	70	21.42	32	157	20.38
門　　　蔭		5		5.74	16		22.85	21		13.37
薦　　　舉		1		1.14	0		0	1		0.63
君主之寵任		3		3.44	0		0	3		0.91
特　　　徵		0		0	1		1.42	1		0.63
藩鎮奏授		0		0	1		1.42	1		0.63
其　　　他		6		6.89	1		1.42	7		4.45

　　取得任官資料後，接著是一番任用的程序。依照唐代銓選方式，五品以上官由宰臣擬議，呈皇帝批核，六品以下文官由吏部擬議。據此，京（赤）縣令爲正五品上，由皇帝直接任命，畿令已下則由吏部銓選，然後分發。然而此種由中央選授的方式，在安史之亂爆發後有了很大的改變。玄宗天寶十四載（755）的安祿山叛亂，歷經八年時間才將之敉平。雖然敉平了叛亂，後遺症卻很大，不僅影響到政治，也影響到經濟、文化及對外關係。其中較重要的如：

（1）對政治影響

1.天寶之亂前中央集權、政令統一的局面被打破，方鎮逐漸遍及全國，跋扈抗命的結果，造成唐朝的覆亡。

2.引起宦官專權跋扈，進而導致唐代亡國。

（2）對經濟的影響

1.國家徵收許多苛捐雜稅，以致人懷怨望。

2.天寶亂後，政府的費用，多半取資於江淮。

3.由租調為主要收入而變為「鹽利居其太半」。

4.均田制被兩稅法所取代。

（3）對文化的影響

使得藩鎮佔領區和中央統治區之風俗文化呈現完全不同面貌，胡人文化隨著藩鎮的割據而南移至於河朔、山東、甚至於淮蔡。

（4）對於對外關係的影響

1.天寶亂後唐朝國際地位降低，四裔各國遂一改向來欽服態度而轉為侵掠。

2.由「漢胡一家」的思想轉向存有漢胡觀念〔註112〕。可以說安史之亂是唐朝由盛轉衰的關鍵。

安史之亂後，中央政府原來的州（府）縣二級制改變為道州縣三級制，道的長官節度觀察使牢牢控制了所屬的州縣，成為州縣的上級單位，道的權力較二級制時最高一級的州大為增強，尤其是在軍權及財權上。文獻通考敘述藩鎮之權力為「兵甲、財賦、民俗之事，無所不領，謂之都府，權力不勝其重。」〔註113〕可見其權力相當強大，由於職掌是「無所不領」，「無所不統」，於是成為其管轄區內最高權力者，結果演變成藩鎮拔扈叛逆的局面。趙翼曾經評論唐節度使之禍為：

> 唐之官制，莫不善於節度使，其始察刺史善惡者有都督，後以其權
> 重，改置十道按察使。開元中，或加採訪觀察處置黜陟等號。此文

〔註112〕見李樹桐，《天寶之亂的本源及其影響》，收於《唐史研究》（台北：台灣中華書局，民國68年6月初版），頁16～229。

〔註113〕馬端臨，《文獻通考》卷六十一，《職官十五》，採訪處置使條（台北：新興書局，民國54年10月新一版），頁555。

官之統治州郡者也，其武臣掌兵，有事出征，則設大總管，無事時鎮守邊要者，曰大都督。自高宗永徽以後，都督帶使持節者，謂之節度使，然猶未之名官，景雲二年，以賀拔延嗣爲都督、河西節度使，節使之官由此始，然猶第統兵，而州郡自有按察等使，司其殿最。至開元中，朔方、隴右、河東、河西諸鎮，皆置節度使，每以數州爲一鎮，節度使即統此數州，州刺史盡爲其所屬，故節度使多有兼按察使、安撫使、支度使者，既有其土地，又有其人民，又有其甲兵、又有其財賦，於是方鎮之勢日強，安祿山以節度使起兵幾覆天下，及安史既平，武夫戰將，以功起行陣爲侯王者，皆除節度使，大者連州十數，小者猶兼三四，所屬文武官，悉自置署，未嘗請命于朝，力大勢盛，遂成尾大不掉之勢，或父死子握其兵而不肯代，或取舍由於士卒，往往自擇將吏，號爲留後，以邀命于朝，天子力不能制，則含羞忍恥，因而撫之，姑息愈驕，其始爲朝廷患者，祇河朔三鎮，其後淄青、淮蔡無不據地倔強，甚至同華逼近京邑，而周智光以反，澤潞亦連幾旬，而盧從史，劉稹等以之叛，迄至末年，天下盡分裂於方鎮，而朱全忠遂以梁兵移唐國祚矣。推原禍始，皆由於節度使掌民兵之權故也。〔註114〕

藩鎮一人兼任軍政長官、民政長官、財政長官等職務，因而取得軍政、民政、財政各方面的權力，州縣官員對其無不是俯首聽命，而是原由吏部所掌握的選授縣令權力也爲藩鎮所奪，自辟縣令的情形日漸普遍，這種情形，除了表示中央無法控制藩鎮的窘態，也說明藩鎮經由對州縣官的任用，達到直接控制州縣的企圖。

　　除了藩鎮專擅權力，影響到唐代縣令的選任外，另一個嚴重影響唐代縣令選任的因素則是唐代「重內輕外」的風氣。

　　縣令是地方父母官，直接和人民接觸，因此中央對於州刺史和縣令向來很重視。例如唐太宗，由於致力於行仁政，澄清吏治，於是相當注重與人民關係密切的刺史、縣令的選任。重視的程度，甚至將州刺史的名字書寫在屏風之上，記錄刺史們的善惡事跡，作爲賞罰黜陟的依據。《唐會要》卷六十八《刺史上》：

〔註114〕趙翼，《二十二史箚記》卷二十，唐節度使之禍（台北：華世出版社，民國66年9月新一版），頁726～428。

> 貞觀三年，上謂侍臣曰：「朕每夜恆思百姓，間事或至夜半不寢，唯
> 思都督刺史，堪養百姓。所以前代帝王，稱共治者，惟良二千石耳！
> 雖文武百僚，各有所司，然治人之本，莫如刺史最重也，朕故屏風
> 上錄其姓名，坐臥常看，在官如有善惡事跡，具列於名下，擬憑黜
> 陟。縣令甚是親民要職，皆孔宣父以大聖之德，尚爲中都宰。至於
> 升堂弟子，七十二人，惟有言偃、子路、宓子賤，始得相繼爲此官。」
> 乃詔内外五品已上，各舉堪爲縣令者，以名聞。〔註115〕

太宗能夠締造貞觀盛世，可說其來有自。

　　玄宗繼太宗之後締造了開元盛世，初始爲政，戰戰兢兢，以民爲本，其
勵精圖治的精神，不亞於太宗：

> 朕聞天爲大者，孰先於育物，□最靈者，莫甚於愛人，故樹之后王，
> 以康兆庶。朕緬鑒前烈，深惟遠圖，懼德之不修，化之未偃，寅畏
> 夙夜，如臨泉壑。〔註116〕

也十分重視刺史、縣令的選任：

> 今之牧守，故稱侯伯，賢者任之，則賢良之跡著，不賢者任之，則
> 愁苦之聲作。每冀精於所擇，委之俞往，豈時或頹靡，苟且尚多，
> 何吏之殊尤，寂寥不嗣，靜言政要，朕用憮然。〔註117〕

> 唐虞分理，命以子男，周漢建官，間以令宰：朕稽古前哲寢寐全
> 才，委之銓衡，愼擇銅墨，至於上敷朝政，下字淳人，親其農桑，
> 均其力役，使惸嫠者視之猶父母，俾匱之者賴以安全，然後入使類
> 能，六條舉最，擢以含香粉署，獎以秋簡霜台，是乃立身效官，移
> 忠入仕，榮家報國，豈不美歟，若徇己置私，擾人敗政，有懷潤
> 屋，無懼害公，豈唯刑綱貽憂，抑亦名節隳替，蓋士君子之不取，
> 亦名教之罪人。〔註118〕

屢次下詔訪求堪任縣令者：

> 宜令京官五品以上正員文官，三品以上正員武官及郎中御史，各舉
> 堪任縣令一人，具名申省，委有司試擇奏授，其有善惡，賞罰與舉

〔註115〕王溥，前引書，頁1197。

〔註116〕宋綬、宋敏求，《唐大詔令集》，卷一○○，《官制上》，簡京官爲都督刺史詔，
　　　　頁507。

〔註117〕同註115。

〔註118〕宋綬、宋敏求，前引書，卷一○○，吏部引見縣令敕，頁509。

主並同。〔註119〕

> 共理親人，在郡守縣令，今二千石，朝廷特擇，咸得其人，縣令委
> 之選司，慮未盡善，孰若連職周官，見其蹤跡。宜令天下太守，各
> 舉堪任縣令一人，善惡罰必及所舉，所司仍明作條例。〔註120〕

並派員巡察天下刺史縣令：

> 朕聞效官者必量力而受任，致理者亦擇才而簡能，況風化之源，本
> 資於長吏。升降之義，用明於朝典，古之建萬國，親諸侯，蓋以撫
> 綏黎人，宣布王化，則今之令長，古稱子男，矜孤恤貧，均徭省
> 賦，皆是職也。（中略）且諸縣令，員數應多，如聞處理之間，廉貞
> 者少，或使司所奏，以功見稱，或五司所擬，循資而授，儻乖任
> 使，空忝親人。或有案牘之間，未曾閑於令式，征賦之際，或委任
> 徒，由是吏轉生姦，遂爲蠹政，人不堪命，流而失業，興業及此，
> 良用憮然。（中略）其天下縣令，仰各本州府長官，審加詳擇，如有
> 衰耄暗弱，或貪財縱暴，不閑時政，爲害於人，並具名錄奏，即與
> 改替，其才職相當者，並依舊，奏定已後，有不稱者，所由官量加
> 殿黜，庶理人之職，無或謬焉。〔註121〕

除屢屢下詔要求縣令勤於職守，親愛人民外，並於開元二十五年（737）二月
七日頒「令長新誡」給天下縣令，苦心孤詣，企盼縣令能盡忠職守，做好親
民的工作。〔註122〕

　　由上述太宗及玄宗重視縣令的情形來看，唐朝對於縣令的選任應是審慎
小心，戰戰兢兢的，然而事實上縣令的選任往往流於輕忽，原因在於時人重
內輕外的風氣。爲求改善，歷來都有人提出改進的意見，例如馬周在太宗貞
觀二十二年（648）上書陳述重內官、輕外官的時弊

> 自古郡守、縣令皆妙選賢德，欲有擢升，必先試以臨人，或從二千
> 石入爲丞相。今朝廷獨重內官，縣令，刺史頗輕其選，刺史多是
> 武夫、勳人，或京官不能職，方始外出；而折衝、果毅之內，身材
> 強壯者，先入爲中郎將，其次始補州任。邊遠之處，用人更輕，
> 其才堪宰莅，以德行見擢者，十不能一。所以百姓未安，殆由於

〔註119〕董誥，前引書，頁124～125。
〔註120〕王欽若，前引書，頁343。
〔註121〕宋綬，宋敏求，前引書，卷一五四，察訪刺史縣令詔，頁533。
〔註122〕《令長新戒》一文內容詳見第四章第一章。

此。〔註123〕

武后垂拱年間（685～688），秘書省陳子昂上疏：

> 臣伏見陛下憂勤政治，而未以刺史縣令爲念。臣何以知陛下未以刺史縣令爲念，臣竊見吏部選人，補縣令如補一縣尉耳！但以資次考第，從官涉歷補之，不論賢良德行，何能以化民？而拔擢見補者，縱使吏部侍郎時有知此弊，而欲超越用人，則天下小人已囂然相謗矣。所以然者，習於常也。所以天下庸流皆任縣令，庸流一雜，賢不肖莫分，但以資次爲選，不以才能得職。所以天下凌遲，百姓無由知陛下聖德勤勞夙夜之念，但以愁怨，以爲天子之令使如是也。自有國以來，此弊最深而未能除也。〔註124〕

中宗景龍三年（709），韋嗣立上疏諫曰：

> 又刺史縣令，理人之首。近年已來，不存簡擇。京官有犯及聲望下者，方遣牧州；吏部選人，暮年無手筆者，方擬縣令。此風久扇，上下同知，將此理人，何以率化？（中略）臣望下明制，具論前事，使有司改換簡擇，天下刺史、縣令，皆取才能有稱望者充。自今已住，應有遷除諸曹侍郎、兩省、兩台及五品已上清望官，先於刺史、縣令中選用。牧宰得人，天下大理，萬姓欣欣然，豈非太平樂事哉！唯陛下詳擇。〔註125〕

玄宗開元三年（715），左拾遺張九齡上書曰：

> 夫元元之眾，莫不懸命於縣令，宅生於刺史，此其尤親於人者也。是以親人之任，宜得賢才，用人之道，宜重其選。而今刺史、縣令，除京輔近處之州刺史猶擇其人，縣令或備員而已。其餘江、淮、隴、蜀、三河諸處，除大府之外，稍稍非才。但於京官之中，出爲州縣者，或是緣身有累，在職無聲，用於牧宰之間，以爲反逐之地；因勢附會，遂忝高班，比其勢衰，亦爲刺史；至於武夫、流外，積資而得官，成於經久，不計有才。諸若此流，盡爲刺史，其餘縣令以下，固不可勝言。盡氓庶所繫，國家之本，務本之職，反爲好進者所輕，承弊之邑，每遭非才者所擾，而欲天下和洽，固不

〔註123〕 杜佑，前引書，頁402。
〔註124〕 王溥，前引書，頁1337。
〔註125〕 劉昫，《舊唐書》，卷八十八，《韋嗣立傳》，頁3872～3873。

可得也。古者刺史入爲三公，郎官出宰百里，莫不互有所重，勸其
所行。臣竊怪近俗偏輕此任，今朝廷卿士入而不去，於其私情，其
自得計，何則？京華之地，衣冠所聚，子弟之間，身名所出，從容
附會，不勞而成。一出外藩有異於是。人情進取，豈忘之於私，但
法制不敢違耳，原其本意，固私是欲，今大利於京職，而不在外
郡，如此則智能之士，欲利之心，日夜營營，安肯復出爲刺史、縣
令，而國家之利，方賴智能之人，此輩既自固而不行，在外者又技
癢而求人，如此，則智能之輩常無親人之者，今又未革之以法，無
乃甚不可乎！故臣以爲欲理之本，莫若重刺史、縣令，此官誠重，
智能者可行。正宜懸以科條，定其資歷，凡不歷都督、刺史，至於
縣令，雖有高第者，不得入爲侍郎、列卿；不歷縣令，雖有善政
者，亦不得入爲台郎、給、舍；雖遠處都督、刺史，至於縣令，遞
次差降，以爲出入，亦不十年頻任京職，又不得十年盡任外官。如
此設科以救其失，則內外通理，萬姓獲安。如積習爲常，遂其私
計，天下不可爲理也。〔註126〕

開元時，班景倩之例除了代表時人內重外輕的心理外，也頗能說明何以至安
史之亂起縣令的選任一直不受重視的原因。

開元中，朝廷選用群臣，必推精富，文物既盛，英賢出入，皆薄其
外任，雖雄藩大府，由中朝冗員而授，時以爲左遷。班景倩自揚州
採訪使入爲大理少卿，路由大梁，倪若水爲郡守，西郊盛設祖席，
宴罷，景倩登舟，若水望其行塵，謂掾吏曰：「班公此行，何異登仙
乎！爲之騶殿，良所甘心。」默然良久，方整駕回。〔註127〕

內重外輕的風氣影響之下，結果造成了地方吏治的敗壞〔註128〕，而長期惡化
的地方吏治，使得百姓對政府不滿，終於形成大規模民變，甚至縮短了唐朝
的國祚。〔註129〕

　　最後，關於唐代縣令的選任還要注意到所謂的迴避問題。唐代地方官在
分發之前都考慮到迴避的原則，例如代宗永泰元年七月詔：「不許百姓任本

〔註126〕杜佑，前引書，頁412～413。
〔註127〕鄭處誨，《明皇雜錄》收於《唐代叢書》（台北：新興書局，民國57年6月新
　　　　一版），頁141。
〔註128〕王壽南，〈唐玄宗時代的政風〉，收於《唐代政治史論集》，頁174。
〔註129〕王壽南，《論唐代的縣令》，頁187～190。

貫州縣官及本貫鄰縣官。」〔註130〕又如穆宗長慶二年中書門下請減迴避例
奏：

> 諸司要官密戚周親見任府縣官，伏以所立隄防，正緣權要，今諸卿
> 監保溥三少詹事祭酒王溥西班將校等，亦無威力，敢冒典章，一概
> 防閑，事誠太過，自今已後，應應宰臣及左右僕射御史大夫中丞給
> 事舍人左右丞諸司尚書侍郎度支鐵使在京城者，并諸王駙馬基周以
> 上親并女婿親外甥，請准廣德二年三月十一日及貞元二年三月十三
> 日敕，不得任京兆府判司次赤及畿令長安萬年丞簿尉，其餘一切，
> 並不在此限，冀典法易遵，群情大愜。〔註131〕

都是唐代實施迴避制度的實例。

　　所謂的迴避，有親族迴避，有本籍迴避，時間從後漢開始，如趙翼所
言：「則迴避本籍以及親族相迴避之例蓋起于後漢之季也。」〔註132〕親族迴避
的內容為「不得與親族在中央或地方的同一單位系統或部門系統任官。」而
「不得在本人出生地區任官」則是為本籍迴避，在這一基礎上，後來又衍生
出諸如迴避師生、同鄉等社會關係，以及迴避祖籍、寄籍等地域環境的一系
列限制。〔註133〕

　　迴避制度自兩漢產生後，至隋唐時期有了很大的進展，除了把迴避本籍
的對象，由地方行政長官擴大到佐官小吏一項外，另外還有如下幾方面的改
進：（一）禁止有近親關係者同在最高國務機關——台省任官。（二）禁止皇
族與中央政府現任中、高級官員的子弟、至親出任京畿地區機要官職和普通
州縣首長。（三）禁止「大功（如堂兄弟等）以上」近親在相互有隸屬關係的
職位任官。（四）禁止在本籍州縣及本籍鄰境任地方官。（五）禁止地方首長
所薦者就任舉主所在州府的縣令。（六）禁止皇族成員擔任禁衛軍指揮職務
〔註134〕。也顯示出唐代的迴避制度，已經從抽象轉為具體，由粗疏變得細
密。

　　在「防範朋黨，澄清吏治」的作用下〔註135〕，唐代縣令的選任必須遵照

〔註130〕王欽若，《冊府元龜》，卷六三○，《銓選部・條制二》，頁3330。
〔註131〕董誥，《全唐文及拾遺》，卷七六五，請減迴避例奏，頁4501。
〔註132〕趙翼，《陔餘叢考》卷二十七（台北：世界書局，民國67年4月四版），頁8。
〔註133〕盧明明〈中國古代官吏選任迴避制度的產生、發展〉，《華東師範大學學報・
　　　　哲社科版》1992年第二期（1992年6月出版），頁42。
〔註134〕盧明明，前引文，頁45。
〔註135〕盧明明，前引文，頁48。

迴避限制，可是京兆府下的京畿縣令的選任又可以突破迴避的限制〔註136〕，這又彰顯出唐代重內輕外的特色。

　　綜合以上對於唐代縣令的選任，可以了解到高祖創業初期，兵馬倥傯，縣令的選任是隨事遷易，權宜署置的「往者隋末喪亂，寇盜交侵，流寓之民，遂相雜撓，遊手墮業，其類實繁……王業伊通，務從草創，牧宰庶僚，隨事遷易，州縣分析，權宜廢置。」等到銓選之法完備後，京（赤）令由宰相進擬，皇帝任命，其餘畿令以下由吏部選授。安史亂後，藩鎮擴張勢力，州縣在其掌握之下，於是吏部選授之權爲藩鎮所奪，藩鎮辟署縣令例子大增。此外，吏部選任縣令嚴格遵守迴避的原則，目的在澄清吏治，然而由於唐代內重外輕風氣的影響，縣令的銓選與任用一直備受忽視，造成地方吏治敗壞，長期惡化的結果，形成大規模的民變，唐朝也因此而滅亡。

第四節　縣令的考課

　　國家設官分職，選才進用，爲了使人盡其才，事不曠時，必須建立一套考課制度，以發揮功能。張金鑑在《中國文官制度史》第五章「人事考核」中對此有詳明的闡釋。

> 國家因任而設置，量能以設官，此考選制度之所由起，品級制度所自立也。國有定任，官有常守，官職之設也，原以期官能勝其任盡其才，事不曠其時失其效，則所謂人事考核者備矣。所謂考核者，簡言之，綜名而核實，因任以督責之意也。考核者所以察賢否，明功過，辨是非，以揮宏百司之職能，賢否既察，功過既明，是非既辨，則當繼之以賞罰黜陟，以爲勸善戒惡之運用。〔註137〕

《冊府元龜》卷六三五《銓選部・考課》：

> 設官分職以序上下，程能黜否以正賞罰，王者之大柄也。故周禮太宰之職，三歲大計群吏之理而誅賞之。又曰廢置以馭其吏，斯皆考課之謂也。是知明試以稽其功，循名以覈其實，使較比之典，不可

〔註136〕《冊府元龜》卷六三〇，《銓選部・條制二》，代宗永泰元年十月詔：不許百姓任本貫州縣官及本貫鄰縣官，京兆河南府不在此限。可見京畿縣令的任命可以打破迴避的禁制，顯示內重外輕的唐代政治風氣。
〔註137〕張金鑑，《中國文官制度史》（台北：華岡出版社，民國66年11月三版），頁156。

得而踰，賢否之分，不可得而亂。〔註138〕

唐代官吏的考課是由吏部功郎中負責，《唐六典》卷二《尚書省吏部》：「考功郎中之職，掌內外文武官吏之考課。」〔註139〕官員當年治事之德行及處事才能所表現之成績，則由其上司申報吏部，考功郎中據此論定其功過，以作升降之標準。

> 凡應考之官，皆具錄當年功過行能，本司及本州長官對眾讀，議其
> 　優劣，定爲九等考第，各於其所由司準額校定，然後送省。〔註140〕

收到各州、各司長官所呈送初考成績後，吏部將全國文武官員分成流內官和流外官兩部分進行考核：

一、流內官

所謂「流內官」是指由一品到九品的文武官職，因其已取得出身，再經吏部、兵部選而正式授予官職，故凡是經吏、兵部選者稱爲入流，以別於未經吏、兵部正式授官之官員。

流內官的考核分成兩階段：

（一）根據官員之德行操守「四善」及處事才能──「二十七最」，訂定爲「九等第」。依據《新唐書》卷四十六《百官志》所載，「四善」及「二十七最」內容如下：

> 流內之官，敍以四善：一曰德義有聞，二曰清愼明著，三曰公平可稱，四曰格勤匪懈。善狀之外有二十七最：一曰獻可替否，拾遺補闕，爲近侍之最。二曰銓衡人物，擢盡才良，爲選司之最。三曰揚清激濁，褒貶必當，爲考校之最，四曰禮制儀式，動合經典，爲禮官之最。五曰音律克諧，不失節奏，爲樂官之最，六曰決斷不滯，與奪合理，爲判事之最。七曰部統有方，警守無失，爲宿衛之最。八曰兵士調習，戎裝充備，爲督領之最。九曰推鞫得情，處斷平允，爲法官之最。十曰讎校精審，明於刊定，爲校正之最。十一曰承旨敷奏，吐納明敏，爲宣納之最。十二曰訓導有方，生徒充業，爲學官之最。十三曰賞罰嚴明，攻戰必勝，爲軍將之最。十四曰禮義興行，肅清所部，爲政教之最。十五曰詳錄典正，詞理兼舉，爲

〔註138〕王欽若，《冊府元龜》卷六三五，《銓選部・考課》，頁3355。
〔註139〕李林甫，《大唐六典》，卷二，《吏部》，頁45。
〔註140〕同註139。

文史之最。十六曰訪察精審，彈舉必當，爲糾正之最。十七曰明於勘覆，稽失無隱，爲句檢之最。十八曰職事脩理，供承彊濟，爲監掌之最。十九曰功課皆充，丁匠無怨，爲役使之最。二十曰耕耨以時，收穫成課，爲屯官之最。二十一曰謹於蓋藏，明於出納，爲倉庫之最。二十二曰推步盈虛，究理精密，爲曆官之最。二十三曰占侯醫卜，效驗多著，爲方術之最。二十四曰檢察有方，行旅無壅，爲關津之最。二十五曰市廛弗擾，姦濫不行，爲市司之最。二十六曰牧養肥碩，蕃息孳生，爲牧官之最。二十七曰邊境清肅，城隍脩理，爲鎮防之最。〔註141〕

九等第則爲：

一最四善爲上上，一最三善爲上中，一最二善爲上下；無最而有二善爲中上，無最而有一善爲中中，職事粗理，善最不聞，爲中下；愛憎任情，處斷乖理，爲下上；背公向私，職務廢闕，爲下中；居官諂詐，貪濁有狀，爲下下。〔註142〕

（二）吏部依照對官員德行操守及處事才能考核所得的九等第，作爲官員升降賞罰的標準。據《新唐書》卷四十五《選舉志》所載，官員按等第升降的情形爲：

凡居官必四考，四考中中，進年勞一階敍。每一考，中上進一階，上下二階，上中以上及計考應至五品以上奏而別敍。六品以下遷改不更選及守五品以上官，年勞歲一敍，給記階牒。考多者，準考累加。〔註143〕

又《唐會要》卷八十一《考上》云：

（貞觀十一年）正月十五日敕：凡入仕之後，近代則以四考爲限，四考中中，進年勞一階，每一考上中，進一階，一考上上，進二階。〔註144〕

又《新唐書》卷四十六《百官志》云：

凡考中上以上，並進一等，加祿一季；中中，守本祿；中下以下，

〔註141〕歐陽修，宋祁，《新唐書》卷四十六，《百官志一》，頁1191。二十七最中，「禮義興行，肅清所部，爲政教之最」一項，其對象爲地方官中的州、縣長官。

〔註142〕同註141。

〔註143〕歐陽修，宋祁，《新唐書》，卷四十五，《選舉志下》，頁1173。

〔註144〕王溥，《唐會要》，卷八十一，《考上》，頁1501。

每退一等，奪祿一季；中品以下，四考皆中中者，進一階；一中，上

考，復進一階；一上下考，進二階；……有下下者者，解任。〔註145〕

從上述三條觀之，可見唐代官員的任期，以四年爲滿任，每年以年勞爲考

績，四年即四考。四年考績均爲中中，則升進一階，又四考中，每一中上

考，復進一階，每一上下考，則進二階。官員治事考績優異（列爲中上以上

者），不僅可躐等升級，而且還可賞祿一季，若是考績低劣，列爲中下以下

者，則降一階，且奪祿一季，以作處分。列爲下下者，解任。以上的升降賞

罰，見表三十五。〔註146〕

表三十五：唐官吏升降賞罰表

官職	考　績　等　第		升	降	賞	罰
近侍至鎮防二十七類職	一最四善	上　上	三　階		祿一季	
	一最三善	上　中	三　階		祿一季	
	一最二善	上　下	三　階		祿一季	
	無最二善	中　上	二　階		祿一季	
	無最一善	中　中	一　階	守　本		祿
	善最不聞	中　下		一　階		祿一季
	處事乖理	下　上		一　階		祿一季
	職務廢闕	下　中		一　階		祿一季

備註：凡三品以上官；親王、大都督、諸州觀察、刺史、大都督、長吏、上中下都督、都護
等官，不在此限。皆合奏取裁。（《唐會要》卷八十一《考上》貞元七年十二月）

二、流外官

所謂流外官，指未入流候補之官員，唐時稱爲「行署」，唐六典卷二吏部
郎中條云：

郎中一人掌小選，凡未入仕而吏京司者，復分爲九品，通謂之行署。

其應選之人，以其未入九流，故謂入流外銓，亦謂之小銓。〔註147〕

對於流外官的考核則爲「量其行能功過，立四等考第而勉進之。」〔註148〕四

〔註145〕歐陽修、宋祁，前引書，頁1192。
〔註146〕本表引自曾一民，《唐代考課制度之研究》（台北：商務印書館，民國67年2
　　　　月初版），頁110。
〔註147〕李林甫，前引書，頁38。
〔註148〕李林甫，前引書，頁47。

等第的內容依序爲：

> 清謹勤公，勘當明審，爲上；居官不怠，執事無私，爲中；不勤其
> 職，數有愆犯，爲下；背公向私，貪濁有狀，有下下；每年對定，
> 具簿上省，其考下下者，解所任。〔註149〕

據此，可知流外官之考第分爲上、中、下及下下四等。上者可升補官，下下
者解所任。

　　唐代的考課制度先是以百司之長擔任詔考，吏部掌總考，並由考功郎中
及員外郎負責。每年行考課時，皇帝並加派校考官及監官，以表示重視，並
防杜舞弊。《新唐書》卷四十六《百官志》：

> 貞觀初，歲定京官望高者二人，分校京官外官考。給事中、中書舍
> 人一人，蒞之，號監中外官考使，考功郎中判京官考，員外郎判外
> 官考，其後屢置監考，校考、知考使。〔註150〕

校考使對百司長官之考定結果得提出異議或加以修正，例如德宗貞元八年
（792）七月，班宏擔任京官校考使時，便曾對考定的結果提出異議：

> （貞元）八年七月，班宏遷刑部侍郎，兼京官校考使。時左僕射崔
> 寧，兵部侍郎劉迺上下考。宏正議曰：「令夷荒靖難，專在節制，尺
> 籍伍符，不校省司。夫上多虛美之名，下開趨競之略，上行阿容，
> 下必朋黨。」因前去之，迺謝之曰：「迺雖不敏，敢掠一美，以徼二
> 罪乎？」〔註151〕

至於官位崇高者，其功過之考核，則由皇帝自行裁定。京官三品以上爲清望
官，其考績也進名聽內考，《唐六典》卷二《考功部中》條：「其親王及中書
門下與京官三品已上，外官五大都督並以功過狀奏聽裁。」〔註152〕

　　唐代考課辦法將官員的考績分爲九等及四等，執行時不免有些缺點，譬
如每等比例並無限制，以致產生過嚴或過寬的弊端。早在高祖武德六年監察
御史馬周即曾經提出來討論：

> 臣竊見流內九品以上，令有等第。而自比年，入多者不過中上，未
> 有得上下以上考者。臣謂令設九等，正考當今之官，必不施之於異
> 代也，縱朝廷實無好人，猶應於見任之內，比校其尤善者，以爲上

〔註149〕同註148。
〔註150〕歐陽修、宋祁，前引書，頁1192。
〔註151〕王溥，前引書，頁1505。
〔註152〕李林甫，前引書，頁45。

> 第。豈容皇朝之士，遂無堪上下之考者。朝廷獨知貶一惡人可以懲
> 惡，不知褒一善人足以勸善，臣謂宜每年選下政術尤最者一二人為
> 上上，其次為上中，其次為上下，次為中上，則中人以上可以自
> 勸。〔註153〕

可見考校失之過嚴，但也有過於寬鬆的例子，例如德宗貞元七年（791）考功
郎中奏：

> 准考課令，諸司官皆據每年功過行能，定其考第，又准開元天寶以
> 前敕，朝官每司有中上考，亦有中中中考，自三十年來，諸司並一
> 例中中上考，且課績之義，不合雷同，事久因循，死廢朝典，自今
> 以後，諸司朝官，皆須據每年功過行能，仍比類格文，定其升降，
> 以書考第，不得一例申中上考，應諸司長官書考不當。〔註154〕

同時考課等第無客觀尺度，考官常因一時喜怒愛憎而上下其手，造成弊端叢
生。譬如高宗時太常伯盧承慶擔任考官因喜怒迭改成績：

> 盧尚書承慶，總章初考內外官。一官督運，遭風失米，盧考之曰：「監
> 運損糧，考中下。」其中容止自若，無一言而退，盧重其雅量，改
> 注曰：「非力所及，考中中」，既無喜容，亦無愧容，亦無愧詞，又
> 改注曰：「寵辱不驚，考中上。」〔註155〕

又如德宗貞元時（785～805）校考使劉滋以趙憬知過，更改考績，予以嘉新，
《新唐書》卷一五〇《趙憬傳》關於此事之記載如下：

> （德宗）貞元中，……考功歲終，請如至德故事課殿最，憬自言
> 薦果州刺史韋證，以貪敗，請降考。考使劉滋謂憬知過，更以考
> 升。〔註156〕

這些都是因為一時的觀感而影響到考第的實例。

縣令的考課一如其他官吏般，先由其本司及本州進行初考，再送到吏部
考功郎中處作判定。縣令中除開京兆、河南、太原府等京都地區的京、畿縣
令，也有外州所管轄的縣令，因此縣令的初考自應是由京兆、河南、太原牧
及州刺史執行。《舊唐書》卷四十四《職官志》：

〔註153〕王溥，前引書，頁1500。
〔註154〕王溥，前引書，頁1564。
〔註155〕劉餗，〈隋唐嘉話〉，收於王文誥，邵希曾輯《唐代叢書》（台北：新興書局，
　　　　民國57年6月新一版），頁20。
〔註156〕歐陽修、宋祁，前引書，頁4811。

> 京兆、河南、太原牧及都督、刺史掌清肅邦畿、考覈官吏宣布德
> 化、撫和齊人，勸課農桑，敦敷五教，每歲一巡屬縣，觀風俗，問
> 百年，錄囚徒、恤鰥寡、閱丁口，務知百姓之疾苦。（中略）其吏在
> 官，公廉正己，清直守節者，必謹而察之。其貪穢諂諛、求名徇私
> 者，亦謹而察之。皆附於考課，以爲襃貶。〔註157〕

實際上執行考課工作的是司功參軍事，《新唐書》卷四十九下《百官志》云：

> 功曹、司功參軍事掌考課、假使、祭祀、禮樂、學校、表疏、書
> 啓、祿食、祥異、醫藥、卜筮、陳設、喪葬。〔註158〕

此外，唐代爲了督察州縣，自太宗貞觀初起即不定期臨時差使出巡，名稱不一，有：

（一）觀風俗使〔註159〕

> 貞觀八年（634）正月二十九日詔曰：「昔者明王之御天下也，內列
> 公卿，允釐庶績，外廷侯伯，司牧黎元。惟懼淳化未敷，名教或
> 替，故有巡狩之典，黜陟幽明，行人之官，存省風俗，時雍之化，
> 率由茲道，宜遣大使，分行四方，申諭朕心，延問疾苦，觀風俗之
> 得失，察政刑之苛弊，務盡使乎之旨，俾若朕親覿焉！」於是分遣
> 蕭瑀、李靖、楊恭仁、竇靜、王珪、李大亮、劉德威、皇甫無逸、
> 韋挺、李襲譽、張亮、杜子倫、趙宏智等，巡省天下。〔註160〕

（二）巡察使

如貞觀十八年（644）遣十七道巡察〔註161〕，貞觀二十年（646）遣孫伏伽等巡察四方：

> （貞觀）二十年正月，遣大理卿孫伏枷等二十二人，以六條巡察四
> 方，多所襃黜舉奏，太宗命褚遂良一其類，具狀以聞。及是，親自
> 臨決，牧宰以下，以能官進擢者二十人，罪死者七人，流罪以下及
> 免黜者數百人。〔註162〕

〔註157〕劉昫，《舊唐書》，卷四十四，《職官志三》，頁1919。

〔註158〕歐陽修、宋祁，前引書，頁1312。

〔註159〕《唐會要》卷七十七，《諸使上》註，「觀風俗使自貞觀八年以後不置。」頁1411。

〔註160〕王溥，前引書，頁1411～1412。

〔註161〕王溥，前引書，頁1412。

〔註162〕王溥，前引書，頁1412。

神龍二年（706）派十道巡察使廉按州部：

> 神龍二年二月敕；左右台內外五品已上，識治道通明無屈撓者二十
> 人，分爲十道巡察使，二周年一替，以廉按州部。〔註163〕

和玄宗開元三年（715）三月敕：

> （開元）三年三月敕，巡察使出，宜察官人善惡，其有戶口流散，
> 籍帳隱沒，賦役不均者，不務農桑、倉庫減耗者，妖訛宿宵、姦猾
> 盜賊、不事生業，爲公私蠹害者，德行孝弟、茂才異等、藏器晦
> 跡，堪應時用者，並訪察聞奏。〔註164〕

（三）宣撫使

如德宗貞元八年（792）八月詔：

> 貞元八年八月詔曰：「朕以薄德，託於人上，勵精庶政，思致雍熙，
> 而誠不動天，政或多闕，陰氣作沴，暴風薦臻，自江淮而及乎荊襄、
> 歷陳宋而施於河朔。其間郡邑，連有水災，城郭多傷，公私爲害，
> 損壞廬舍，浸敗田苗，或親戚漂淪，或產業沈溺，言念於此，當食
> 未飱。宜令中書舍人奚陟，往江陸及襄郡、隨、復、鄂、申、光、
> 蔡等州。左庶子姚齊語，往陳、宋、潁、徐、泗、濠等州。秘書少
> 監雷咸，往鎮、冀、德、隸、深、趙等州。京兆少尹韋武，往楊、
> 楚、廬、潤、壽、滁、蘇、常、湖等州宣撫，應諸州百姓，因水不
> 能自存者，委宣撫使賑給，死者各加賜物，在官爲收理埋瘞，其田
> 苗所損，委宣撫使與所在長吏速具聞奏。於戲，一夫不獲，一物失
> 所，刑罰不中，賦役不均，皆可以失陰陽之和，致雨旱之沴，繫因
> 及獄訴不決者，委所在長吏，即與疏辯，務從寬簡，俾絕冤滯，貪
> 官暴吏，苛法害公，特加懲罰，用明典憲，災傷之後，切在撫綏，
> 咨爾方鎮之臣，洎乎守宰，咸宜悉乃心力，以恤凶災，宣布朕懷，
> 使各知悉。」〔註165〕

順宗永貞元年（805）八月詔：

> 永貞元年八月詔曰：「治天下者，先修其國，國命之重，寄在方鎮。
> 方鎮共治，實維列城、列城爲政，繫於屬縣。（中略）牧宰有課績，

〔註163〕王溥，前引書，頁1415。
〔註164〕同註163。
〔註165〕同註161。

官吏有臧否，爰使使臣，申我休命，宜令度支及諸道鹽鐵轉運、戶
部侍郎兼御史大夫潘孟陽，專往宣諭。慰安疲氓，詢訪便益，蠲除
疾苦，安民利國，稱朕意焉。」〔註166〕

（四）黜陟使

（貞觀）二十年正月，遣大理卿孫伏枷等，以六條巡察四方，黜陟
官吏。〔註167〕

（五）採訪處置使

開元二十二年二月十九日，初置十道採訪處置使，以御史中丞盧絢
等為之，至三月二十三日，諸道採訪處置使華州刺史李尚隱等奏，
請各使置印，許之，二十五年十二月二十四日，命諸道採訪使考課
官人善績，三年一奏，永為常式。〔註168〕

同時監察御史也負有糾察州縣的責任。《新唐書》卷四十八《百官志三》、《監
察御史》：

監察御史掌分察百寮，巡按州縣，獄訟、軍戎、祭祀、營作、太府
出納皆蒞焉，知朝堂左右廂及百司綱目（中略）凡十道巡按，以判
官二人為佐，務繁則有支使。其一，察官人善惡；其二，察戶口流
散，籍帳隱沒，賦役不均；其三，察農桑不勤，倉庫減耗；其四，
察妖猾盜賊，不事生業，為私蠹害；其五，察德行孝悌，茂才異等，
藏器晦跡，應時用者；其六，察黠吏豪宗兼并縱暴，貧弱冤苦不能
自申者。〔註169〕

雖然諸使及監察御史必須巡行州縣，查官員，可是只有建議權，考核權力仍
在諸令的長官：

天寶九載敕，本置採訪使，令舉大綱，若小必由一人，豈能兼理數
郡？自今已後，採訪使但察訪善惡，舉其大綱，自餘郡務奏請，並
委郡守，不須干及。〔註170〕

縣令的考核中以戶口增益及勸課農桑最為重要，能增加戶口，農田豐殖
就可進考一等：

〔註166〕王溥，前引書，頁1416～1417。
〔註167〕王溥，前引書，頁1419。
〔註168〕王溥，前引書，頁1420。
〔註169〕歐陽修、宋祁，前引書，頁1240。
〔註170〕王溥，前引書，頁1420。

諸州縣官人，撫育有方，戶口增益者，各準見戶爲十分論，每加一
分，刺史、縣令各進考一等。（中略）其課農田能使豐殖者，亦準見
地爲十分論，每加二分，各進考一等。〔註171〕

否則，將在考績上予以降等：

若撫養乖方，戶口減損者，各準增戶法，亦每減戶一等，（中略）其
有不加勸課以致減損者，每損一分，降考一等。〔註172〕

而歷朝皇帝也相當注重戶口農桑之增減益損，屢次下詔表達其重視的程度，
茲舉數例以爲證據。

太宗貞觀元年二月詔，刺史縣令已下官人，若能使婚姻及時，鰥寡
數少，量准戶口增多以進考第，如其勸導乖方，失於配耦，准戶口
減少，以附殿失。

（開元）四年一月詔曰：「其縣令在任，戶口增益，界內豐稔，清勤
著稱，賦役均平者，先與上考，不在當州考額之限也。」

永泰元年正月詔曰：「國以人爲本，人以農爲業，頃由師旅，征稅殷
繁，編戶流離，田疇荒廢，永言牧宰，政切親人，其刺史縣令，宜
以招輯戶口，墾田多少用爲殿最，每年終委本道觀察節度等使按覆
奏聞，如課績尤異，當加抄擢，或政理無聞，必寘科貶。」

（貞元）四年正月一日制，刺史縣令有勸課農桑，招復戶口一倍已
上於前者，委本道觀察使條件奏聞，當加進陟，如貪墮不理，害及
於人者，速使停替。〔註173〕

從上述皇帝所下的詔書中可以發現，安史之亂前戶口增加，勸課農桑是縣令
當然的工作，考課的重點安史之亂後，戰亂頻仍之情形下，考課的範圍已從
原來的增戶口，勸農桑外，加上了招輯流亡，安撫百姓等項。

一個理想稱職的縣令自然不應只在戶口及農桑上有所表現，其他方面的
工作也是被列入要求的範疇。責任繁重，項目一如《唐會要》卷六十八《刺
史上》所述：

其年（開成元年）八月中書門下奏：致政親民，屬在守宰。朝廷近
日命官，頗加推擇，從今已後，望令諸道觀察使，每歲終，具部內

〔註171〕杜佑，《通典》，卷十五，《選舉三》，頁370～371。
〔註172〕同註171。
〔註173〕以上諸條，見《冊府元龜》卷六三五、六三六《銓選部·考課一、二》，頁
3361～3362。

刺史縣令，司牧方策、政事工拙上奏。其有教化具修，人知敬讓，
賊盜逃去，遺略不行，刑獄無偏，賦稅平允，撫綏孤弱，不虐幼賤，
姦吏點胥、侵牟止絕，田疇墾闢、逃戶歸復、道路平治、郵傳修節、
府無留事、獄去繫囚、糾愿繩違、嫉惡樹善，以公滅私，絕去貨殖，
夙興夜寢、宴戲省少，人無謗議，家有蓄藏，是謂循良之吏。愷愷
君子，其能備此具美者，仰以其尤薦聞，朝廷特加褒賞。

以上所列項目繁多，縣令如能做到其中幾項，就會受到朝廷嘉獎，並可列入
考績之中。茲舉數例如後：

夫不吐剛而諂上，不茹柔而黷下者，君子之事也。（中略）中大夫行
長安縣令李隱，見義不回，強直自遂，亟聞嘉政，累著能名。（中略）
宜加一階，用表剛烈，可太中大夫，特賜中上考。〔註174〕
皇帝問洛州紫陽縣令盧正道，卿才行卓著，清白有聞，夙夜在公，
課最居首，使耳昇獎，朕甚嘉之，令贈卿祿秩，以褒善政，勉勖終
始，無替嘉聲。〔註175〕
韋滌爲涇陽令，德宗貞元二年正月詔曰：「滌有禦災之術，有字物之
方，人不流凶」，事皆辦集，惟是一邑之內，獨無愁怨之聲，古之循
吏，何以邁此，可簡較工部員外郎兼本官，賜緋魚袋并賜衣一襲，
絹百疋、馬一匹，凡百君子，各宜自勉。〔註176〕
王正雅爲萬年縣令，當穆宗時，京邑號爲難理，正雅抑強扶弱，政
甚有聲，會柳公綽爲京兆尹，帝前褒稱，帝命以緋衣銀章就縣宣賜，
遷戶部郎中。〔註177〕

以上所舉皆是以治縣政績優良獲得嘉賞甚至擢升的實例。其人其政往往獲得
所治縣民的崇敬，立碑紀念。如薛玨、高叡、崔務等都是成例〔註178〕。而韋
景駿的事蹟，便彰顯出一個優良的縣令在造福鄉梓後所得到的愛戴，令人深
思不已。

韋景駿爲肥鄉令，後爲趙州長史。路由肥鄉，人吏驚喜，競來犒錢，
晉連經日，有童稚數人，年甫十餘歲，亦在其中，景駿曰：「計吾去

〔註174〕董誥，《全唐文及拾遺》卷十八，《睿宗皇帝》，褒長安令李朝隱制，頁94。
〔註175〕董誥，前引書，卷十七，《中宗皇帝》，褒盧正道敕，頁85。
〔註176〕王欽若，前引書，頁3690。
〔註177〕同註176。
〔註178〕王欽若，前引書，頁3695。

此時，汝葷未生，既無舊思，何慇懃之甚也。」成對曰：「此間長宿
傳說，縣中廂宇、學堂館舍，隄橋並是明公遺跡。將謂古人，不易
親得瞻顏，不覺欣戀，倍于嘗也。」其爲人所思如此。〔註179〕

一個親民之官能受人愛戴，遺留去思到像韋景駿的例子，可以說是成功至
極。反之，如果一個親民之官，只有貪黷酷暴，毫無愛民之心，非但會致民
禍害，也會造成本身宦途的障礙，甚而去官受罰，而朝廷方面對於縣令的貪
黷有相當嚴厲的規定。

如有貪殘黷貨，枉法受贓，冤訴不伸，烤笞無罪，有一於此，具狀
以聞，嘗加峻刑，投諸荒裔。〔註180〕

因酷暴貪贓受到懲罰的縣令不乏其人，如：

朱廷暉爲宣州溧陽令，周仁公爲涇州良原令，裴褒爲寧州彭原令。
開元二十五年正月，皆犯贓坐死刑。〔註181〕

考績佳的縣令能獲得擢昇的機會，《唐會要》卷六十九《縣令》云：

天寶六載三月十二日敕：自今已後，郎官、御史先於縣令中三考已
上，有政績者取，仍永爲常武。

又同書卷八十一考上：

開耀元年十一月二十三日敕，縣令有聲績可稱，先宜進考。員外郎、
侍御史、京兆、河南府判司及自餘清望官先於縣令內簡擇。

路嗣恭可以算是以課最進至顯官一個極成功的例子，《新唐書》卷一三八《路
嗣恭傳》：

路嗣恭字懿範，京兆三原人，始名劍客，以世蔭爲鄴尉，席豫黜陟
河朔，表爲關蕭關令，連徙神烏、姑臧二縣，考績爲天下最。……
嗣恭起州縣吏，以課治進至顯官。

至於縣令幾考遷代，必要從整個唐代官吏遷代情形中了解，《明皇雜錄》中記
載盧從愿的遷轉情形：

元宗命宇文融爲括田使，……密奏以爲盧從愿廣置田園，從愿少家
相州，應明經，常從五舉，制策三等，授夏縣尉，自前明經至吏部
侍郎纔十年，自吏部員外郎至侍郎只七個月。〔註182〕

〔註179〕同註178。
〔註180〕王溥，前引書，頁1207。
〔註181〕王欽若，前引書，頁3714。
〔註182〕鄭處誨，〈明皇雜錄〉，收於《唐代叢書》中，頁142。

盧從愿的遷官之速只能算爲特例，實際上唐代官員必須經過一段時間才能遷代。《通典》卷十九《職官一》載：

> 自六品以下，率由選曹，居官者以五歲爲限（原注：一歲爲一考，四考有替則爲滿。若無替，則五考而罷。六品以下，吏部注擬，謂之旨授。五品以上，則皆敕除。自至德之後，天下多難，甄才錄效，制敕特拜，繁於吏部。於是兼試，員外郎，倍多正員。至廣德以來，乃立制限，州縣員外，兼試等官，各有定額。並云：額內溢於限者，不得親職，其有身帶京官冗職，資名清美，兼州縣職者，云占闕焉，即如正員之例，官以三考而代，無替四考而罷。由是官有常序焉）。

縣令的遷代也有三考及四考之分，中宗景龍年間右御史台中丞盧懷愼上疏陳時政之弊，認爲官員遷代太快會影響吏政：

> 臣竊見比來州牧，上佐及兩畿縣令，下車布政，罕終四考。在任多一二年，少者三五月，遽即遷除，不論課最。或有歷時未改，便傾耳而聽，企踵而望，爭求冒進，不顧廉恥，亦何暇爲陛下宣風布化，瘝恤人哉？禮義未能行，風俗未能齊，戶口所以流散，倉庫所以空虛，百姓凋弊，日更滋甚，職爲此地，何則？人知吏之不久，則不從其教；吏知遷之不遙，又不盡其力，偷安爵祿，但養資望。陛下雖勤勞之懷，宵衣旰食，然僥倖路啓，上下相蒙，共爲苟且而已，寧盡至公乎？此國之病也。昔賈誼所謂蹠盭之病，乃小小者取。此弊久而不革，臣恐爲膏肓，雖和緩不能療，豈蹠盭而已哉！（中略）臣望請諸州都督、刺史、上佐及兩畿縣令等，在任未經四考已上，不許遷除，察其課效尤異者，或錫以車裘，或就加祿秩，或降使臨問，并璽書慰勉。若公卿有闕，則擢以勸能。其政績無聞及犯貪暴者，免歸田里。以明聖朝賞罰之信，則萬方之人，一變于道矣。致此之美，革彼之弊，易于反掌，階下何惜而不行哉！〔註183〕

盧懷愼要求縣令必經四考才能遷改。玄宗起朝廷陸續下詔要求縣令四考後才能改替。如《冊府元龜》卷六二九《銓選部·條制二》：

> （開元）四年十二月詔曰：「比來兩畿縣令經一兩考即改，其行苟且，罕在政要。百姓弊於迎送，典吏因而隱欺，自今以後，皆令四考滿，滿日聽京官例選，仍不得輒續於前勞。」

〔註183〕歐陽修、宋祁，《新唐書》卷九十八，《盧懷愼傳》，頁3065～3066。

同書卷六三〇《銓選部‧條制三》：

> 代宗寶應二年七月制：刺史、縣令自今以後改轉，刺史三年爲限，
> 縣令四年爲限。

《唐會要》卷六十九《刺史下》：

> （貞元）六年十二月二日敕：刺史、縣令以四考爲限。

同書卷八十一《考上》：

> （貞元）九年七月制：縣令以四考爲限，無替者宜至五考。

除四考遷代外，另有三考的情形，如《通典》卷十五《選舉三》：

> 開元二十五年十二月，命諸道采訪使考課官人善績，三年一奏，永
> 爲常式。

《冊府元龜》卷六三五《銓選部‧考課一》：

> 代宗寶應元年十月，吏部奏准今年五月詔，可縣官自今已後，宜令
> 三考一替者，今數州申解，宜三考後爲復，待替到爲復，便勒停處
> 分者。今望令已校三考官待替到，如替人不到，請較四考後停。

《唐大詔令集》卷六十九貞元元年南郊大赦天下制：

> 自今已後，刺史縣令未經三考，不得改易。

《唐會要》卷六十九《刺史下》：

> 大中元年正月敕：守宰親民，職當撫字，三載考績，著在格言。貞
> 元之中，頗有明詔，縣令五考，方得改移，近者因循，都不遵守，
> 諸州縣令得三考，兩府畿亦罕及二年，以此字民，望成其化，簿書
> 案牘，寧未姦欺，道路有迎送之勞，鄉里無蘇息之望，自今已後，
> 刺史縣令除授後，例滿三十六箇月，方得更換。

至於京畿縣令的考數，有時不限三考或四考「貞元六年十二月二日敕，刺史
縣令，以中考爲限。赤令既是常參官，不在四考限。次赤令既同京官，宜以
三考爲限。」〔註184〕然而如前所述，京畿縣令並不限於官方規定的三考或四
考，少則三月，甚至數月間遷轉的情形也是普遍存在的。

　　綜合前面所述縣令的考課情形，可以得知縣令的考課分成兩階段進行，
第一階段的初考由其上級長官如州刺史及京兆、河南、太原牧執行。所得成
績再送至吏部考功郎中處進行總考。吏部依照所考得的九等第成績升降縣令
的職位。等第高，成績好的自然升到較佳的職位，成績低劣，等第奇差的除

〔註184〕王溥，前引書，頁1223。

了貶降甚至免官解職。而在對縣令考課中，增戶口，豐農產是最受重視的，考績隨著這兩項的表現有好壞的差異，不過縣令的職權並不單單侷限於戶口、農產上，其他也列入考績之中，但只要能盡心愛民，就會受到嘉評，反之酷暴虐民，則會受到嚴懲。至於幾考後可以遷代？縣令的遷代大概可分三考或四考二種情形，不過京畿縣令往往不受限制，數月而遷是很普遍的情形，雖不符合官方的規定，卻也顯示出官方規定和實際的情形還是有一段距離的。

第五節　縣令的遷轉

縣令是地方行政制度基層單位縣的長官，官位小，責任重，雖然在整個唐代受到「重內輕外」風氣的影響而較不受重視，可是大多數官吏的仕宦生涯中，往往都歷練過縣令這一個職務，尤其是品級較高的京（赤）令和畿縣令，接近中央政治重心，更被視為內外遷轉時的中介站，縣令職務中的最佳選擇而被極力爭取。本節分成兩部份來探討唐代縣令的遷轉情形，一是縣令的遷轉途徑，二是縣令的遷轉過程，藉此以了解唐代縣令的遷轉。

一、縣令的遷轉途徑

縣令的遷轉途徑分為遷入和遷出，以兩《唐書》中所得到的可考縣令一九四人次作為基本資料（表三十六）〔註185〕，分成京（赤）令、畿縣令和一般縣令三種類型，時間上分成初唐（高祖至玄宗先天革命，618～712）、中唐（玄宗開元元年至順宗，713～805）、晚唐（憲宗至唐亡，806～907）等三個階段〔註186〕，進行簡單的分析。

〔註185〕本節所用的縣令資料是以新、舊《唐書》中所載縣令為依據，但不含《新唐書》中宰相、方鎮、宗室世系及宰相世系諸表中所載縣令，原因是由於表中所載縣令人數眾多，事蹟難以考察，範圍過於廣泛，只有留待日後再作研究，在本文中並不予以採用，一九四人次中，京（赤）令共四十八人次，畿令二十二人次，一般縣令一二四人次。

〔註186〕本文時間上分期所採用的內容乃是依據張榮芳，《唐代京兆府領京畿縣令之分析》一文中所用的分期內容，張氏以為分為三期的原因，除每期約百年左右，尚有三點，第一、初期京兆仍為雍州，第二、中期玄宗至德宗對地方吏治較為重視，制度發展較為重視，第三、晚唐政爭激烈，京畿縣令遷轉與職權運作受影響較多。本文所包含對象較多，張氏所持分期之理由雖不盡適合，不過仍可採用，所以利用其分期之內容作為分析時之依據。

表三十六：唐代縣令遷入遷出官表

編號	姓 名	時 間	遷入職官	縣令名	遷出職官	備 註
001	李大亮	高 祖		土門令	金州總管司馬	
002	獨孤懷恩	高 祖		長安令	工部尚書	
003	李乾祐	太宗貞觀	殿中侍御史	長安令	御史中丞	
004	崔信明	太宗貞觀	興世丞	秦川令	卒	
005	張文瓘（稚圭）	太宗貞觀	水部員外郎	雲陽令		
006	裴行儉（守約）	太宗貞觀	都官郎中	長安令	西州都督府長史	
007	劉仁軌	太宗貞觀	櫟陽丞	新安令		
008	謝偃	太宗貞觀	魏王府功曹	湘潭令	卒	
009	尹思貞	高宗顯慶	隆州參軍事	明堂令	殿中少監	
010	王方翼（仲翔）	高宗永徽		安定令	瀚海都護司馬	
011	崔行功	高宗顯慶	吏部郎中	遊安令	司文郎中	
012	李義琰	高宗麟德		白水令	司刑員外郎	
013	李嗣真	高宗咸亨	弘文館修撰	義烏令	始平令	
014	高智周	高 宗	越王府參軍	貴縣令	秘書郎	
015	徐齊聃（將道）	高 宗	沛王侍讀	雲陽令	司城員外郎	
016	權懷恩	高 宗	尚乘奉御	萬年令	慶萊刺史（？）	
017	韋承慶（延休）	高宗調露	太子司議郎	烏程令		
018	李嗣真	高宗調露	義烏令	始平令	太常丞	
019	韋思謙（仁約）	高 宗		應城令	監察御史	
020	韋思謙（仁約）	高 宗	監察御史	清水令	沛王府倉曹參軍	相武后
021	李思訓	高 宗	常州司倉參軍	楊州江都令	（棄官）中宗時	
022	楊元琰（溫）	睿 宗	梓州參軍（？）	平棘令	永寧軍副使	
023	魏元忠	睿宗文明	司刑正	洛陽令	御史中丞	
024	楊 炯	武 后	梓州司法參軍	盈川令		
025	韋安石	武后永昌	膳部員外郎	永昌令	并州司馬	
026	劉 憲	武后天授	左台監察御史	潢水令	司僕丞	
027	狄仁傑（懷英）	武后天授	同鳳閣鸞台平章事地官侍郎判尚書	彭澤令	魏州刺史	
028	孫嘉之	武后天冊	王屋主簿	曲周令	襄邑令	
029	孫嘉之	武后天冊	曲周令	襄邑令		
030	來俊臣	正后萬歲通天	合宮尉	洛陽令	司僕少卿	
031	孫承景	武后通天	監察御史	崇仁令		

032	徐仁紀	武后聖曆	左補闕	靈昌令		
033	竇懷貞（從）	武后聖曆		清河令	越州都督	
034	唐之奇	武　后	給事中	括蒼令		
035	馮元淑	武　后		清漳令		
036	馮元淑	武　后		浚儀令		
037	馮元淑	武　后		始平令		
038	鄧玄挺	武　后	左史	雍州藍田令	頓丘令	
039	盧藏用（子潛）	武　后	靈武道管記	濟陽令		
040	戴令言	武　后	左補闕	長社令		
041	薛　訥	武　后	城門郎	藍田令	攝左武衛將軍	
042	岑　羲（伯華）	武后長安		廣武令	天官員外郎	
043	岑　羲（伯華）	武　后		金壇令	汜水令	
044	岑　羲（伯華）	武　后	金壇令	汜水令		
045	韋嗣立（延構）	武　后		雙流令		
046	韋嗣立（延構）	武　后		萊蕪令	鳳閣舍人	
047	韋　維（文紀）	武　后	五泉主簿（？）	內江令	戶部郎中	
048	裴　惓（翁喜）	武后長安		渭南令	地官員外郎	
049	王　珣（伯玉）	中宗神龍	河南丞	臨川令	侍御史	
050	李　邕（泰和）	中　宗	左拾遺	南和令	富州司戶參軍事	
051	李尚隱	中宗景龍	殿中侍御史	伊闕令		
052	李朝隱	中宗神龍	大理丞	聞喜令	侍御史	
053	姜師度	中宗神龍	丹陵尉（？）	龍南令	易州刺史（？）	
054	竇思慎	睿　宗	尙乘直長	鄩縣令		
055	呂太一	睿宗景雲		洹水令	監察御史裏行	
056	韋　抗	睿宗景雲	吏部郎中	永昌令	右台御史中丞	
057	杜希望	玄宗開元		安陵令	去官，後爲和親判官	
058	李元紘（大綱）	玄宗開元	雍州司戶參軍	好畤令	潤州司馬	
059	李元紘（大綱）	玄宗開元	潤州司馬	萬年令	京兆尹（舊）唐書、京兆尹少（新）唐書	
060	李　憕	玄宗開元	監察御史	晉陽令		
061	李懷讓	玄宗開元	殿中侍御史	魏縣令		
062	李懷讓	玄宗開元		河陽令	兵部員外郎	
063	武平一（甄）	玄宗開元	蘇州參軍	金壇令		
064	韋　恆	玄宗開元		碭山令	殿中侍御史	

065	韋 堅（子全）	玄宗開元		奉先令	長安令	
066	韋 堅（子全）	玄宗開元	奉先令	長安令	陝郡太守	
067	韋 濟	玄宗開元		鄄城令	醴泉令	
068	韋 濟	玄宗開元	鄄城令	醴泉令		
069	姜 晦	玄宗開元		高陵令	長安令	
070	姜 晦	玄宗開元	高陵令	長安令	御史中丞	
071	咸廙業	玄宗開元	集賢院修撰	餘杭令		
072	席 豫（建候）	玄宗開元	監察御史	樂壽令	懷州司倉參軍	
073	馬利徵	玄宗開元	扶風丞	山荏令	免官（無治術）	
074	崔光遠	玄宗開元			蜀州唐安令	
075	楊仲昌（蔓）	玄宗開元	監察御史	汾州孝義令	下邽令	
076	楊仲昌（蔓）	玄宗開元	孝義令	下邽令	鞏令	
077	楊仲昌（蔓）	玄宗開元	下邽令	河南鞏令	禮部員外郎	
078	楊茂謙	玄宗開元	左拾遺	臨洛令	祕書郎	
079	裴耀卿	玄宗開元	兵部郎中	長安令	濟州刺史	
080	潘好禮	玄宗開元		上蔡令	監察御史	
081	潘好禮	玄宗開元	監察御史	芮城令	侍御史	
082	盧 奕	玄宗開元天寶	京兆司錄參軍	鄠縣令	兵部郎中	
083	穆元休	玄宗開元	偃師縣丞	安陽令		
084	李若初	玄宗天寶		陳州太康令	河陽三城使從事	
085	皇甫曾（希常）	玄宗天寶	舒州司馬	陽翟令		
086	崔光遠	玄宗天寶		長安令	京兆少尹	
087	崔 孚	玄宗天寶	宋城尉	漣水令	常州錄事參軍	
088	崔 孚	玄宗天寶	常州錄事參軍	餘姚令	湖州長城令	
089	張 巡	玄宗天寶		清河令	眞源令	
090	張 巡	玄宗天寶	清河令	眞源令	譙郡長史	
091	薛 播	玄宗天寶	萬年丞	武功令	殿中侍御史	
092	薛 播	玄宗天寶	刑部員外郎	萬年令	中書舍人（？）	
093	林 披（茂彥茂則）	玄宗天寶	臨汀郡曹掾	臨汀令	別駕	
094	徐 浩（季海）	玄宗	河南司錄	河陽令	太子司議郎	
095	崔隱甫	玄宗	汾州長史	洛陽令	河南令	
096	崔隱甫	玄宗	洛陽令	河南令		
097	楊愼矜	玄宗	無	汝陽令	監察御史	
098	顏泉明	肅宗		郫令	彭州司馬	

099	李　模	肅宗至德		猗氏令	黔中觀察使	
100	李叔明 （鮮于叔明）	肅宗乾元	司門郎中	洛陽令	商州刺史	
101	李　承	肅宗乾元	撫州臨川尉	清德令	監察御史	
102	李　峴	肅宗乾元		高陵令	萬年令	
103	李　峴	肅宗乾元	高陵令	萬年令	河南少尹	
104	李國貞（若幽）	肅宗乾元		長安令	河南尹	
105	姚南仲	肅宗乾元	左補闕	海鹽令	浙江東西道觀察 使推官	
106	蔣　沇	肅宗乾元	監察御史	陸渾令	鰲屋令	
107	蔣　沇		陸渾令	鰲屋令	咸陽令	
108	蔣　沇		鰲屋令	咸陽令	高陵令	
109	蔣　沇		咸陽令	高陵令	長安令	
110	蔣　沇		高陵令	長安令	刑部郎中	
111	邵　說	肅宗代宗		長安令	秘書少監	
112	劉　晏（士安）	肅宗代宗		夏縣令	溫令	
113	劉　晏（士安）	肅宗代宗	夏令	溫　令	侍御史	
114	裴延齡	肅　宗	東都度支院	昭應令	著作郎	
115	白　鍠	代宗永 泰大曆	洛陽縣主簿	酸棗令	殿中侍殿史	
116	白　鍠	代宗永 泰大曆	滑台節度參謀	河南府 鞏縣令		節度使府 文職僚佐
117	柳子華	代宗永泰	嚴武西蜀判官	成都令		
118	柳子華	代宗永泰	池州刺史	昭應令	金部郎中	
119	班　宏	代宗永泰	攝監察御史	雒　令	起居舍人	縣令以病 解
120	路嗣恭（懿範）	代宗永泰	鄲尉	蕭關令	神烏令	
121			蕭關令	神烏令	姑臧令	
122			神烏令	姑臧令	渭南令	
123			姑臧令	渭南令		
124	田廷玠	代宗大曆	平舒丞	樂壽令	清池令	
125	田廷玠	代宗大曆	樂壽令	清池令	東城令	
126		代宗大曆	清池令	東城令	河間令	
127		代宗大曆	東城令	河間令		
128	韋夏卿（雲客）	代宗大曆	刑部員外部	奉天令	長安令	
129	韋夏卿（雲客）	代宗大曆	奉天令	長安令	吏部員外郎	

130	馮伉	代宗大曆	膳部員外郎充睦王侍讀	醴泉令	給事中	
131	劉藻	代宗大曆		渭南令	萬州南浦員外尉	
132	盧綸	代宗大曆	陝府戶曹	河南密縣令	昭應令	
133	孫成（思退退思）	代宗	司勳員外郎	洛陽令	長安令	
134	孫成	代宗	洛陽令	長安令	倉部郎中	
135	崔漢衡	代宗		沂州費令	滑州節度使掌書記	
136	崔漢衡	代宗	右司郎中	萬年令		
137	薛珏（溫如）	代宗	太子少允兼河南尉	昭德令	楚州刺史	
138	吳通微	德宗建中		壽安令	金部員外郎	
139	李齊運	德宗	工部郎中	長安令	京兆少尹	
140	崔孚	德宗建中	餘姚令	湖州長城令	（疾歿）	
141	裴向（儻仁）	德宗建中	京兆府戶曹	櫟陽令	渭南令	
142	裴向（儻仁）	德宗建中	櫟陽令	渭南	戶部員外郎	
143	樊澤（安時）	德宗建中	磁州司倉參軍	堯山令	左補闕	
144	盧綸	德宗	密縣令	昭應令		
145	于頔（允元）	德宗貞元	侍御史	長安令	駕部郎中	
146	王播（明䣝）	德宗貞元	盩厔尉	三原令	駕部郎中	
147	呂渭（君載）	德宗貞元		婺州永康令	大理評事	
148	李眾	德宗貞元		萬年令	虔州司馬	
149	李復（初陽）	德宗貞元	江陵府司錄參軍	江陵令	江陵府少尹	
150	房啓	德宗貞元	虞部員外郎（？）	萬年令		
151	房琯（次津）	玄宗開元	同州馮翊尉	虢州盧氏令	監察御史	
152	房琯（次津）	玄宗開元	睦州司戶（？）	慈溪令		
153	房琯（次津）	玄宗開元		宋城令		
154	房琯（次津）	玄宗開元		濟源令	主客員外郎（？）	
155	武元衡（伯蒼）	德宗	監察御史（？）	華原令	比部郎中	華原令稱病去官
156	許季同	德宗貞元	監察御史（？）	長安令	刑部郎中	
157	劉滋（公茂）	德宗貞元	（無）	漣水令	左補闕	
158	鄭珣瑜（元伯）	德宗貞元	吏部員外郎	奉先令	饒州刺史	
159	韓愈（退之）	德宗貞元	監察御史	連州陽山令	江陵府法曹參軍	
160	韓愈（退之）	德宗貞元	國子博士	河南令	職方員外郎	
161	羅立言	德宗貞元	魏博節度使佐	陽武令	河陰令	

162	羅立言	德宗貞元	陽武令	河陰令	度支河陰留後	
163	崔縱	德　宗	監察御史	藍田令	京兆府司錄	
164	鄭鋒	德　宗	京兆府倉曹參軍	興平令	汀州司馬	
165	王播（明別）	順宗永貞	駕部郎中	長安令	工部郎中	
166	韋丹（文明）	順　宗			安遠令	
167	王正雅（光謙）	憲宗元和		萬年令	戶部郎中	
168	杜式方（孝元）	憲宗元和	太常寺主簿	昭應令	司農少卿（《舊唐書》）、太僕卿（《新唐書》）	
169	杜羔	憲宗元和		萬年令	戶部郎中	縣令後奉詔免官
170	皇甫鏞（龢卿）	憲　宗	比部員外郎	河南令	都官郎中	
171	裴潾	憲宗元和	起居舍人	江陵令	兵部員外郎	
172	董溪（惟深）	憲宗元和	倉部郎中	萬年令	度支郎中	
173	盧商（為臣）	憲宗元和	工部員外郎	河南令	工部郎中	
174	柳潤	憲宗元和		華陰令	房州司馬	
175	李珏（待價）	穆　宗	右拾遺	下邽令	武昌牛儒辟掌書記	
176	楊汝士（慕巢）	穆宗長慶	右補闕	開州開江令	殿中侍御史	
177	羅珦	敬宗寶曆	祠部員外部	奉天令	廬州刺史	
178	孟琯	文宗太和		長安令	硤州長史	
179	姚中立	文宗太和		萬年令	朗州長史	
180	韓遼	文宗太和		扶風令	咸陽令	
181	韓遼	文宗太和	扶風令	咸陽令		
182	張文規	文宗開成	右補闕	溫　令	裴度幕府	
183	崔碣（東標）	武　宗	右拾遺	鄧城令	商州刺史	
184	王凝（成庶）	宣　宗	司封郎中	長安令	孝功郎中	
185	李頻（德新）	宣宗大中	南陵主簿	武功令	侍御史	
186	韋保衡（蘊用）	懿宗咸通	賀州刺史	澄邁令	（賜死）	
187	崔朗	懿宗咸通		長安令	澧州司戶	
188	楊收（藏之）	懿　宗	司勳員外郎（？）	長安令	吏部員外郎	
189	劉蛻	懿　宗	左拾遺	華陰令		
190	王徽（昭文）	僖宗乾符	司封郎中	長安令	翰林學士	
191	李光序	哀帝天祐		洛陽令	左春坊典設郎	
192	崔仁略	哀帝天祐		長水令	淄州高苑尉	
193	裴練	哀帝天祐		密縣令	登州天平尉	
194	獨孤韜	哀帝天祐		泥水令	高苑尉	

（一）京（赤）縣令的遷入

唐代京（赤）縣令的遷入如表三十七，根據表三十八的統計，可以歸納出下列幾點：

1. 在可考的三十八人次中，中共官共二十五人次，佔 65.8%，地方官遷入的有一三人次，佔 34.2%。
2. 由中央遷入的官員，原所屬的機構有五個，職官有九種，機構中以尚書省人數最多，職官中郎中和員外郎最多。地方官中則以畿令和一般縣令升任較多。
3. 時間上，初唐遷入官有七人次，佔 18.43%，中唐有二十四人次，佔 63.16%，晚唐七人次，佔 18.43%。
4. 綜上所述，可知京（赤）令的遷入官中以中央官居多，尤其是尚書省的郎中和員外郎轉為京（赤）令的情形最多；相對的地方官遷入的情形顯少，其中以畿縣令和一般縣令升任的情形比較多，至於遷轉的情形以中唐時人次數最多，表示內外官互轉情形比較正常，普遍。

表三十七：京（赤）縣令遷入官表

號	姓　　名	職官	遷入機構	遷入職官	初	中	晚
1	于　頔（允元）	長安	御史台	侍御史		✓	
2	王　徽（昭文）	長安	尚書省吏部	司封郎中			✓
3	王　播（明別）	三原	畿縣（地方官）	盩屋尉		✓	
4	王　播（明別）	長安	尚書省兵部	駕部郎中		✓	
5	王　凝（成庶）	長安	尚書省吏部	司封郎中			✓
6	王正雅（光謙）	萬年					✓
7	杜　羔	萬年					✓
8	李元紘（大綱）	萬年	地方官	潤州司馬		✓	
9	李光序	洛陽					✓
10	李叔明（鮮于叔明）	洛陽	尚書省刑部？	司封郎中		✓	
11	李　峴	萬年	畿縣（地方官）	高陵令		✓	
12	李國貞（若幽）	長安				✓	
13	李乾祐	長安	御史台殿院	殿中侍御史	✓		
14	李　眾	萬年				✓	
15	李齊運	長安	尚書省工部	工部郎中		✓	
16	李　登	晉陽	御史台察院	監察御史		✓	

17	邵　說	長安				✓	
18	房　啓	萬年	尚書省工部？	虞部員外郎		✓	
19	孟　琯	長安					✓
20	來俊臣	洛陽	地方官	合宮尉	✓		
21	韋夏卿（雲客）	長安	次赤縣（地方官）	奉天令		✓	
22	韋　堅（子全）	長安	次赤縣（地方官）	奉先令		✓	
23	姚中立	萬年					✓
24	姜　晦	長安	畿縣令	高陵令		✓	
25	皇甫鏞（穌卿）	河南	尚書省刑部	比部員外郎			✓
26	孫　成（思退退思）	洛陽	尚書省吏部	司勳員外郎		✓	
27	孫　成（思退退思）	長安	赤縣令（地方官）	洛陽令		✓	
28	徐齊聃（將道）	雲陽	東宮官	沛王侍讀	✓		
29	崔光遠	長安				✓	
30	崔　朗	長安					✓
31	崔隱甫	洛陽	地方官	汾州長史		✓	
32	崔隱甫	河南	赤縣令（地方官）	洛陽令		✓	
33	張文瓘（稚圭）	雲陽	尚書省工部	水部員外郎	✓		
34	許季同	長安	御史台察院？	監察御史		✓	
35	馮　伉	醴泉	尚書省禮部	膳部員外郎充睦王侍讀		✓	
36	楊　收（藏之）	長安	尚書省吏部？	司勳員外郎			✓
37	裴行儉（守約）	長安	尚書省刑部	都官郎中	✓		
38	裴耀卿	長安	尚書省兵部	兵部郎中		✓	
39	蔣　沇	咸陽	地方官（畿令）	盩屋令		✓	
40	蔣　沇	長安	地方官（畿令）	高陵令		✓	
41	董　溪（惟深）	萬年	尚書省戶部	倉部郎中			✓
42	盧　商（爲臣）	河南	尚書省工部？	工部員外郎			✓
43	獨孤懷恩	長安	無	無	✓		
44	薛　播	萬年	尚書省刑部	刑部員外郎		✓	
45	韓　遼	咸陽	地方官	扶風令			✓
46	魏元忠	洛陽	尚書省刑部	司刑正	✓		
47	權懷恩	萬年	殿中省	尚乘奉御	✓		
48	崔漢衡	萬年	尚書省	右司郎中		✓	
49	韋　抗	洛陽				✓	
50	韓　愈（退之）	河南	國子監	國子博士		✓	

表三十八：京（赤）縣令遷入官統計表

機　構	職　　官	初　唐	中　唐	晚　唐	小　計	合　計
尚書省	郎　　中	1	5	3	9	18
	員外郎	1	4	3	8	
	司刑正	1	0	0	1	
御史台	侍御史	0	1	0	1	4
	殿中侍御史	1	0	0	1	
	監察御史	0	2	0	2	
殿中省	尚乘奉御	1	0	0	1	1
四　監	國子博士	0	1	0	1	1
東　宮	侍　讀	1	0	0	1	1
地方官	州長史	0	1	0	1	13
	州司馬	0	1	0	1	
	京（赤）令	0	2	0	2	
	畿　令	0	4	0	4	
	縣　令	0	2	1	3	
	畿縣尉	0	1	0	1	
	縣　尉	1	0	0	1	

（二）京（赤）縣令的遷出

京（赤）縣令的遷出如表三十九、表四十。依照表四十統計的數目可以歸納出下列幾點：

1. 京（赤）令的遷出官中可考者共四十二人次，中央官共二十五人次，佔59.5%，地方官十七人次，佔40.5%。

2. 京（赤）令的遷出官中，分成七個機構，職官九種，以尚書省的郎中與員外郎居遷出官的絕大多數。地方官的遷出官中則以州刺史、京兆、河南、太原少尹為較多人次數。

3. 遷出時期，初唐六人次，佔14.29%，中唐二十四人次，佔57.15%，晚唐一二人次，佔28.58%。

4. 綜合上述幾點，顯示京（赤）令的遷出官仍以中央官為主，尚書省的郎中，員外郎猶是遷出官的主要官職。地方官以州刺史居多數，但以整體看來，京（赤）令的遷出官的層次相當高，顯示京（赤）令是躋入中央官職非常適當的晉身階。時間上仍以中唐時期遷轉的情形最為活絡，通暢。

表三十九：京（赤）縣令遷出官表

號	姓　　名	職官	遷入機構	遷入職官	初	中	晚
1	于　頔（允文）	長安	尚書省兵部	駕部郎中		✓	
2	王　徽（昭文）	長安	翰林院	翰林學士			✓
3	王　播（明敭）	三原	尚書省兵部	駕部郎中		✓	
4	王　播（明敭）	長安	尚書省工部	工部郎中		✓	
5	王　凝（成庶）	長安	尚書省吏部	考功郎中			✓
6	王正雅（光謙）	萬年	尚書省吏部	戶部郎中			✓
7	杜　兼	萬年	尚書省吏部	戶部郎中			✓
8	李元紘（大綱）	萬年	地方官	京兆尹（舊） 京兆少尹（新）		✓	
9	李光序	洛陽	東宮官	左春坊典設郎			✓
10	李叔明（鮮于叔明）	洛陽	地方官	商州刺史		✓	
11	李　峴	萬年	地方官	河南少尹		✓	
12	李國貞（若幽）	長安	京官	河南尹		✓	
13	李乾祐	長安	御史台	御史中丞	✓		
14	李　眾	萬年	地方官	虔州司馬		✓	
15	李齊運	長安	京官	京兆少尹（舊）		✓	
16	李　憕	晉陽				✓	
17	邵　說	長安	祕書省	秘書少監		✓	
18	房　啓	萬年	節度屬	容管經略使		✓	
19	孟　琯	長安	地方官	硤州長史			✓
20	來俊臣	洛陽	司農寺 尚書省刑部	司農少卿（舊） 司僕少卿（新）	✓		
21	韋夏卿（雲客）	長安	尚書省刑部	吏部員外郎		✓	
22	韋　堅（子全）	長安	地方官	陝郡太守		✓	
23	姚中立	萬年	地方官	朗州長史			✓
24	姜　晦	長安	御史台	御史中丞		✓	
25	皇甫鏞（穌卿）	河南	尚書省刑部	都官郎中			✓
26	孫　成（思退退思）	洛陽	地方官（赤令）	長安令		✓	
27	孫　成（思退退思）	長安	尚書省戶部	倉部郎中		✓	
28	徐齊聃（將道）	雲陽	尚書省兵部	司城員外郎	✓		
29	崔光遠	長安	地方官	京兆少尹		✓	
30	崔　朗	長安	地方官	澧州司戶			✓

31	崔隱甫	洛陽	地方官（赤令）	河南令		✔
32	崔隱甫	河南				✔
33	張文瓘（稚圭）	雲陽			✔	
34	許季同	長安	尚書省刑部	刑部郎中		✔
35	馮伉	醴泉	門下省	給事中		✔
36	楊收（藏之）	長安	尚書省吏部	吏部員外郎			✔
37	裴行儉（守約）	長安	地方官	西州都督府長史	✔	
38	裴耀卿	長安	地方官	濟州刺史		✔
39	蔣沇	咸陽	地方官（畿縣令）	高陵令		✔
40	蔣沇	長安	尚書省刑部	刑部郎中		✔
41	董溪（惟深）	萬年	尚書省戶部	度支郎中			✔
42	盧商（爲臣）	河南	尚書省工部	工部郎中			✔
43	獨孤懷恩	長安	尚書省工部	工部尚書	✔	
44	薛播	萬年	中書省	中書舍人		✔
45	韓遼	咸陽					✔
46	魏元忠	洛陽	御史台	御史中丞	✔	
47	權懷恩	萬年	地方官	慶萊刺史	✔	
48	崔漢衡	萬年				✔
49	韋抗	洛陽				✔
50	韓愈（退之）	河南	尚書省兵部	職方員外郎		✔

表四十：京（赤）縣令遷出官統計表

機 構	職 官	初 唐	中 唐	晚 唐	小 計	合 計
尚書省	尚 書	1	0	0	1	17
	郎 中	0	6	6	12	
	員外郎	1	2	1	4	
中書省	中書舍人	0	1	0	1	1
門下省	給事中	0	1	0	1	1
祕書省	祕書少監	0	1	0	1	1
御史台	御史中丞	2	1	0	3	3
東宮	左春坊典設郎	0	0	1	1	1
翰林院	翰林學士	0	0	1	1	1
地方官	京兆河南太原尹	0	1	0	1	2
	都督府長史	1	0	0	1	

地方官	京兆河南太原少尹	0	3	0	3	
	州刺史	1	3	0	4	
	州長史	0	0	2	2	
	州司馬	0	1	0	1	14
	州列曹參軍	0	0	1	1	
	京（赤）令	0	2	0	2	
	畿　　令	0	1	0	1	
節度屬	經略使	0	1	0	1	1

（三）畿縣令的遷入

畿縣令的遷入情形如表四十一、表四十二，由表四十二可以歸納出下列幾點：

1. 畿縣令的遷入官中可考者一八人次，中央官五人次，佔27.8%，地方官佔一三人次，佔72.2%。中央官中監察御史人次數最多。地方官中相當平均，但以一般縣令升任的情形較多。

2. 遷入官中中央分屬三個機構，三種職官。地方官有九種職官，還有節度屬的節度參謀一種。

3. 以時期區分，初唐時期二人次，佔 11.11%，中唐一三人次，佔 72.22%；晚唐三人次，佔 16.67%。

4. 綜合上述幾點，畿縣令的遷入官大多爲地方官，中央官的比例相對得少，大概地方官是中央官的二‧六倍，同時地方官中以京兆府、州的職官居多，一般縣令或其屬官升上的比例相對的少。仍然以中唐時期遷入的人次數最多。

表四十一：畿縣令遷入官表

號	姓　　　名	職官	遷　入　機　構	遷　入　職　官	初	中	晚
1	白　鍠	鞏	節使使屬	滑台節度參謀		✓	
2	吳通微	壽安				✓	
3	李元紘（大綱）	好畤	地方官	雍州司戶參軍		✓	
4	李　峴	高陵				✓	
5	李　頻（德新）	武功	地方官	南陵主簿			✓
6	武元衡（伯蒼）	華原	御史台察院？	監察御史			✓
7	姜　晦	高陵				✓	

8	崔仁略	長水				✓
9	裴瀣	江陵	中書省	起居舍人		✓
10	崔縱	藍田	御史台	監察御史	✓	
11	楊仲昌（蔓）	鞏		下邽令	✓	
12	路嗣恭（懿範）	渭南		姑臧	✓	
13	裴 向（儵仁）	渭南		櫟陽令	✓	
14	裴 悷（翁喜）	渭南			✓	
15	裴 練	密				✓
16	劉仁軌	新安		櫟陽丞	✓	
17	鄭 鋒	興平	地方官	京兆府倉曹參軍	✓	
18	鄧玄挺	藍田			✓	
19	蔣 沇	陸渾	御史台？	監察御史	✓	
20	蔣 沇	螯屋	地方官（畿縣令）	陸渾令	✓	
21	蔣 沇	高陵	地方官（赤縣令）	咸陽令	✓	
22	盧 奕	鄠	地方官？	京兆司錄參軍	✓	
23	盧 綸	密		陝府戶曹	✓	
24	薛 訥	藍田	門下省？	城門郎	✓	
25	薛 播	武功	地方官（赤縣）	萬年縣丞	✓	

表四十二：畿縣令遷入官統計表

機 構	職 官	初 唐	中 唐	晚 唐	小 計	合 計
中書省	起居舍人	0	0	1	1	1
門下省	城門郎	1	0	0	1	1
御史台	監察御史	0	2	1	3	3
地方官	京兆司錄參軍	0	1	0	1	12
	京兆列曹參軍	0	1	0	1	
	州列曹參軍	0	2	0	2	
	京（赤）令	0	1	0	1	
	畿 令	0	1	0	1	
	縣 令	0	3	0	3	
	京（赤）縣丞	0	1	0	1	
	縣 丞	1	0	0	1	
	縣主簿	0	0	1	1	
節度屬	節度參謀	0	1	0	1	1

（四）畿縣令的遷出

畿縣令的遷出官如表四十三、表四十四，依表四十四的統計，畿縣令的遷出可歸納出下列幾點：

1. 畿縣令的遷出官中可考者共二十一人次，中央官十人次，佔 47.6%，地方官十一人次，佔 52.4%。

2. 遷出官中中央分屬三個機構，五種職官。地方官則有六種職官，中央官以尚書省員外郎最多，地方官京（赤）令較多。

3. 以時期分，初唐時期有二人次，佔 9.53%，中唐時期有十四人次，佔 66.67%；晚唐五人次，佔 23.81%。

4. 綜合上述幾點，畿縣令的遷出官中央官和地方官比例差不多，中央官中尚書省員外郎是畿縣令遷出的主要官職，地方官中畿縣令以上官職佔大多數，並有四人次升上京（赤）令。

表四十三：畿縣令遷出官表

號	姓　　名	職官	遷入機構	遷入職官	初	中	晚
1	白　鍠	鞏				✓	
2	吳通微	壽安	尚書省戶部	金部員外郎		✓	
3	李元紘（大綱）	好時	地方官	潤州司馬		✓	
4	李　峴	高陵	地方官（赤）	萬年令		✓	
5	李　頻（德新）	武功	御史台台院	侍御史			✓
6	武元衡（伯蒼）	華原	尚書省刑部	比部郎中			✓
7	姜　晦	高陵	地方官（赤）	長安令		✓	
8	崔仁略	長水	地方官	淄州高苑尉			✓
9	裴　潾	江陵	尚書省兵部	兵部員外郎			✓
10	崔　縱	藍田	地方官	京兆府司錄		✓	
11	楊仲昌（蔓）	鞏	尚書省禮部	禮部員外郎		✓	
12	路嗣恭（懿範）	渭南				✓	
13	裴　向（俵仁）	渭南	尚書省戶部	戶部員外郎		✓	
14	裴　惓（翁喜）	渭南	尚書省戶部	地官員外郎	✓		
15	裴　練	密	地方官	登州天平尉			✓
16	劉仁軌	新安			✓		
17	鄭　鋒	興平	地方官	汀州司馬		✓	
18	鄧玄挺	藍田			✓		

19	蔣　沈	陸渾	地方官（畿縣令）	鰲屋令		✓
20	蔣　沈	鰲屋	地方官（赤縣令）	咸陽令		✓
21	蔣　沈	高陵	地方官（赤縣令）	長安令		✓
22	盧　奕	鄠	尚書省戶部	兵部郎中		✓
23	盧　綸	密	地方官	昭應令		✓
24	薛　訥	藍田	左右武衛	攝左武衛將軍	✓	
25	薛　播	武功	御史臺	殿中侍御史		✓

表四十四：畿縣令遷出官統計表

機　構	職　　官	初　唐	中　唐	晚　唐	小　計	合　計
尚書省	郎　中	0	1	1	2	7
	員外郎	1	3	1	5	
御史臺	侍御史	0	0	1	1	2
	殿中侍御史	0	1	0	1	
中央武官	左武衛將軍	1	0	0	1	1
地方官	京兆司錄參軍	0	1	0	1	11
	州司馬	0	2	0	2	
	京（赤）令	0	4	0	4	
	畿　令	0	1	0	1	
	縣　令	0	1	0	1	
	縣　尉	0	0	2	2	

（五）一般縣令的遷入

一般縣令的遷入如表四十五、表四十六，由表四十六可以歸納出下列幾點：

1. 一般縣令遷入官可考者共八十二人次，中央官三十八人次，共 46.3％，地方官四十四人次，佔 53.7％。

2. 中央官遷入的機構分成八個，職官則有一九種，以門下省和御史臺、尚書省為遷入的主要機構，職官則以御史臺的監察御史、尚書省的員外郎、郎中為主要遷入官職，地方官有一三種職官以及節度屬類的二種職官。地方官的遷入官以一般縣令居最多數，其次州列曹參軍，再其次為一般縣丞。

3. 初唐時期遷入官有三十人次，佔 36.59％，中唐四十五人次，佔 54.88％；晚唐七人次，佔 8.53％。

4.綜合以上三點，一般縣令的遷入官中，中央官和地方官比例差不多，可
　是地方官略多過中央官。其次，中央官遷入的機構、職官以御史台的監
　察御史，尚書省的郎中、員外郎最多。地方官一般縣令最多，顯示縣令
　中互轉情形很普遍。最後，由時代的區分來看，初唐、中唐的遷入人次
　數大致相距不大，顯示這兩個時期內外官互相遷轉的情形相當的普遍。

表四十五：一般縣令遷入官表

號	姓　　名	職官	遷　入　機　構	遷　入　職　官	初	中	晚
1	尹思貞	明堂	地方官	隆州參軍事	✓		
2	王　徇（伯玉）	臨川	地方官（京縣丞）	河南丞	✓		
3	田廷玠	樂壽	地方官	平舒丞		✓	
4	田廷玠	清池	地方官	樂壽令		✓	
5	田廷玠	東城	地方官	清池令		✓	
6	田廷玠	河間	地方官	東城令		✓	
7	王方翼（仲翔）	安定				✓	
8	白　鍠	酸棗	京縣（地方官）	洛陽縣主簿		✓	
9	狄仁傑（懷英）	彭澤	尚書省戶部	地官侍郎判尚書 同鳳閣鸞台平章事	✓		
10	岑　羲（伯華）	廣武			✓		
11	岑　羲（伯華）	金壇			✓		
12	岑　羲（伯華）	氾水	地方官	金壇令	✓		
13	杜　式（考元）	昭應	太常寺	太常寺主簿			✓
14	杜希望	安陵				✓	
15	吳太一	洰水				✓	
16	呂　渭（君載）	永康				✓	
17	李大亮	土門				✓	
18	李尚隱	伊闕	御史台殿院	殿中侍御史	✓		
19	李　承	清德	地方官	撫州臨川尉		✓	
20	李若初	太康				✓	
21	李　珏（待價）	下邽	中書省	右拾遺			✓
22	李思訓	江都	地方官	常州司錄參軍	✓		
23	李　邕（泰和）	南和	門下省	左拾遺	✓		
24	李朝隱	聞喜	大理寺	大理丞	✓		
25	李　復（初陽）	江陵	地方官	江陵府司錄參軍		✓	

26	李嗣眞	義烏	門下省	弘文館修撰	✓	
27	李嗣眞	始平	地方官	義烏令	✓	
28	李義琰	白水			✓	
29	李　模	猗氏	御史台			✓
30	李懷讓	魏	御史台殿院	殿中侍御史		✓
31	李懷讓	河陽				✓
32	武平一（甄）	金壇	地方官	蘇州參軍		✓
33	房　琯（次律）	盧氏	地方官	同州馮翊尉		✓
34	房　琯（次律）	慈溪	地方官	睦州司戶		✓
35	房　琯（次律）	宋城				✓
36	房　琯（次律）	濟源				✓
37	林　披（茂彥茂則）	臨汀	地方官	臨汀郡曹掾		✓
38	韋　丹（文明）	安遠				✓
39	韋安石	永昌	尚書省禮部	膳部員外郎	✓	
40	韋　抗	永昌	尚書省吏部	吏部郎中	✓	
41	韋承慶（延休）	烏程	東宮官	太子司議郎	✓	
42	韋保衡（蘊用）	澄邁	地方官	賀州刺史		✓
43	韋思謙（仁約）	應城			✓	
44	韋思謙（仁約）	清水	御史台察院	監察御史	✓	
45	韋　恒	碭山				✓
46	韋夏卿（雲客）	奉天	尚書省刑部	刑部員外郎		✓
47	韋　堅（子全）	奉先				✓
48	韋嗣立（延構）	雙流			✓	
49	韋嗣立（延構）	萊蕪			✓	
50	韋　維（文紀）	內江	地方官	五泉主簿	✓	
51	韋　濟	鄴城				✓
52	韋　濟	醴泉	地方官	鄴城令		✓
53	姚南仲	海鹽	門下省	左補闕		✓
54	姜師度	龍南	地方官？	丹陵尉	✓	
55	柳子華	成都	節度使	嚴武西蜀判官		✓
56	柳子華	昭應	地方官	池州刺史		✓
57	柳　潤	華陰				✓
58	咸廙業	餘杭	中書省集賢殿	集賢院修撰		✓
59	皇甫曾（希常）	陽翟	地方官	舒州司馬		✓
60	高智周	費	王府	越王府參軍	✓	

61	孫承景	崇仁	御史台察院	監察御史	✓		
62	孫嘉之	曲周	地方官	王屋縣主簿	✓		
63	孫嘉之	襄邑	地方官	曲周令	✓		
64	徐仁紀	靈昌	門下省	左補闕	✓		
65	徐浩（季海）	河陽	地方官	河南司錄		✓	
66	唐之奇	括蒼	門下省	給事中	✓		
67	席豫（建候）	樂壽	御史台察院	監察御史		✓	
68	班宏	雒	御史台	攝監察御史		✓	
69	馬利徵	山荏	地方官	扶風丞		✓	
70	崔光遠	唐安				✓	
71	崔行功	游安	尚書省吏部	吏部郎中	✓		
72	崔孚	餘姚	地方官	宋城尉		✓	
73	崔孚	長城	地方官	常州錄事參軍		✓	
74	崔孚	長城	地方官	餘姚令		✓	
75	崔信明	秦川	地方官	興世丞	✓		
76	崔漢衡	費				✓	
77	崔碣（東標）	鄧城	中書省	右拾遺			✓
78	張文規	溫	中書省	右補闕			✓
79	張巡	清河				✓	
80	張巡	眞源	地方官	清河令		✓	
81	馮元叔	清漳			✓		
82	馮元叔	浚儀			✓		
83	馮元叔	始平			✓		
84	楊元琰（溫）	平棘			✓		
85	楊仲昌（蔓）	孝義	御史台	監察御史	✓		
86	楊仲昌（蔓）	下邽	地方官	孝義令		✓	
87	楊汝士（慕巢）	開江	中書省	右補闕			✓
88	楊茂謙	臨洺	門下省	左拾遺		✓	
89	楊炯	盈川	地方官	梓州司法參軍	✓		
90	楊愼矜	汝陽		（無）		✓	
91	劉藻	渭南				✓	
92	路嗣恭（懿範）	蕭關	地方官	鄠尉		✓	
93	路嗣恭（懿範）	神烏	地方官	蕭關令		✓	
94	路嗣恭（懿範）	姑臧	地方官	神烏令		✓	
95	裴向（俶仁）	櫟陽	地方官	京兆府戶曹		✓	

96	裴延齡	昭應	尚書省戶部	祠部郎中知東都度支院		✔
97	劉　晏（士安）	夏				✔
98	劉　晏（士安）	溫	地方官	夏縣令		✔
99	劉　滋（公茂）	漣水		（無）		✔
100	劉　蛻	華陰	門下省	左拾遺		✔
101	劉　憲	潾水			✔	
102	樊　澤（安時）	堯山	地方官	磁州司倉參軍		✔
103	潘好禮	上蔡				✔
104	潘好禮	芮城	御史台	監察御史		✔
105	鄭珦瑜（元伯）	奉先	尚書省吏部	吏部員外郎		✔
106	鄧玄挺	頓丘	門下省	左史（起居郎）	✔	
107	盧　綸	昭應	京官（畿縣令）	密縣令		✔
108	盧藏用（子潛）	濟陽	地方官	靈武道管記	✔	
109	穆元休	安陽	地方官	偃師縣丞		✔
110	獨孤韜	泥水				✔
111	戴令言	長社	門下省	左補闕	✔	
112	薛　珏（溫如）	昭德	東宮官	太子少允兼河南尉		✔
113	謝　偃	湘潭	王府	魏王府功曹	✔	
114	韓　愈（退之）	陽山	御史台	監察御史		✔
115	韓　遼	扶風				✔
116	顏泉明	郫				✔
117	羅立言	陽武	節度使	魏博節度使佐		✔
118	羅立言	河陰	地方官	陽武令		✔
119	羅　珦	奉天	尚書省禮部	祠部員外郎		✔
120	竇懷貞（從）	清河			✔	
121	竇思慎	郫	殿中省	尚乘直長	✔	

表四十六：一般縣令遷入官統計表

機　構	職　官	初　唐	中　唐	晚　唐	小　計	合　計
尚書省	侍　郎	1	0	0	1	
	郎　中	2	1	0	3	8
	員外郎	1	2	1	4	
中書省	右拾遺	0	0	2	2	
	右補闕	0	0	2	2	5
	集賢院修撰	0	1	0	1	

門下省	左補闕	2	1	0	3	9
	左拾遺	1	1	1	3	
	給事中	1	0	0	1	
	弘文館修撰	1	0	0	1	
	起居郎	1	0	0	1	
殿中省	尚乘直長	1	0	0	1	1
九　寺	太常寺主簿	0	1	0	1	2
	大理丞	1	0	0	1	
御史台	殿中侍御史	1	1	0	2	9
	監察御史	3	4	0	7	
東　宮	太子少允	0	1	0	1	2
	太子司議郎	1	0	0	1	
王　府	列曹參軍	2	0	0	2	2
地方官	江陵河南司錄參軍	0	2	0	2	44
	京兆列曹參軍	0	1	0	1	
	州刺史	0	1	1	2	
	州司馬	0	1	0	1	
	州列曹參軍	3	4	0	7	
	州佐掾	0	1	0	1	
	畿　令	0	1	0	1	
	縣　令	3	11	0	14	
	京（赤）縣丞	1	0	0	1	
	京（赤）縣主簿	0	1	0	1	
	縣　丞	1	3	0	4	
	縣主簿	2	0	0	2	
	縣　尉	1	4	0	5	
節度屬	節度判官	0	1	0	1	2
	節度使佐	0	1	0	1	

（六）一般縣令的遷出

　　一般縣令遷出的情形如表四十七、表四十八，依表四十八可以歸納出下列幾點：

　　1.在一般縣令遷出官中可考者有八十一人次，中央官三十五人次，佔43.2％，地方官四十三人次，佔53.09％，死者三人次，佔3.7％。

　　2.所遷出的職官中，中央機構以御史台及尚書省最多，職官以御史台的侍

御史、殿中侍御史、監察御史，尚書省的員外郎較多。地方官中一般縣
令最多，其次是州刺史。

3. 時期劃分上初唐二十八人次，佔34.57％，中唐有四十三人次，佔53.09
％；晚唐七人次，佔8.64％。

4. 綜合以上幾點，一般縣令的遷出中，地方官比中央官多，中央官中以御
史台的監察御史、侍御史、殿中侍御史，尚書省的員外郎為主要遷出
官，地方官中以一般縣令最多，州刺史其次。

表四十七：一般縣令遷出官表

號	姓　　　名	職官	遷入機構	遷入職官	初	中	晚
1	尹思貞	明堂	殿中省	殿中少監	✓		
2	王　徇（伯玉）	臨川	御史台	侍御史	✓		
3	田廷玠	樂壽	地方官	清池令		✓	
4	田廷玠	清池	地方官	東城令		✓	
5	田廷玠	東城	地方官	河間令		✓	
6	田廷玠	河間	地方官	羈縻州安北都護府		✓	
7	王方翼（仲翔）	安定	地方官	瀚海都護司馬	✓		
8	白　鍠	酸棗	御史台殿院	殿中侍御史		✓	
9	狄仁傑（懷英）	彭澤	地方官	魏州刺史	✓		
10	岑　羲（伯華）	廣武	尚書省史部	天官員外郎	✓		
11	岑　羲（伯華）	金壇	地方官	氾水令	✓		
12	岑　羲（伯華）	氾水			✓		
13	杜式方（考元）	昭應	司農寺 太僕寺？	司農少卿（舊） 太僕卿（新）			✓
14	杜希望	安陵	？	去官，後為和親判官		✓	
15	吳太一	洹水	御史台	監察御史裏行	✓		
16	呂　渭（君載）	永康	大理寺？	大理評事		✓	
17	李大亮	土門	地方官	金州總管司馬	✓		
18	李尚隱	伊闕			✓		
19	李　承	清德	御史台	監察御史		✓	
20	李若初	太康	節度屬	河陽三城使從事		✓	
21	李　玨（待價）	下邽	節度屬	武昌牛僧儒辟掌書記			✓
22	李思訓	江都	太常寺	棄官，中宗時為太常寺丞	✓		
23	李　邕（泰和）	南和	地方官	富州司戶參軍	✓		

24	李朝隱	聞喜	御史台	侍御史	✓	
25	李　復（初陽）	江陵	地方官	江陵府少尹		✓
26	李嗣眞	義烏	地方官	始平令	✓	
27	李嗣眞	始平	太常寺	太常丞	✓	
28	李義琰	白水	尙書省刑部	司刑員外郎	✓	
29	李　模	猗氏	地方官	黔中觀察使		✓
30	李懷讓	魏				✓
31	李懷讓	河陽	尙書省兵部	兵部員外郎		✓
32	武平一（甄）	金壇				✓
33	房　琯（次律）	盧氏	御史台	監察御史		✓
34	房　琯（次律）	慈溪				✓
35	房　琯（次律）	宋城				✓
36	房　琯（次律）	濟源	尙書省禮部？	主客員外郎		✓
37	林　披（茂彥茂則）	臨汀	地方官	別駕		✓
38	韋　丹（文明）	安遠		校書郎		✓
39	韋安石	永昌	地方官	并州司馬	✓	
40	韋　抗	永昌	御史台	右台御史中丞	✓	
41	韋承慶（延休）	烏程			✓	
42	韋保衡（蘊用）	澄邁		（賜死）		✓
43	韋思謙（仁約）	應城	御史台	監察御史	✓	
44	韋思謙（仁約）	清水	東宮官	沛王府倉曹參軍	✓	
45	韋　恒	碭山	御史台	殿中侍御史		✓
46	韋夏卿（雲客）	奉天	地方官（赤縣令）	長安令		✓
47	韋　堅（子全）	奉先	地方官（赤縣令）	長安令		✓
48	韋嗣立（延構）	雙流				✓
49	韋嗣立（延構）	萊蕪	中書省	鳳閣舍人（中書舍人）	✓	
50	韋　維（文紀）	內江	尙書省戶部	戶部郎中	✓	
51	韋　濟	鄆城	地方官（次赤縣令）	醴泉令		✓
52	韋　濟	醴泉				✓
53	姚南仲	海鹽	門下省	左補闕		✓
54	姜師度	龍南	地方官？	易州刺史	✓	
55	柳子華	成都				✓
56	柳子華	昭應	尙書省戶部	金部郎中		✓
57	柳　潤	華陰	地方官	房州司馬		✓
58	咸廙業	餘杭				✓

59	皇甫曾（希常）	陽翟				✓	
60	高智周	費	秘書省	秘書郎	✓		
61	孫承景	崇仁			✓		
62	孫嘉之	曲周	地方官	襄邑令	✓		
63	孫嘉之	襄邑			✓		
64	徐仁紀	靈昌			✓		
65	徐浩（季海）	河陽	東宮官	太子司議郎		✓	
66	唐之奇	括蒼			✓		
67	席豫（建候）	樂壽	地方官	懷州司倉參軍		✓	
68	班宏	雒	中書省	起居舍人		✓	
69	馬利徵	山茌		免官		✓	
70	崔光遠	唐安				✓	
71	崔行功	游安	秘書省	司文郎中	✓		
72	崔孚	漣水	地方官	常州司錄參軍		✓	
73	崔孚	餘姚	地方官	湖州長城令		✓	
74	崔孚	長城		（疾歿）		✓	
75	崔信明	秦川		（卒）	✓		
76	崔漢衡	費	節度屬	滑州節度使掌書記		✓	
77	崔碣（東標）	鄧城	地方官	商州刺史			✓
78	張文規	溫	節度屬	節度使幕府			✓
79	張巡	清河	地方官	眞源令		✓	
80	張巡	眞源	地方官	譙郡長史		✓	
81	馮元叔	清漳			✓		
82	馮元叔	浚儀			✓		
83	馮元叔	始平			✓		
84	楊元琰（溫）	平棘	節度屬	永寧軍副使	✓		
85	楊仲昌（蔓）	孝義	地方官	下邽令	✓		
86	楊仲昌（蔓）	下邽	地方官（畿縣令）	鞏令		✓	
87	楊汝士（慕巢）	開江	御史台	殿中侍御史			✓
88	楊茂謙	臨洛	中書祕書省	祕書郎		✓	
89	楊炯	盈川			✓		
90	楊愼矜	汝陽	御史台	監察御史		✓	
91	劉藻	渭南	地方官	萬州南浦員外尉		✓	
92	路嗣恭（懿範）	蕭關	地方官	神烏令		✓	
93	路嗣恭（懿範）	神烏	地方官	姑臧令		✓	

94	路嗣恭（懿範）	姑臧	地方官（畿縣令）	渭南令		✓	
95	裴　向（儔仁）	櫟陽	地方官（畿縣令）	渭南令		✓	
96	裴延齡	昭應	秘書省	著作郎		✓	
97	劉　晏（士安）	夏	地方官	溫縣令		✓	
98	劉　晏（士安）	溫	御史台	侍御史		✓	
99	劉　滋（公茂）	漣水	門下省	左補闕		✓	
100	劉　蛻	華陰					✓
101	劉　憲	潾水	尚書省刑部	司僕丞（即都官郎中）	✓		
102	樊　澤（安時）	堯山	門下省	左補闕		✓	
103	潘好禮	上蔡	御史台	監察御史		✓	
104	潘好禮	芮城	御史台	侍御史		✓	
105	鄭珣瑜（元伯）	奉先	地方官	兼饒州刺史		✓	
106	鄧玄挺	頓丘			✓		
107	盧　綸	昭應				✓	
108	盧藏用（子潛）	濟陽			✓		
109	穆元休	安陽				✓	
110	獨孤韜	泥水	地方官	高苑尉			✓
111	戴令言	長社			✓		
112	薛　珏（溫如）	昭德	地方官	楚州刺史		✓	
113	謝　偃	湘潭		（卒）	✓		
114	韓　愈（退之）	陽山	地方官	江陵府法曹參軍		✓	
115	韓　遼	扶風	地方官（赤縣令）	咸陽令			✓
116	顏泉明	郫	地方官	彭州司馬		✓	
117	羅立言	陽武	地方官	河陰令		✓	
118	羅立言	河陰		度支河陰留後		✓	
119	羅　珦	奉天	地方官	盧州刺史			✓
120	竇懷貞（從）	清河	地方官	越州都督府長史	✓		
121	竇思慎	鄴			✓		

表四十八：一般縣令遷出官統計表

機　構	職　官	初　唐	中　唐	晚　唐	小　計	合　計
尚書省	郎　中	2	0	0	2	6
	員外郎	2	2	0	4	
中書省	中書舍人	1	0	0	1	2
	起居舍人	0	1	0	1	

門下省	左補闕	0	3	0	3	3
御史台	御史中丞	1	0	0	1	41
	侍御史	2	2	0	4	
	殿中侍御史	0	2	1	3	
	監察御史	2	4	0	6	
殿中省	殿中少監	1	0	0	1	1
祕書省	著作郎	0	1	0	1	4
	祕書郎	1	1	0	2	
	司文郎中	1	0	0	1	
九寺	大理評事	0	1	0	1	3
	太常寺丞	2	0	0	2	
東宮	王府列曹參軍	1	0	0	1	2
	太子司議郎	0	1	0	1	
地方官	江陵少尹	0	1	0	1	39
	江陵列曹參軍	0	1	0	1	
	都督府司馬	1	0	0	1	
	都督府長史	1	0	0	1	
	州刺史	2	1	2	5	
	州別駕	0	1	0	1	
	都護府司馬	1	0	0	1	
	州長史	0	1	0	1	
	州司馬	1	1	1	3	
	州列曹參軍	1	2	0	3	
	京（赤）令	0	2	1	3	
	縣令	4	12	0	16	
	縣尉	0	1	1	2	
節度屬	觀察使	0	1	0	1	4
	節度副使	1	0	0	1	
	掌書記	0	1	1	2	
卒		2	1	0	3	3

綜合上述對京（赤）縣令、畿縣令及一般縣令遷轉途徑的觀察與歸納，可以總結為以下幾點：

1.京（赤）縣令和畿縣令比較起來，京（赤）縣令的遷入官中以中央官

較多，地方官較少，兩者比例約爲 2：1，而畿縣令則相反，中央官較少，地方官較多，兩者比例爲 1：2.6。而京（赤）縣令的遷入官尚書省郎中、員外郎人數最多，畿令以御史台監察御史人數最多。地方官方面，京（赤）縣令畿令和一般縣令升任較多，畿縣令以京兆府州的職官升任的情形較多。至於遷出官，京（赤）縣令仍以中央官較多，地方官略少，二者比例爲 1.5：1。畿縣令則中央官略少於地方官，兩者比例爲 1：1.1，京（赤）縣令的遷出官中，中央官以尚書省的郎中、員外郎居多，畿縣令則以尚書省員外郎最多，地方官方面，京（赤）縣令以州刺史居多數，畿縣令以升任京（赤）縣令較多。總之，京（赤）縣令無論是遷入宮或遷出官都以中央官爲主，可以說是晉身中央很好的一個跳板，畿縣令則是遷入官多屬州、府級的地方官，遷出官中央和地方官相當的平均，但中央的機率較大，顯示畿縣令也還算是躋身中央的一個適當職位。

2. 一般縣令的遷入官，中央官和地方官比例差不多，中央官以御史台的監察御史、尚書省的郎中、員外郎居多，地方官以一般縣令最多。遷出官方面，地方官略多於中央官，遷出的中央官職以御史台的監察御史、侍御史、殿中侍御史，尚書省員外郎較多，地方官以一般縣令居多，顯示一般縣令不論是遷入官或遷出官，還是以地方官作爲遷轉的主要對象。

3. 以時間區分，中唐時期縣令遷轉的情形最爲正常，管道最爲通暢。

二、縣令的遷轉過程

理論上說來，縣令的遷轉應該是以任期屆滿與否及表現的良窳作爲依據，然而縣令在遷轉的過程中往往不是如此的平順單純，而是趨於複雜，原因是縣令的遷轉受到許多外來因素的影響，以一般縣令來說，所謂州、道以及中央政府權貴勢家的力量，會是影響其遷轉的決定性因素〔註187〕。至於京畿縣令，不可避免地會受到中央政局變動的左右而影響到升遷轉降〔註188〕，上述都是縣令遷轉過程中所不能避免的問題。

〔註187〕王壽南，《論唐代的縣令》，《政大學報》第二十五期（民國 61 年 5 月出版），頁 185。
〔註188〕張榮芳，《唐代京兆府領京畿縣令之分析》，未刊本，頁 34。

三、小 結

　　唐代的縣令雖然任重官小，可是在內外官必須歷練的情形下，許多官員的經歷中擁有縣令這一項職務。理論上縣令是親民之官，是政府和人民接觸的第一線，不應有輕重之分，同等的重要。但是在唐人濃厚的內重外輕風氣影響下，京（赤）縣令和畿縣令因為身處京師，於是成為進入中央政府的適當職務，也是外官轉入京官的中介站，由對京（赤）縣令和畿縣多的分析來看，雖然畿縣令的遷入官中地方官較多，但畿縣令和京（赤）縣令相同，遷出官中中央官多過地方官，足可證明京（赤）縣令及畿縣令的確是晉身自中央職官良好，適當的中介站，至於一般縣令遷轉的範圍仍局限在地方官裡。

　　另外唐代縣令遷轉的主要因素除了任期屆滿與否和治績良好與否兩項外，也受到諸如道、州甚至中央力量的影響，使得遷轉的過程由單純流於複雜。

　　總之，唐代縣令的遷轉中，明顯的現象是「重內輕外」觀念影響力的浮現，使得一般縣令不受重視，結果地方吏治敗壞，終於導致了唐朝的滅亡。

第五章 結 論

　　自從西元前 221 年秦始皇「廢封建、行郡縣」後，二千年來，縣一直是相對穩定的地方行政基層單位，其上承中央指令，下轄境內眾民，居於非常重要的地位。固然縣的起源可說是眾說紛紜，莫衷一是，不過縣發展到了秦漢時期，已經是頗具規模、巍然可觀，這是可以肯定的事實。以後歷經魏晉南北朝的演變，到了隋唐時期，縣的內容與秦漢時期大相逕庭，已經蛻化成所謂「隋唐型」的縣了。然而無論是「秦漢型」的縣或是「隋唐型」的縣，都是後世縣的典型，後世的縣或者在內容上因時改易，但從整體看來，仍然不脫上述二大類型的風格。

　　唐代的縣，奠基於隋縣，而後逐漸發展出屬於自己的特色，可是唐玄宗天寶十四載（755）的安祿山叛亂，使得唐縣的發展受到很大的影響，簡而言之，安史之亂前的縣，單純聽命於中央，受制於州府；安史之亂後則是受制於藩鎮，前後之間有很大的差異。若深入的分析唐縣的內容，大概可從下列兩方面著手，一是縣的建置，二是縣長官，縣令的制度，前者屬於地方行政區劃，後者則是人事制度，藉由對這兩項的觀察，可以瞭解縣這一個地方基層行政機構的運作情形，以下分別加以敘述。

一、縣的建置

（一）縣的數目與等級

　　唐代縣的數目除開唐高祖武德初年，安史之亂後與唐末大亂時等三個時期難以確切估算外，從唐太宗貞觀十三年（639）起到唐憲宗元和六年（811）止，唐代縣的數目一直維持在一千五百縣左右。其次就縣的等級來說，依照

縣等級劃分標準——地區衝要、資地美惡、戶口多寡、政務閑繁，唐縣的等級有六等縣、七等縣、八等縣及十等縣等不同的等級，比隋代複雜得多，此外，唐縣的數目與等級常隨時代、環境的不同而有所變動，這一點是可以理解的。

（二）縣的組織與職權

縣既是承上接下的單位，必須有一個完備的組織來承擔任務，發揮功能。唐代縣的組織大體上是如同州的組織而縮小規模。整個縣的施政中心在「縣廷」，縣廷由縣長官，縣令及其佐吏所組織，雖說縣令是一個「官小任重」的角色，卻是整個縣廷的靈魂人物，負責指揮屬下完成上級交辦的任務，地位十分重要。縣的佐吏中主要佐官包含丞、主簿及尉。除此之外，還有其他屬吏。縣廷中大小繁瑣的業務便是由縣令及其佐吏所合力完成的，因之，縣令及其佐吏在整個機構的運作上扮演十分重要的角色。

二、縣令制度

縣令是縣組織中的核心人物，擔負著完成中央交付任務的重大責任，與民眾接觸密切，是所謂的「親民官」，地位緊要，不言可喻。由於縣令的地位重要，所以唐代對於縣令的職權、選任、品級、俸祿、考課、遷轉等都有詳細而周延的規定，形成一套完備的縣令制定。

（一）縣令的職權

縣令的職權相當廣泛，大約可以歸納為教化、訴訟、社會救濟、農業、地政、賦稅、戶口、傳驛、倉庫、治安、防洪、水利、交通等項。

（二）縣令的選任

縣令的職權廣泛、與人民的生活習習相關，因此縣令的選任是不可輕忽的。依照唐代文官選拔辦法，參選人員在參加銓選之前必先取得任官資格，而後才能參加銓選，如以兩《唐書》所載縣令作為基本資料，以玄宗天寶十四載（755）安祿山叛亂作為劃分前後期的標準，分析唐代縣令取得任官資格的途徑及所佔的比重，可以發現唐代縣令取得任官資格的途徑分別是生途、貢舉、制舉、門蔭、薦舉、君主之寵任、特徵、藩鎮奏授及其他。若比較安史之亂前後的情形，安史之亂取得任官資料的途徑以貢舉最多，其次是制舉，再其次是門蔭；安史之亂後仍然以貢舉最多，其次是門蔭，再其次則是制舉。

　　當參選人取得任官資格後可以參加吏部所主辦的銓選，依規定，五品以上官由宰相擬奏，經皇帝任命，六品以下由吏部注擬；因此，縣令中的京（赤）令（正五品上）是由宰相擬奏，皇帝任命，其餘自畿令以下則由吏部注擬，然後分發任官。

　　但是此種由中央選授的方式在安史之亂後有了很大的改動，安史之亂後中央政府威權日漸淪喪，藩鎮勢力愈益膨脹，在此藩鎮跋扈的局面下，原由吏部掌握的選授縣令權力爲藩鎮所奪，自辟縣令的情形也日漸普遍，一方面說明了中央政府控制力的消褪，另一方面也顯示出安史之亂對於唐代的影響既深且鉅。

　　除開藩鎮擅權，致使安史之亂後縣令的銓選發生很大的變動外，唐代「重內輕外」的風氣對於縣令的選任有著相當嚴重的影響，在「重內輕外」風氣影響之下，縣令的選任備受忽視，造成地方吏治的敗壞，結果釀成唐末大規模的民變，也連帶縮短了唐朝的國祚。

（三）縣令的品級與俸祿

　　唐代縣令的品級依照縣等級的不同而有高低的差距，京畿縣令較高，一般地區縣令的品級較低。如以六等縣（京縣、畿縣、上縣、中縣、中下縣、下縣）爲標準、京（赤）縣令的品級爲正五品上，畿令爲正六品上，其餘自上縣令至下縣令分別是從六品上、正七品上、從七品下。

　　唐代縣令的俸祿在內容上有職分田、永業田、祿米及俸料錢等四項，比隋代複雜。俸祿的多寡依品級高低而有不同，也受環境時局所左右。大致說來，安史之亂前京畿縣令的俸祿較爲優裕，多於外州縣令；安史之亂後因爲兩京殘破，兼之中央政府政權淪喪，地方藩鎮勢力膨脹，比不上外州縣令的豐厚，使得京畿縣令的職位不再像安史之亂前那般受人重視及青睞。

（四）縣令的考課

　　縣令一旦經過銓選分發任職後，爲了使人盡其才，事不曠時，必須對縣令加以考課，以發揮功能。唐代對於縣令的考課中相當重視戶口的增益及農產的豐收，自然其他職務的表現也列入考課的成績之中，如果一個縣令的治績優良，將會受到獎賞甚至獲得擢升，反之，則會受到懲處。至於縣令的遷代，依唐代縣令的遷代情形，有三考而遷或四考而遷的規定，但是京畿縣令的遷代往往不受三考或四考的限制，有時數月即遷，表示京畿縣令的重要及特殊，也顯示出唐代「重內輕外」的風氣。

（五）縣令的遷轉

縣令是地方行政基層單位的長官，官位小、責任重，縱然受「重內輕外」風氣的影響，在整個唐代較不受重視，但是大多數官吏的仕宦生涯中，往往都歷練過縣令這一個職務。尤其是品級較高的京（赤）縣令和畿縣令，接近中央政治重心，更被視為內外遷轉時的中介站，是縣令職務中的最佳選擇而被極力爭取。如以兩唐書中所載縣令作為基本資料，分初唐（高祖至玄宗先天革命，618～712）、中唐（玄宗開元元年至順宗，713～805）、晚唐（憲宗至唐亡，806～907）等三階段進行簡單的分析，可以得出下列結論：

1. 京（赤）縣令無論是遷入官或遷出官都以中央官為主，可以說是晉身中央很好的一個跳板。畿縣令則是遷入官多屬州、府級的地方官，遷出官中中央官和地方官相當的平均，但中央官的機率較大，顯示畿縣令也還算是躋身中央的一個適當職位。

2. 一般縣令不論是遷入官或遷出官，還是以地方官作為遷轉的主要對象。

3. 以時間區分，中唐時期縣令遷轉的情形最為正常，管道最為通暢。

4. 縣令的遷轉受到許多外來因素的影響，以一般縣令來說，遷轉上受到州道及中央政府權貴勢家力量的影響；京畿縣令則不可避免的受到中央政局變動的影響。

綜合上述對於唐代縣的探討，可以發現唐代無論在行政區劃上縣的建置，或者人事上的縣令制度，都有相當完備的規劃。尤其是縣令制度，堪稱設計周密——有銓選以擇人為令；有權以上承政令，下敷民眾；有品級俸祿以安家維生；有考課以黜陟善惡；有遷轉以暢通仕途，環環相扣，周到縝密。因此唐型的縣成為後世的縣的典型之一。

但是如此設計良善的制度，由於受到外在因素的影響，在功能發揮上有了很大的折扣，尤其是縣組織核心人物的縣令的不受重視，選任上輕勿有餘，慎重不足；加上時人重內輕外的心理，使得人人爭做京畿縣令，避遠州縣令乏人問津，長此以往，造成地方吏治不良，人民心生不滿，導致唐末民變頻仍，最終則成為唐朝覆亡的原因之一。

參考書目

一、中文部分

（一）基本史料

1. 于欽，《齊乘》，收入《宋元地方志叢書》（台北：大化書局，民國 67 年出版）。

2. 王文誥，《唐代叢書》（台北：新興書局，民國 59 年 6 月新一版）。

3. 王存，《元豐九域志》（台北：文海出版社，民國 57 年出版）。

4. 王欽若，《冊府元龜》（台北：大化書局，民國 73 年 10 月初版）。

5. 王溥，《唐會要》（台北：世界書局，民國 78 年 4 月五版）。

6. 元結，《元次山集》，收入《四部叢刊正編》（台北：台灣商務印書館，民國 68 年 11 月台一版）。

7. 毛漢光，《唐代墓誌銘彙編附考》（台北：中研院歷史語言研究所，民國 73 年 6 月至 78 年 9 月）。

8. 司馬光，《資治通鑑》（台北：西南書局，民國 71 年 9 月再版）。

9. 史能之，《咸淳毗陵志》，收入《宋元地方志叢書》（台北：大化書局，民國 67 年出版）。

10. 李吉甫，《元和郡縣圖志》（京都：中文出版社，民國 62 年出版）。

11. 李林甫，《大唐六典》（台北：文海出版社，民國 63 年 6 月四版）。

12. 李昉，《太平御覽》（台北：台灣商務印書館，民國 69 年出版）。

13. 李昉，《太平廣記》（台北：新興書局，民國 62 年出版）。

14. 李昉，《文苑英華》（台北：新文豐出版社，民國 68 年 10 月初版）。

15. 李兆洛，《歷代地理志韻編今釋》（台北：台灣中華書局，民國 55 年出版）。

16. 宋敏求，《長安志》，收入《宋元地方志叢書》（台北：大化書局，民國67年出版）。

17. 宋綬、宋敏求，《唐大詔令集》（台北：鼎文書局，民國67年4月再版）。

18. 辛文彥，《唐才子傳》，收入《文淵閣四庫全書》四五一冊（台北：台灣商務印書館，民國75年3月初版）。

19. 杜甫，《分門集註杜工部詩》，收入《四部叢刊正編》（台北：台灣商務印書館，民國68年11月台一版）。

20. 杜佑，《通典》（北京：中華書局，民國77年12月初版）。

21. 曹寅、彭定求等奉敕編，《全唐詩》（台北：宏業書局，民國71年9月再版）。

22. 吳廷燮，《唐方鎮年表並考證》，收入《二十五史補編》（台北：台灣開明書店，民國48年6月初版）。

23. 林寶，《元和姓纂》（京都：中文出版社，民國65年6月初版）。

24. 計有功，《唐詩紀事》，收入《歷代詩史長編》第五種（台北：鼎文書局，民國60年3月初版）。

25. 施宿，《嘉泰會稽志》，收入《宋元地方志叢書》（台北：大化書局，民國67年出版）。

26. 洪邁，《容齋隨筆》（台北：台灣商務印書館，民國62年6月台一版）。

27. 徐松，《登科記考》（京都：中文出版社，民國71年5月再版）。

28. 陳公亮，《嚴州圖經》，收入《宋元地方志叢書》（台北：大化書局，民國67年出版）。

29. 陳子昂，《陳伯玉集》，收入《四部叢刊縮編本》（台北：台灣商務印書館，民國64年6月台三版）。

30. 陳振孫，《直齋書錄解題》（京都：中文出版社，民國67年7月初版）。

31. 陳芳績，《歷代地理沿革圖表》（台北：台灣商務印書館，民國54年出版）。

32. 陳耆卿，《赤城志》，收入《宋元地方志叢書》（台北：大化書局，民國67年出版）。

33. 白居易，《白氏長慶集》，收入《四部叢刊縮編本》（台北：台灣商務印書館，民國64年6月台三版）。

34. 張九齡，《曲江集》，收入《四部叢刊縮編本》（台北：台灣商務印書館，民國64年6月台三版）。

35. 陸贄，《陸宣公翰苑集》，收入《四部叢刊縮編本》（台北：台灣商務印書館，民國64年6月台三版）。

36. 朱禮，《漢唐事箋》，收入《百部叢書集成六十四粵雅堂叢書》第三函（台

北：藝文印書館，民國 54 年出版）。

37. 馬端臨，《文獻通考》（台北：新興書局，民國 54 年 10 月新一版）。

38. 董誥，《全唐文及拾遺》（台北：大化書局，民國 67 年初版）。

39. 范祖禹，《唐鑑》（台北：台灣商務印書館，民國 66 年 3 月台一版）。

40. 歐陽修、宋祁，《新唐書》（台北：鼎文書局，民國 74 年 3 月四版）。

41. 歐陽忞，《輿地廣記》（台北：文海出版社，民國 51 年出版）。

42. 劉昫，《舊唐書》（台北：鼎文書局，民國 74 年 3 月四版）。

43. 羅願，《新安志》，收入《宋元地方志叢書》（台北：大化書局，民國 67 年出版）。

44. 趙越、勞格，《唐尚書省郎官石柱題名考》，《唐御史台精舍題名考》（京都：中文出版社，民國 67 年 5 月初版）。

45. 趙翼，《廿二史箚記》（台北：華世出版社，民國 66 年 9 月新一版）。

46. 趙翼，《陔餘叢考》（台北：世界書局，民國 79 年 11 月五版）。

47. 魏徵，《隋書》（台北：洪氏出版社，民國 63 年 7 月出版）。

48. 顧炎武，《日知錄集釋》（台北：世界書局，民國 80 年 5 月八版）。

49. 顧祖禹，《讀史方輿紀要》（台北：新興書局，民國 61 年出版）。

50. 嚴耕望，《石刻史料叢書》（台北：藝文印書館，民國 55 年出版）。

（二）一般論著

1. 王永興，《唐勾檢制研究》（上海：上海古籍出版社，1991 年 5 月第一版）。

2. 王重民等，《敦煌吐魯番文獻研究論集》（台北：明文書局，民國 75 年 4 月初版）。

3. 王德權，《唐五代（712～960）地方官人事遞嬗之研究》（台北：台灣師範大學歷史研究所博士論文，民國 82 年 7 月）。

4. 王壽南，《唐代政治史論集》（台北：台灣商務印書館，民國 72 年 4 月二版）。

5. 王壽南，《隋唐史》（台北：三民書局，民國 75 年 12 月初版）。

6. 王壽南，《唐代藩鎮中央關係之研究》（台北：嘉新水泥公司文化基金會出版，民國 55 年）。

7. 史念海，《中國史地論稿（河山集）》（台北：弘文館出版社，民國 75 年 1 月出版）。

8. 李樹桐，《唐史研究》（台北：台灣中華書局，民國 68 年 6 月初版）。

9. 李鐵，《中國文官制度》（北京：中國法政大學出版社，1989 年 7 月第一版）。

10. 石璋如，《中國歷史地理》（台北：中國文化大學出版社，民國72年出版）。

11. 陳奇，《中國歷代縣制》（台北：中國文化大學政治研究所碩士論文，民國63年）。

12. 陳明光，《唐代財政史新論》（北京：中國財政經濟出版社，1991年9月第一版）。

13. 陳寅恪，《隋唐制度淵源略論稿》，收入《陳寅恪先生文集二》（台北：里仁書局，民國71年9月15日初版）。

14. 陳寅恪，《唐代政治史述論稿》，收入《陳寅恪先生文集二》（台北：里仁書局，民國71年9月15日初版）。

15. 陳寅恪，《金明館叢稿二編》（台北：里仁書局，民國70年3月）。

16. 張國剛，《唐代官制》（陝西：三秦出版社，民國76年初版）。

17. 張國剛，《唐代藩鎮研究》（長沙：湖南教育出版社，1987年12月第一版）。

18. 張金鑑，《中國文官制度史》（台北：華岡出版社，民國66年11月三版）。

19. 曾一民，《唐代考課制度研究》（台北：台灣商務印書館，民國67年12月初版）。

20. 廖從雲，《中國歷代縣制考》（台北：台灣中華書局，民國58年2月初版）。

21. 劉俊文，《日本學者研究中國史論著選譯》，第四卷六朝隋唐（北京：中華書局，1992年7月第一版）。

22. 薛作雲，《唐代地方行政制度研究》（台北：台灣商務印書館，民國63年）。

23. 楊樹藩，《唐代政制史》（台北：正中書局，民國51年出版）。

24. 陶希聖、鞠清遠，《唐代經濟史》（台北：台灣商務印書館，民國68年12月台三版）。

25. 嚴耕望，《中國地方行政制度史甲部——秦漢地方行政制度》（台北：中研院歷史語言研究所，民國79年2月初版）。

26. 嚴耕望，《唐史研究叢稿》（香港：新亞研究所，民國58年10月）。

27. 郁賢皓，《唐刺史考》（香港：中華書局香港分局，民國76年2月初版）。

28. 鞠清遠，《唐代財政史》（台北：食貨出版社，民國67年12月台灣再版）。

（三）期刊論文

1. 王壽南，《論唐代的縣令》，《政大學報》第二十五期（台北：國立政治大學，民國 61 年 5 月），頁 177～194。

2. 王壽南，《從藩鎮之選任看安史亂後，唐中央政府對地方之控制》，《政治大學歷史學報》第六期（台北：國立政治大學，民國 73 年 9 月），頁 1～18。

3. 王振芳，《試論唐後期士大夫與南方文化》，《山西大學學報》（哲社科版）1987 年第三期（太原：山西大學，1987 年 7 月），頁 39～43。

4. 王振芳，《唐安史兵興後到大曆制俸時官俸探析》，《山西大學學報》1990 年第三期（太原：山西大學，1990 年 7 月），頁 43～46。

5. 王永興，《關於唐代流外官的兩點意見──唐流外官制研究之二》，《北京大學學報》（哲社科版）1990 年第二期（北京：北京大學，1990 年 3 月），頁 5～14。

6. 毛漢光，《唐代蔭任之研究》，《史語所集刊》五十五本三分（台北：中央研究院歷史語言研究所，民國 73 年 9 月），頁 459～542。

7. 毛漢光，《中國中古賢能觀念之研究──任官標準之觀察》，《史語所集刊》四十八本三分（台北：中央研究院歷史語言研究所，民國 69 年 9 月），頁 333～373。

8. 毛漢光，《中國中古社會史略論稿》，《史語所集刊》四十七本三分（台北：中央研究院歷史語言研究所，民國 65 年 9 月），頁 341～431。

9. 李孔懷，《中國封建社會地方政體芻議》，《復旦學報》（社會科學版）1987 年第五期（上海：復旦大學，1987 年 9 月），頁 53～58。

10. 李學綱，《唐開國用人》，《中華文化復興月刊》第四卷第六期（台北：中華文化復興月刊社，民國 60 年 6 月），頁 46～50。

11. 楊國宜、陳慧群，《唐代文人入幕成風的原因》，《安徽師大學報》1991 年第三期（合肥：安徽師範大學，1991 年 9 月），頁 329～332。

12. 馬長林，《唐代官吏的罰俸制度》，《歷史教學》1984 年第六期（天津：歷史教學社，1984 年 6 月），頁 6～8。

13. 黃留珠，《中國古代選官制度縱橫談》，《西北大學學報》（哲社科版）1988 年第三期（西安：西北大學，1988 年 8 月），頁 21～28。

14. 黃清連，《唐代的文官考課制度》，《史語所集刊》五十五本一分（台北：中央研究院歷史語言研究所，民國 73 年 3 月），頁 139～198。

15. 黃慧賢，《武德年間內外官俸祿的考察》，《江漢論壇》1983 年第六期（武昌：江漢論壇社，1983 年 6 月），頁 73～76。

16. 翁俊雄，《唐代的州縣等級制度》，《北京師範學院學報社會科學學報》1991 年第一期（北京：1991 年 2 月），頁 14～17。

17. 張廣達，《論唐代的史》，《北京大學學報》（哲社科版）1989 年第二期（北京：北京大學，1989 年 3 月），頁 1～9。

18. 張榮芳，《唐代京兆府領京畿縣令之分析》，1991 年隋唐五代史國際研討會論文，未刊稿，頁 1～48。

19. Deis C. Twitchett 著，張榮芳譯，《唐代藩鎮勢力的各種類型》，《大陸雜誌》第六十六卷第一期（台北：大陸雜誌社，民國 72 年 1 月），頁 39～44。

20. 劉海峰，《唐代俸料錢與內外官輕重的變化》，《廈門大學學報》（哲社科版）1985 年第二期（廈門：廈門大學，1985 年 6 月），頁 106～112。

21. 劉海峰，《唐代官員俸料錢的變動》，《中國社會經濟史研究》1985 年第二期（廈門：廈門大學，1985 年 3 月），頁 18～30。

22. 劉海峰，《再析唐代官員俸料錢的財政來源》，《中國社會經濟史研究》1987 年第四期（廈門：廈門大學，1987 年 10 月），頁 86～89。

23. 劉海峰，《唐代選舉制度及與官僚政治的關係》，《廈門大學學報》（哲社科版）1989 年第三期（廈門：廈門大學，1989 年 7 月），頁 105～112。

24. 劉海峰，《唐後期銓選制度的演進》，《廈門大學學報》（哲社科版）1991 年第一期（廈門：廈門大學，1991 年 1 月），頁 84～88。

25. 劉磬修，《唐代開元年間用人制度和政府機構的改革》，《徐州師範學院學報》（哲社科版）1990 年第二期（徐州：徐州師範學院，1990 年 6 月），頁 100～104。

26. 寧欣，《唐代銓選制度的完善及流弊》，《北京師範學院學報》（社會科學版）1991 年第四期（北京：北京師範學院，1991 年 8 月），頁 87～93。

27. 盧明明，《中國古代官吏迴避選任制度的產生與發展》，《華東師範大學學報》（哲社科版）1992 年第二期（上海：華東師範大學，1992 年 6 月），頁 42～49。

（四）工具書

1. 臧勵龢，《中國古今地名大辭典》（台北：台灣商務印書館，民國 68 年出版）。

2. 張景宇，《新編中國地名辭典》（台北：維新書局，民國 66 年出版）。

3. 章嶔，《中華歷史地理大辭典》（台北：新文豐出版社，民國 63 年出版）。

（五）地　圖

1. 程光裕、徐聖謨主編，《中國歷史地圖》（台北：中國文化大學，民國 73 年 10 月初版）。

2. 譚其驤，《中國歷史地圖集》（上海：地圖出版社，民國 71 年 10 月初版）。

二、日文部份

（一）一般論著

1. 松本善海，《中國村落制度の史的研究》（東京都：岩波書店，1977 年 1 月出版）。

2. 和田清，《支那地方自治發達史》（東京都：汲古書院，昭和四十九年）。

3. 濱口重國，《秦漢隋唐史の研究》（東京都：東京大學出版會，1966 年 11 月出版）。

（二）期刊論文

1. 築山治三郎，《地方官僚の遷轉と考課》，《京都府立大學學術報告》（人文）三（京都：京都府立大學，1961 年），頁 37～50。